Kenichi Sakai
堺 憲一 著

あなたが歴史と出会うとき

経済の視点から

[新版]

名古屋大学出版会

新版　あなたが歴史と出会うとき●目　次

第Ⅳ部　現代社会でなにが起こっているのか

●コラム

はじめて物語

生きていく力

はじめに

この本の内容をひと言であらわすと

この本は、主に、大学等で「経済史」を初めて学ぶ「あなた」のために書かれている。経済史とはどういうもので、学ぶ楽しさはどこにあるのかをやさしく解説することをめざしている。対象となる地域は限定していない。日本の話も出てくるし、アジアの話も出てくる。しかし、主として欧米ということになる。それは、「資本主義」あるいは「市場経済」といわれている現在の経済システムをつくりあげ、世界に広げていったのが欧米諸国であったことによる。

初学者にとっての戸惑い・問いかけ

経済史の学習に初めて立ち向かおうとしているあなたにとって、次のような二つの戸惑い・問いかけはないだろうか。

一つ目は、高校時代に学んだ歴史や経済の勉強をどのようにして経済史の学習につなげていけばよいのかという戸惑い。二つ目は、経済史であれ、歴史であれ、過去のことを勉強していったいなにになるのか、あるいは歴史を学ぶ楽しみ・メリットとはなにかといった問いかけ。

そこで、それらに対するわたしなりの回答を用意してみたい。

高校時代の歴史の学習から経済史の学習へ

あなたが高校時代に勉強した歴史は？　そう尋ねると、「日本史や世界史を勉強しました」といった返事が返ってきそうである。

しかし、高校時代の歴史の学び方には、決まったパターンがあったのではないだろうか。第一に、日本史では世界史（事実上は外国史）のことはあまりでてこないし、世界史では日本史の話はでてこない。そういう二分法がまかり通っている。第二に、教科書をみてみると、多くの知識を盛り込むためであろうか、各時代・地域ごとに政治史、社会経済史、思想史、文化史、技術史が独立した形で紹介されている。第三に、学習面ではキーワードや年号の暗記に多くの時間が費やされ、「歴史イコール暗記物」と考える傾向が強い。第四に、高校時代の歴史の授業に登場する人物といえば、王侯貴族であったり、政治家であったり、文化人であったりといった違いはあるものの、おおむね時代をリードした、いわば有名人である。史料で確認しにくいという事情もあるが、ごく普通の人々は、まったくといっていいほど登場しない。

一方、大学で学ぶ経済史の特徴は、どうか。第一に、日本史と外国史が区別されることはあるものの、ある時代を理解するのに、両者の関連性が問われるケースも多い。第二に、たとえば政治史と社会経済史との関連性というように、それぞれの時代を特徴づける個々の構成要素間の関係にも多くの関心が払われる。個々の行為・活動も、相互に関連し合いながら、一つの構造・しくみのなかに位置づけられているからである。第三に、事件や出来事がいつ起こったのかという点のみではなく、それらの原因・背景↓現象・特徴↓結果・影響といった一連のプロセスが扱われる。第四に、ごく普通の人々の生活にも大きな関心が寄せられる。第五に、過去が単に過ぎ去った「昔」のことと考えられるのではなく、現在やさらには未来につながる「伏線」として位置づけられる。

そのような違いがあるものの、高校時代に勉強して得られた知識そのものは、経済史の学習にとっても貴重な土台となる。それらの知識をベースにし、上記の五つの相違点を念頭において学習していけば、これまでとは異なった視点で過去を見直したり、発想を転換したりしているあなた自身を発見するのではないだろうか。

高校時代における経済の学習から経済史の学習へ

多くの高校生は、「政治・経済」や「現代社会」の授業で「経済の基本」を学んでいる。教科書を読んでみると、たしかに経済を理解するうえで重要な多くの用語が登場する。しかし、具体的でかつ興味がわくような説明がなされているようには思えない。これでは、経済のおもしろさを感じにくいのではと、わたしなどは考えてしまう。また、学生たちに聞いてみると、本来、きわめて身近なものであるにもかかわらず、経済のことを非常に遠いものとして受け止めてしまっているように思われる。

そこで、ごく簡単に、「経済の基本のきほん」をおさえておくことにしたい。

経済とは、「人間の生活と世の中のしくみ」そのものであり、経済学とは、人々がどのようにして日々の食糧・生活用品・サービス（楽しみ）を獲得するかを追究する学問である。

あなたの日常生活を考えてみよう。食品、衣服、ボールペン、ケータイなど、多くのモノを購入して使っている。また、バスや電車に乗ったり、映画を見たりすることもあるだろう。お金を払ってそれらのモノやサービスの恩恵を受けることを「消費」という。あなたは、毎日、消費者として経済活動を行っていることになる。では、なぜ、消費が可能になるのであろうか。それは、だれかがそれらのモノやサービスを提供している、つまり「生産」しているからにほかならない。利益を求めて、モノやサービスを生産しているのは、多くの場合、企業である。労働者は、企業に雇用され、見返りとして給料（賃金）をもらい、それで必要なモノやサービスを購入する。その際、モノやサービスの価格はすべて、「需要」と「供給」のバランスによって決められていく。このように、お金を媒介として、生産者から消費者への円滑な流れがつくられるわけである。経済の説明として、「生産と消費の関係」といわれるのは、そのためである。

あなたが、欲しいモノを買う。アルバイトをして、給料をもらう。銀行に預金する……。それらはすべて経済活動なのである。それらのひとつ一つの活動がその周辺にさまざまな影響を与え、全体として大きな相互作用のしくみをつくりあげている。あなた自身も、まさに経済を動かしているのである。

このように考えると、経済がごく身近に感じられるのではないだろうか。あなたの身の周りで起こっている、モノ、サービス、お金に関わるすべてのことが経済なのである。したがって、ケータイ、クルマ、レストランなど、どんなことからでも、経済の勉強に入っていくことができる。

そうしたしくみは、「資本主義経済」と呼ばれている。政府の計画に基づいたものではなく、市場での自由な売買を通じて、モノやサービスが生産され消費されることから、「市場経済」ともいわれている。しかし、そのようなしくみは昔からあったのかというと、けっしてそうではない。資本主義経済が確立するのは、一七六〇年代から一八三〇年にかけてのイギリス産業革命以降のことなのである。

高校時代の経済の勉強に話を戻すと、市場経済や資本主義経済の説明があるものの、それ以前の経済システムに関しては、あまり言及されていない。それゆえ、経済の「基本のきほん」をおさえたあなたにとって、経済史との出会いとは、①人々の生活に必要なモノやサービスの生産と分配は、歴史的にどのようになされてきたのか、②いまの経済体制ができるまでには、どのような歴史があったのか、③産業革命以前の経済体制は、いまの資本主義経済とどこが異なっていたのか、④あなたが日ごろ活用しているモノやサービスはどのようにしてうまれたのかといった、さまざまな疑問との出会いということになる。

経済史の最も重要な視点は、いまのあなたの生活や世の中のしくみを歴史的な産物としてとらえる姿勢、言葉を換えれば、現在存在しているすべてが過去からの幾世代にもおよぶ人類のバトンタッチの結果であることを認識することにほかならない。そして、そこから派生することとは、あなたのバトンを次の世代に確実に、可能な限り、より良い形でつなげていこうとする思いなのである。

経済史を学ぶメリット・楽しさ

経済史もしくは歴史を勉強するメリット・楽しみは、どこにあるのであろうか。わたしは、五つの答えを用意している。

第一に、経済史は、初めて経済学を学習する者にとって最も入りやすい入口・切り口となる。理論・歴史・政策とは、経済学を構成する三つの分野である。経済現象に歴史の側面からアプローチしていくという経済史のやり方は、数学の知識や抽象的な議論を抜きにして、とりあえず考え始めるための軸足を定めるのに役立つはずである。

第二に、あなたは、歴史のもっている「ドラマ性、エンタテインメント性」を楽しみながら、知的好奇心を満足させることができる。愛、友情、裏切り、戦い、復讐、予期せぬ出来事、想定外の結末など、およそドラマを構成するありとあらゆる要素が盛り込まれている。それだけではない。個々の現象にはそれぞれに因果関係があるが、さまざまな要素が複雑に絡み合う世の中の動きには、個々の人々の意思・考え・思惑を超えた、しばしば「宿命」とか、「運命」といった言葉で表現されるような大きな「時の流れ」が貫徹している。そうした時のうねりに触れたとき、あなたはしばし圧倒されてしまうのではなかろうか。

第三に、過去の人々の生きざまを通して、あなたは、生き方を考える場合の「素材」を得ることができる。過去に生きたある人物のある時点に身をおくことによって、同じ決断の場面をイメージできれば、考える材料として大いに生かされていく。しかも、あなたが一生の間に実際に会うことができる人の数には限りがあるが、本などを通した、歴史のなかに生きた人々との出会いには、限りがない。

第四に、世の中の現象・出来事には、ときには相反する二つの要素が入り込んでいる場合が多くみられるが、歴史というレンズを通すと、そうした二面性を総合的に考える習慣を身につけることができる。たとえば、物事には、「発展」という光の部分があれば、必ず「弊害」という影の部分がある。わたしたちは、そうした二つの要素を、単に長所と短所、あるいは善と悪といったように別個に切り離して考えてしまいがちになる。ところが、実際には、両者は互いに絡み合って、一つの現実をつくっている。したがって、一つの全体を構成する二つの要素として考えることができれば、実態の把握により接近することができるのである。

第五に、ある物事が起こる「前＝ビフォー」と起こった「後＝アフター」を検証することによって、物事の「変化」の様子を知ることができる。そのとき、「変化」を演出した背景や理由を合わせて考える習慣を身につければ、一つのものの見方・考え方を会得することができる。さらに、「前」と考えているところを「今」に置き換えてみると、「後」のところは「未来」になり、その手法の延長線上に将来を見据える力を育成することも可能になる。

以上が、経済史あるいは歴史を学習することの妙味といえよう。この本も、そうした点を視野に入れつつ、可能な限り、経済史を学ぶ楽しさを読者のあなたに伝えたいという気持ちで書かれている。

この本のもう一つのねらい

ただ、この本には、これまでの経済史の概説書・テキスト・啓蒙書ではあまり触れられることがなかった、「もう一つのねらい」がある。それは、「現在の時代状況」や「あなたを取り巻く環境」を理解することにとどまらず、歴史との出会いを通して、あなたの「生きていく力」を高めてほしいという願いにほかならない。

「生きていく力」というと、唐突な印象を受けるかもしれない。少し補足する必要があるだろう。それには、二つの意味が込められている。

一つ目として、いまとは異なった時代の存在を介して現在の特質を浮き彫りにしていくと、ほとんど当たり前のように考えられている、いまの時代の「ありがたさ」がよくわかるはずである。もちろん、現在にも克服すべき多くの問題や課題があることを否定しているわけではない。しかし、過去のどの時代をとっても、現代人にはけっして生きやすい環境とはいいがたい面がある。当時の人々は想像できないようなつらい生活を余儀なくされていたし、ゾッとさせられるようなことがたくさんあったからである。そのことを知るだけでも、いまの時代をある種の距離感をもって、相対的にみることができるようになると思う。

これまでに、多くの学生たちに対して、過去の人々の生活・暮らしぶりについての感想を聞いてきた。そうした感想の多くは、「ああ、やっぱりいまにうまれてよかった」というものである。わたしは、もし学生たちがそのように感じるのであれば、「真に」そのように考えて、すなわち、歴史というフィルターを通してその思いをよりパワフルなものにして、「強く生きていってほしい」と願いたい。

二つ目は、あなた自身の能力の再確認に関わっている。あなたにも、自信をなくしたり、目標が見つからなくなったりして、迷ってしまうときがあるのではなかろうか。そのようなとき、どうしても自分自身の力を過小評価してしまいがちになる。多くの人は、自分がそれまでに経験したことのみに依拠して自分の能力を推し測っている。しかし、あなたの身体やこころのなかには、あなたがうまれるずっと前から、あなたの祖先が培ってきた人類の歴史的な遺産というものが入り込んでいる。経済史や歴史だけではなく、過去を分析対象とする多くの学問を学ぶことの最も重要な意味として、あなたのなかに盛り込まれている過去の遺産、天才と呼ばれる人にもごく普通の人にも等しくインプットされている能力の源泉を再確認するということがあってもよいのではないだろうかと、わたし自身は考えている。人類の歩んできた道＝生い立ちを、あなた自身の生い立ちと置き換えれば、もっとはっきりするのではないだろうか。

それらのパワーは、あなたの意識的なトレーニングによって開花する時を待ち望んでいる。そうした力に気づき、それらを鍛え上げようという意思さえあれば、前途が切り開かれていくだろう。

もし、あなたが、この本を読むことによって、ほんの少しでも強くなるきっかけを得られたならば、わたしにとって望外の幸せである。本書のタイトルが『あなたが歴史と出会うとき』となっているのは、そのためである。

本書のコンテンツ

本書の旧版が刊行されたのは、一九八九年のことである。もう二〇年近い歳月を経ている。その間、幸いにも一五回も増刷が行われた。かなり前から、新版の執筆が、わたしにとって大きな課題になっていたが、いまに至るまで果たすことができなかった。

今回の大幅な改訂に当たっては、次の点に留意した。

① 第Ⅰ部では、経済のおおまかな流れを理解するために、誕生から現在に至るまでの、人類がたどってきた歴史の骨組みをおさえることをめざした。と同時に、現代の経済システムや人々の暮らしをみる場合に必要な視点やキーワードを時の流れのなかに位置づけ、やさしく解説したいと考えた。ここで指摘された重要なテーマのいくつかが第Ⅱ部と第Ⅲ部で掘り下げられていくという構成になっている。あなたがもし人類史・経済史のおおまかな流れを知りたいと思うならば、第Ⅰ部を通読することを薦めたい。

② 第Ⅱ部では、産業革命以前のヨーロッパ社会を見つめ直し、資本主義形成につながった諸条件を明らかにした。高校時代の世界史の授業で学んだ中世から近代にかけてのヨーロッパ史は、経済史という視点からみると、こういう見方もできるということを発見してほしい。

③　第Ⅲ部では、世界で最初の産業革命となったイギリス産業革命の展開に関わるいくつかの側面を検討したあと、その影響のもとで、植民地化の道をたどったケース（インド）と後進的な要素を多く残しながらも、産業革命を達成できたケース（日本）を考察した。

④　第Ⅳ部では、いまだトータルな時代像の描写が可能になるわけではないが、現在、人類が直面している重要な課題のいくつかを検討した。具体的には、「科学技術・情報革命」というテーマに集約される科学技術上の研究開発の最前線と情報技術をめぐる現況、一九九〇年代以降の世界経済を特徴づけているグローバリゼーション、地球的規模で進行している環境破壊が、それである。いずれも、経済史の学習を現在からさらには未来に対する理解や関心につなげていくうえで、重要と思われるテーマが選ばれている。

⑤　第Ⅴ部では、あなた自身の生き方にも参考になることを願いつつ、経済史や歴史の視点を踏まえて「生きていく力」について考えると、どのような考察がありうるのかという試論を展開した。経済史的なものの見方ということからは、かなり変則的なコンテンツという印象を与えるかもしれないが、不安や悩みの多い学生たちの目線で、経済史や歴史のおもしろさを知る一つの切り口ということで盛り込まれている。

⑥　旧版で取り上げた多くのテーマのうち、新版でも取り上げたものに関しては、主に旧版以降に出版された文献をフォローして新しい成果を反映させた。

⑦　旧版の「一口メモ」は、「コラム」という形で踏襲《とうしゅう》したが、今回は、「はじめて物語」および「生きていく力」という二つのキーワードを設定して、それぞれのコンセプトに合致したコンテンツで統一を図った。

⑧　参考文献は巻末にまとめた。本書を読まれておもしろそうだと思ったら、そこに紹介されている本に直接当たってほしい。

コラム　はじめて物語❶　宇宙・地球・生命・人類

アメリカの天文学者カール・セーガン（一九三四〜九六年）が考案したものに、「宇宙カレンダー」がある。それにしたがって、宇宙の始まりを一月一日とすると、地球の形成は九月一四日、地球上に最初の哺乳類が登場したのは一二月二六日、人類の誕生は一二月三一日午後一〇時三〇分となる。悠久《ゆうきゅう》なる人類の歴史も、宇宙の歴史を一年間と見立てて計測すれば、たった「一時間半」でしかない。「歴史時代」は長くみても最後の三〇秒間、古代ギリシアの黄金時代から現在までの期間は最後の五秒間にすぎない。

人類がつくりあげた文明は、宇宙・地球という視点でみれば、文字どおり「一瞬」の出来事にすぎない。ところが、あなたをつくりあげた「進化と歴史」というプロセスは、二度と同じ形で繰り返すことができない「かけがえのない過程」なのである。それは、「どこで切れてもおかしくない綱渡りの」連続であった。人類という知的生物がうまれたこと自体、まさに「奇跡」に近いと思えるほどである。

ここで「宇宙カレンダー」の話を持ち出したことには理由がある。

それは、第一に、人類の過去・現在・未来を考える場合の究極の舞台は宇宙であり、地球であること、第二に、「生態系」という言葉に示されるように、あなたの存在もそうした外的環境・自然との関係を抜きにしては考えられないこと、第三に、かつて、歴史学の基本的な軸として「母なる大地」という考え方があったが、これからはいうなれば「母なる森」という視点こそが新しい軸になるべきであること、第四に、現在、地球的規模での環境破壊が取りざたされているが、失われつつある森林やオゾン層の機能も、地球史という観点からしか理解されないことなどを再認識するためである。

（カール・セーガン／木村　繁訳『ＣＯＳＭＯＳ』全二巻、朝日新聞社、一九八〇年を参照）

第Ⅰ部

人類史のおおまかな流れを理解しよう

三つの「革命」があった！

フォードＴ型．モノに満ちあふれた「豊かな社会」を可能にした大量生産方式がつくられる契機になった

あなたは、毎日の生活をどのように感じているだろうか。同じような生活パターンが繰り返されていることで、さほどの変化を感じていないかもしれない。ところが、一日単位ではなく、一〇年あるいは五〇年単位で暮らしぶりを比べてみると、どうであろうか。身近な例をあげてみよう。日本でケータイやインターネットが一般化し始めたのは、一九九〇年代中葉以降のことである。まだ一〇年余りしか経過していない。そもそも、高度成長期（一九五五～七三年）以前の日本は、まだ非常に貧しかったが、高度成長が初めて「豊かな社会」を実現させた。それらの例に端的に示されるように、高度成長期から現在に至る時期は、人類の歴史のなかでも非常に大きな転換点と考えられている。

未来学者アルビン・トフラーの『第三の波』は、「三つの波」という表現で、人類史に「三つの革命・画期」を設定したことで知られる著作である。「第一の波」は、およそ一万年前に「農業革命」とともに起こり、「農業文明」を定着させた。「第二の波」は、産業革命とともに始まり、「産業文明」を興した。そして、一九六〇年前後にアメリカで始まり、七〇～八〇年代に本格化し、ほかの先進諸国にも波及していった大きな変化が、「第三の波」である。その「波」に相当する変革のことを「情報技術（ＩＴ）革命」とか「情報革命」といった言葉で表現する場合もあるが、この本では、より包括的な変革という意味で、「科学技術・情報革命」という名称が使われている。

わたし自身も、トフラーによって提示された「三つの波」は注目に値するものだと考えている。つまり、人類史には、①農業革命、②産業革命、③現在も進行中の科学技術・情報革命という「三つの革命」があり、われわれが生きている現在は、人類の歴史のなかでもきわめて重要な転換期にあたると思っているからだ。ただ、それは、それぞれの画期が、単に人類の歴史を決定的に変えた転換点という意味においてだけではない。さらには、「人類と自然との関係」が大きく変化したという意味でも画期だと考えている。というのは、「第一の革命」である農業革命によって自然の一部を「改造」することを知り、「第二の革命」である産業革命で自然の束縛から部分的に「解放」された人類は、いまやこの「第三の革命」に至って、自然への介入と、地球的規模での「自然・環境破壊」を本格的に開始したといえるからである。

各章の位置づけ

第Ⅰ部では、人類と自然の関係の変化にも目配りしながら、人類史のおおまかな流れと経済の歴史的変遷についておさえておきたい。

第1章 農業革命のビフォー・アンド・アフター

本章のねらい

すでに述べたように、経済学とは、生産と消費の関係を扱う学問である。歴史というものを加味して別の言葉で表現すると、経済学の本質は、生活に必要なものをどのようにして生産し、それらをいかに分配するのかという課題を考えることだといえるだろう。では、人類は、その問題をどのようにして解決してきたのであろうか。その方法は、①慣習、②指令、③市場の三つである。

①の方法では、それ以前から行われてきたやり方がそのまま受け継がれていく。②の方法は、預言者・皇帝・国王といった権威をもった者の指令に基づいて行うものである。③の方法では、それが市場メカニズムに基づいて行われる。古今東西《ここんとうざい》、すべての経済活動は、基本的にはそうした三つのパターンのいずれか、もしくはそれらの組み合わせによってなされている。③は市場経済のことなので、①と②を非市場経済と呼ぶこともできるだろう。

同じく歴史といっても、文化史や芸術史などにあっては、古代や中世の人々が残した世界各地の遺産には、驚嘆に値するほどのヴァリエーションがある。そうした多様性に対して、経済史の叙述は、非常に似通ったものになってしまう。端的にいえば、古代も中世も、農業が中心的な生業《なりわい》（生活するための仕事）であり、土地があらゆる富の源泉になっており、慣習もしくは指令によって経済の運営が行われたからである。

経済を生活に必要なものの生産と分配だとすれば、経済史は、農業という形で人類の生産活動が本格的に始まった農業社会の成立以降のことから考えればよいことになる。ところが、人類の歴史をひもとくと、農業が始まる以前のほうが圧倒的に長いことに気づくだろう。むしろ、時間の流れからすると、人類史のほとんどすべての期間は、農業以前、すなわち狩猟採集時代に属しているといえる。それは、生活に必要な食糧などを生産する以前の段階、自然の状態にあるものを採集・捕獲して食糧とする時代であった。

歴史を扱う書物には、先史時代の話はあまり出てこないのが普通である。しかし、人類と自然の関係のあり方を探ることが本書のテーマの一つになっている。そのため、農業がスタートする前後の変化、すなわち農業革命の「ビフォー」と「アフター」の違いを確認しておくことがどうしても必要になる。そこで、第1章では、狩猟採集時代のライフスタイルの検討からスタートし、人類史における「第一の革命」となる農業革命の内容をフォローしたあと、農業社会の特徴とその変化を考察していきたい。

1　人類史の九九・九％は狩猟採集時代であった

人々は定住することなく、自然の恵みのなかで生きた

人類が誕生したのは、七〇〇万年ぐらい前のことだと考えられている。サルからヒトへの進化は、樹の上で生活をしていたサルが地上に降り、二本足で歩き始めたことによって特徴づけられている。しかし、樹上から地上へと生活の場が変化したとはいえ、人類は、二〇〜三〇人ほどの小さな集団を形成し、「遊動生活者」として生き続けた。洞窟や岩かげを臨時的なすみかにしたり、小屋をつくったりすることがあったとしても、特定の場所に恒久的なすみかを定めることはなかった。広い地域を移動・放浪するのが、常であった。

最初のヒト科動物であるアフリカのアウストラロピテクス（猿人）は、二五〇〇万年前ぐらいまでは類人猿やほか

の霊長類と同様に、典型的な菜食主義者であった。主な食べ物は、果実・種子・若芽。しかし、徐々に、昆虫や小動物なども食べるようになり、雑食性に変わっていった。動物の歯や骨でつくられた道具や丸い石のふちを削ってつくった石器なども使われていたが、それらの形はまだ定まっておらず、それほど高度なものではなかった。それでも、周りの地形、植物の採集場所、動物の移動経路、水の流れ方など、自然を注意深く観察する能力をもつようになっていった。

五〇万年ほど前の原人で、中国のシナントロプスやインドネシアのピテカントロプスなどになると、するどいナイフのような石器をつくれるようになってくる。小型の動物のみならず、野牛、カバ、サイ、ゾウといった大型動物の狩猟も行われる。そして、火を使うようになる。火を通すと、食材を柔らかくしたり、消化しやすくしたりすることができる。

コラム　生きていく力❶　動く

あなたは「動物」という言葉を考えたことがあるだろうか？　同じ生物なのに、植物は、じっとしていても生きていくことができる。なぜか？　植物は、光合成によって、太陽の光を活用して栄養素をつくることができるからだ。ところが、人類をはじめとする動物たちは、動いて、食糧を探し、確保することを通してしか生きていくことができない。

「いただきます」といって、食事を始める日本人のあなた。実は、その言葉の前に「お命《いのち》」という言葉が省略されていることを知っているだろうか。動植物の「お命」をいただきながら生きていくということは、動物に課せられた「宿命」でもある。そうした行為のなかに「生態系」というしくみの本質が、見事に示されている。せっかくの命を無駄にしないようにという「生態系の意思」が入り込んでいるのかもしれない。それはまた、植物・動物・微生物が織りなす地球を舞台にした壮大な「助け合い」＝共生のしくみでもある。

では、どのように動いて、生存に必要な食糧などを調達してきたのか？　自然にあるものをそのまま集めて食べる。狩りをする。種をまいて、穀物を育てる。職業に従事する……。いずれも、生きていくための活動である。職業の種類も、当初は少なかったが、時の流れとともに種類が増え、内容も多様になっていく。「仕事」や「職業」は、じっとしていたのでは生きていけない動物としての「宿命」を背景にしてなりたっている。

経済史の根本とは、そうした活動の移り変わりを考えることにほかならない。

暖《だん》をとって防寒に役立てたり、夜を明るくすることで、肉食動物の攻撃から身を守ることもできた。

ネアンデルタール人（旧人）が生きていた一五万年前から四万年ほど前までの時代になると、石器の種類が豊富になり、死者の埋葬が始まる。彼らにも言語能力があったが、単純な語彙《ごい》に限られていた。

外見上、現生人類とほとんど変わらない、クロマニヨン人（新人）に代表されるホモ・サピエンスになると、弓矢が使われるようになる。大型動物のみならず、鳥類もとらえることができた。洞窟の壁画や彫刻には、彼らの芸術的なセンスをみてとれる。衣服は、なめした毛皮を、骨の針を使って、糸で縫い合わせたものになっている。

ちなみに、現代人であるあなたの直接の祖先は、およそ五万年前にアフリカ大陸を脱出した一五〇人余りの集団のなかにいたといわれている。そのころには、人々は、身振り手振りを駆使しながら、現代人と同程度に話す能力をもっていたと考えられている。言語とともに発達したのが、宗教であり、お互いに助け合おうという互恵《ごけい》の考え方であった。それらは、のちに血縁者以外の人々との結束を強める役割を果たすことになる。

以上のように、人類は、知恵を働かせて徐々に生活のスタイルを変化させていった。ところが、彼らの主要な食糧は、依然として自然のなかにあるものであった。彼らは、もっぱら自然が生産する資源に依存して生きたわけである。そのライフスタイルは、知恵や武器を備えていたといっても、依然としてサルに近く、自然環境への影響力という点では、ライオンやオオカミなどの動物たちとそれほど変わらなかった。

七〇〇万年の人類史のうち、六九九万年間、つまり九九・九％の間、人類は、定住することもなく、大きな社会をつくることもなく、サルとそれほど変わらない「遊動生活」を続けたということができるだろう。

常に食糧不足・飢えと隣り合わせの生活であった

狩猟採集時代の人類の生活ぶりを正確に描写するのはかなりむずかしい。ただ、類推するのに格好の事例がある。

アフリカ南部のカラハリ砂漠に住むサン族（俗称ブッシュマン）などに代表されるような現存する狩猟採集民の生活である。サン族は、現代人につながる「世界最古の集団」の一つと考えられている。

サン族の暮らしぶりをみてみると、次のような特徴がある。

①　食糧のおよそ六〜七割は野生の植物、残りが狩猟で手に入れる動物の肉である

②　二〇〇種類以上の植物を識別する力をもつなど、植物に関する知識が豊富である

③　獲物《えもの》を追跡するのが非常にうまい。狩りには、毒矢が使われる

④　必要な食糧を確保するのに、週に一二〜二一時間程度働けば十分である。それ以外は、道具づくりのほか、睡眠、おしゃべり、歌、ダンスなどに費やされる

⑤　家族や親戚で構成されるせいぜい三〇人程度の集団で暮らしている。周辺地域の食糧源を食べつくすと、野営地を移動する

⑥　男性が狩りを受け持ち、女性が採集活動に従事するといったように、男女間の「役割分担」（分業）が明確になっている

⑦　「自然の恵みを確信」するがゆえに、余分な食糧を貯蔵しない。必要なものは周りの環境から入手できる。「オレのもの、おまえのもの」という「所有」の観念も希薄である

⑧　しとめた動物の肉をはじめ、ほとんどなにもかも分け合うのが原則で、権威をもつ者はいない

現代人と比較すると、彼ら狩猟採集民の欲望の度合いは、きわめて小さかった。生存に必要なものの確保には、それほど多くの労働時間を要しなかった。おおらかな生活を想像することも可能だろう。文字がなかったので、それを学ぶのにあくせくする必要もなかった。とはいえ、大勢の親戚・仲間の名前、草の名前、薬の作り方など、覚えておかなければならないことも多かったにちがいない。それらを会得しているかどうかは、生死を分けるほど重

要であった。

人類学者のローレンス・H・キーリーによると、未開社会では、闘争は日常茶飯事であった。「毎年、人口の約〇・五パーセントを戦闘で失っていた」のであるから、すさまじい状況を想像することができるのではないだろうか。そもそも、近隣の集団との抗争・闘争、栄養不足・飢えとは常に鉢合《はち》わせの生活だった。旧石器時代にあって、三〇年以上生き延びた人はまれであった。

2　農業革命がもたらした生産・社会・国家・文字

農業革命とは、農業・牧畜の開始を意味している

採集と狩猟をベースにした人類のライフスタイルを大きく変貌させたのは、農業革命である。農業革命とは、農業・牧畜の開始を意味している。もちろん、狩猟採集社会から農業社会へと突然ジャンプしたわけではない。目的意識をもって計画的に進められたというものでもなかった。農耕は、地域の事情に対応しながら、さまざまな試行錯誤の末、数千年というきわめて長い歳月を費やして、少しずつ定着していった。とはいえ、農業革命は一大変革であった。農業社会の出現によって、「自然の中に溶け込んで生活していた」人類が、自然にあるものをそのままの形で活用するだけではなく、自然に働きかけ、その一部を「改造」して生活の糧を得るようになった。自然の生態系のなかに、きわめて狭い範囲ではあるが、自己増殖的な「人間圏」とでもいいうる「人工の生態系」を設定したのである。

農耕が始まった原因は、現時点でも明確に結論づけられてはいない。さまざまな要因が絡み合った結果だと考えられている。ただ、農耕が始まる前提として、食べ物を求めて移動する生活から「定住生活」に転換していったこ

とが想定されている。現代人の視点からすれば、「定住」はごく当たり前のことなので、むしろ定住する方が快適な暮らしができるのではと思われるのではなかろうか。ところが、当時の狩猟採集民にとっては、特定の場所に定住することはほかの集団から攻撃を受けやすくなるという危険を伴うものであった。

考古学者である西田正規の見解を軸にして、農耕の前提となる定住生活が開始される過程を描いてみよう。氷期の寒冷気候がゆるみ始め、温帯森林が中緯度地帯に拡大し始めると、クリやドングリといったデンプン質の種子・木の実の本格的な活用、魚のいっそうの利用、食糧の計画的な貯蔵、土器類のように運ぶのが困難な大きくて重い道具の使用などが始まった。その結果、遊動生活に不便を感じ始めた人類は、小さな集落をなして定住生活を始める。初めのうちは採集・狩猟・漁労といった非農耕労働を基盤とする散発的な定住であったかもしれない。定住生活が始動すると、薪《たきぎ》や建築材の伐採のために周囲の森林が破壊された。そして、そこには、明るい場所を好むさまざまな植物が生育するようになった。このようにして、定住した人類による有用な野生の植物の利用、および定住地の周辺に集まった動物の家畜化、つまり農耕と牧畜が始まったのである。

われわれは、どうしても人間の視点から物事を考えてしまうので、農耕の開始も人間による穀物の利用ということになってしまう。ところが、生物学的な観点からすれば、マイケル・クックが述べているように、人間と穀物は互恵的な関係を結んだことになる。穀物の方でも、栽培されることによって、野生の原種のままであればほとんど期待できないほど大規模に広がっていくことが可能になるといったメリットがあったのである。

やがて国家がうまれた

人類が最初に農耕を始めたのは、いつのことであろうか。一般的には、ムギ類とマメ類をワンセットにした農耕ということで、一万一〇〇〇～一万年前に西アジアの「肥沃な三日月地帯」と称される地域で開始されたと考えられている。文明史家の伊東俊太郎は、この西アジア以外にも、東南アジア（イモ中心）、南中国（イネ中心）、西アフリカ（雑穀中心）、中南米（トウモロコシ中心）という、全部で五つの地域で、別個に農耕がスタートし、それぞれの地域から世界に広がっていったとしている。西アジア一帯にあっても、農業と牧畜に基礎づけられた定住生活が一般化したのは、紀元前六〇〇〇年頃のことなので、それらが定着するようになるには、数千年の年月を要したということになる。

農耕が開始されるとどのような帰結が待ち受けているのかといったことを予想するわけではなかった。直面する食糧危機の回避策として、やむをえず始められた農耕と牧畜であった。が、もはや狩猟採集経済への後戻りはきかなかった。栄養価が高く、貯蔵するのが容易で、生産性に優れた穀物を手に入れた人類は、暮らし方にある種の計画性を導入するようになった。穀物は収穫してしまうと、次の収穫期までは穀物が手に入らない。そこで、播種用のタネを残すことに加えて、穀物を貯蔵するようになった。さらに、農具の発明・改良が行われるとともに、灌漑《かんがい》や土地改良によって、土地そのものを改造していく技術が徐々に発達すると、以前よりもはるかに大量の食糧の供給が可能になった。そうなると、食糧の生産に直接たずさわらない人間でも、養える余裕がでてきた。余剰がうまれると、近隣の集団との間で、物々交換が行われるようになった。その結果、食糧を管理する役人、宗教儀式をつかさどる神官、外敵との闘いや防御に優れた力を発揮する軍人、灌漑工事や治水工事の指揮をとる人、交易をまとめる商人といったように、特殊な技能をもった、いわば専門職につく人々が登場した。職業の分化が始まったのである。次のステップとして、その数が増加するとともに、専門職がさらに細かく分かれていくようになった。また、ほかの集団との間で繰り返された抗争の帰結として、より大規模な集団・組織が形成された。そして、それらの組織を統括するために、支配する者と支配される者が明確に区別されるようになっていった。

このようにして、農耕の開始は、余剰生産物をうみ、専門職を登場させ、王によって支配される多くの都市国家を成立させたのである。そして、国が大きくなり、経済的なゆとりがうまれると、美術工芸品のようなぜいたくな品物がつくられ、文化が栄えるようになる。神殿や王宮に、金・銀・宝石といったきらびやかな装飾品が集められるようになると、当然のことながら、それらを生産する職人たちが登場することになった。

文字が出現し、歴史時代になった

余剰生産物の貯蔵や再配分の必要性は、それを円滑に行うための手段として、文字をうみだした。文明社会の到来である。言葉が、単に音声としてやりとりされるだけではなく、ついに文字で表現されるようになったのである。人類の行動や生活ぶりが初めて、「固定された記憶」として残されるようになった。もちろん、文字が発明されたといっても、文字を読んだり、書いたりできた者は、ごく少数の神官・僧侶などにすぎなかった。一般の人々は、それまでとほぼ同様に、話し言葉だけで暮らしていた。ちなみに、文字とは、メソポタミアでは楔形《くさびがた》文字、エジプトでは象形文字、中国の殷《いん》では甲骨《こうこつ》文字であった。

農業革命から都市＝文明の成立に至るまでの時期は、考古学でいう「新石器時代」にほぼ照応している。磨製石器のほかにも、考古学的な遺物として土器や住居跡も多くあらわれている。織物も織られている。それは、人間の衣食住が確立した時期でもあった。

ただ、「四大文明」と称されている文明の中心地は、かつて農耕・牧畜をスタートさせた地域とは異なっている。すべて大河のほとりであった。大河が運んでくる栄養分が大地にしみ込んで肥沃な土地となったためである。四大文明とは、①ティグリス・ユーフラテス川流域——おおむね今日のイラクと重なる地域——におけるシュメール人の文明、②ナイル川流域におけるエジプト文明、③インダス川流域におけるインダス文明、④黄河の支流における殷の都市文明がそれである。いずれも、穀物を基本的な農作物としている。大河の流域では、大規模な治水・

灌漑のためのおおがかりな共同作業が必要であった。それには強力な統率者が不可欠であった。また、ときとして大河が起こす氾濫という自然の猛威と闘うために、知恵をしぼることを余儀なくされた。洪水や大雨の原因を探るべく、天体現象の研究や測量技術が発達した。天文学や数学の誕生である。

社会の基礎は、個人ではなく共同体であった

狩猟採集時代における集団というのは、状況に応じて集まったり離れたりするような比較的ゆるやかな集団であった。ところが、農業は特定の土地を耕作することを意味し、継続的でより拘束力のある社会集団＝「共同体」が形成されるようになった。

当時の人々にとって、共同体とは、家族、部族、種族、都市、村落といった形で認識されていた。血縁関係を土台として発足した初期の共同体は、やがて地縁《ちえん》的な関係に変化していった。具体的には、古典古代といわれるギリシア・ローマ時代では「都市国家」、中世ヨーロッパでは村落が、共同体の基礎的な単位であった。共同体社会にあっては、個々人の勝手な行動は許されなかった。個人がそのような振る舞いをすれば、共同体の秩序が維持できなくなる怖れがあったからである。村社会では、「村の掟《おきて》・ルール」があった。飢饉もしばしばみられたし、餓死者がでるのは普通のことだった。したがって、生き残るために、だれもが必死であり、働かない者やルールに従わない者は、食うべからずであった。掟を破った者は「村八分」にされた。昔からの慣行・伝統や古老の言い伝えが、人々の生活を律していた。

3　アジアとヨーロッパには、このような違いが

パンとごはん、さてどちらが有利？

中尾佐助や安田喜憲が指摘したように、農耕がユーラシア大陸の各地に普及していくとき、ヒマラヤの西と東では、大きな違いがあった。ヒマラヤの西に広がるいわゆる「硬葉樹林地帯」では、コムギ・オオムギ栽培を中心としたヨーロッパ的農業がうまれた。一方、ヒマラヤの東に広がる「照葉樹林地帯」では、コメ中心のモンスーンアジアの農業が生じた。そうした二つのタイプの農業が展開した背景には、およそ一万二五〇〇年前ごろから明確な形になっていく両者の風土的コントラストがあった。

かつて、倫理学者の和辻哲郎（一八八九〜一九六〇年）は自然・風土との関わりで東洋と西洋の比較文化論を考えた。安田の要約にしたがって、その骨子を紹介すると、モンスーンアジアは、夏の暑熱と湿潤によって特徴づけられる。逆に、地中海沿岸に代表される「牧場的風土」からうみだされるヨーロッパの特徴は、夏の乾燥と冬の雨である。前者では、大雨、洪水、暴風が人々を苦しめることがあり、自然に対する人々の考え方は、受容的かつ忍従的である。それに対して、後者では、大雨、洪水、暴風にみまわれることも少なく、概して自然は、人間に対して従順である。

そうした風土的条件の違いが、一方でコメ中心の農業、他方でムギ中心の農業をつくりだした。コメとムギを比較すると、いくつかのおもしろい違いが浮かびあがる。

第一に、栄養学的な条件が異なっている。良質のタンパク質を多く含んだコメとは異なって、コムギ食の場合、肉や乳製品と一緒に摂取しなければ、栄養のバランスが維持できない状態に陥ってしまう。あなたが、もしコムギ

からつくられるパンが好きで、それを主食代わりにしているとしたら、そのあたりのバランスを考えたほうがよいだろう。

第二に、水田では何年でも連続してコメを栽培できる。が、コムギでは、それができない。畑作では、休閑地を設けて、家畜を放し飼いにし、その糞尿《ふんにょう》で地力を維持することが、どうしても必要になる。また、家畜は、犂《すき》を引かせるなど、役畜《えきちく》としても活用された。ヨーロッパにおいて、牧畜と結合した「有畜農業」が栄養面でも地力維持の面でもより合理的なあり方として採用された理由は、そこにある。

第三に、投下される労働量に違いがあるものの、単位面積あたりの収量とカロリー量、扶養できる人口数のどれをとっても、コメの方が優れている。たとえば、中世ヨーロッパでは、一粒のコムギから収穫されるのは五～八粒までであった。それに対して、コメの場合は、一〇〇粒ぐらいはとれたといわれている。

アジアとヨーロッパとの違いは宗教の面でもあらわれた

自然のなかで形成されたヨーロッパとアジアの違いは、さらにはそれぞれの地でうみだされた宗教についても見出される。歴史的に、宗教は、人々の意識・モラル・価値観などをまとめあげ、まさに精神的支柱としての役割を果たした。

ここでは、そうした共通性と同時に、とりわけ砂漠からうまれたユダヤ・キリスト教と森からうまれた仏教との間にある違いについて言及しておきたい。

まず、「地動説」と「進化論」が登場するまでのヨーロッパにおいて、不動の地位を占めていたキリスト教の世界観についてである。そこでは、「創造主としての神」→人間→「動植物を含めた自然」という、タテ系列の思考体系が形成された。そうした西洋的自然観では、自然は、人間と同列にあるものではなく、人間に利用されるために、人間よりあとにつくられたものとして考えられている。神の存在が前提になってはいるものの、ある意味では、「人間至上主義」的な考え方といえる。歴史の「発展」とは、自然を人間の意思にしたがって「改造」していくことにあるとする「進歩史観」は、自然に対するそのような考え方を背景にしていると考えるのは誤りであろうか。

それに対して、森のなかで誕生した世界観に強く影響された仏教は、大きく異なっている。この東洋的自然観のもとでは、自然と人間の間に、明白な序列はない。自然と人間の関係は調和的で、ときに自然は人間以上の崇高な存在としてさえ考えられている。地球環境問題を抱える現在、東洋的自然観の大切さを再認識することの重要性が指摘されるのは、そのためである。

4　辺境地域にすぎなかったヨーロッパで、近代社会への準備が着々と進められた

遊牧地域の人々もまた、大きな歴史的役割を演じた

ヨーロッパの農業社会のなかから工業社会がうみだされたという理由で、どうしても農耕民族の方が重視されがちであるが、モンゴルから中東に至る遊牧地域もまた、世界史的に重要な意味をもった点を忘れてはならないだろう。狩猟の対象であった動物（馬、牛、羊、ヤギ、ラクダなど）の家畜化を一般化するのに大きく貢献したのは、遊牧民であった。彼らは、アジアのコメ文化圏とヨーロッパのコムギ文化圏を結びつけ、東西間の文化や物産の交換という役割を担った。イスラム教文化圏の誕生・発展に関与したのも、彼らであった。

古代から近代にかけての文明の系譜を鳥瞰《ちょうかん》するとき、オリエント文明（メソポタミア、エジプト）→ギリシア文明→地中海文明→ヨーロッパ文明といった形で説明されることがよくある。しかし、それはヨーロッパ社会の成立と発展という点にのみに焦点を合わせた、いわばヨーロッパ中心の一面的な世界史の単線的解釈にほかならない。

オリエント文明は、ギリシア文明の成立に影響を与えただけではない。それ自身、発展をとげたあと、ヘレニズム文明のなかにも継承されていく。また、アラビア文明にもつながっていく。

そもそも、ギリシア文明自体、バルカン半島と小アジアにはさまれた、「東洋史と西洋史のあいだ」で花開いたものである。西の文明とは断定しがたい面がある。ギリシア文明の継承者という点では、西ローマ文明だけではなく、ビザンティン帝国やアラビアもまた同格であった。むしろアラビア世界の方が、医学・天文学・数学といった分野で、ギリシアの学問的な遺産を大いに発展させたといってもよい。さらにいえば、クリスタル・グラス、金・銀・宝石の細工《さいく》、タイル、宴会料理、楽器、書物など、「優雅な暮らしの術《すべ》」（W・モンゴメリ・ワット）をヨーロッパにもたらしたのも、イスラム教徒たちであった。

おおまかにいって、一五世紀後半に「大航海時代」がスタートするまでは、文明の主軸をなしたのは、いうまでもなく中国であり、イスラム世界であり、ビザンティン帝国であった。

したがって、産業革命以前の時代において、各地域の技術水準を比較してみると、ヨーロッパよりも中国の方がはるかに高いものがあった。一例をあげると、明の時代における中国の帆船の製造技術の高さに注目してほしい。一四〇五年から三三年にかけて、鄭和《ていわ》（一三七一〜一四三四年頃）は、永楽帝（在位一四〇二〜二四年）などの命令のもと、大艦隊を率いて七回に及ぶ南海遠征を行っている。第一回の航海の参加人数は二万七〇〇〇人、船の数は二〇〇余隻におよんだ。そのうち、艦隊の中核となった大型艦船だけでも六二隻を数えた。宮崎正勝によると、なかでも「宝船《ほうせん》」と呼ばれた巨艦は、最大のもので長さ約一五一・八メートル、幅六一・六メートルもあり、少なくとも四〇〇〜五〇〇人、場合によっては一〇〇〇人に近い乗組員がいたといわれている。それに対して、後述するコロンブスの第一回目の航海に加わったのはたったの三隻、約九〇名の乗組員でしかない。まさに雲泥《うんでい》の差があったのである。ところが、鄭和の航海事業は、永楽・宣徳帝のあとの時代に継承され、新しい時代への道が準備されることがなかった。

それに対して、ヨーロッパにあっては、長い目でみると、次の時代、すなわち、資本主義に結実していくことが予感できるいくつも重要な変化が次々にうみだされていくのであった。この点をみていこう。

近代社会を準備する五つの動き

農業を基調とし、共同体を単位とする社会は、産業革命まで続いた。ところが、その間に、ヨーロッパで、近代社会の到来を準備するような条件整備がなされていった。

一点目は中世都市である。一一〜一二世紀ころまで、現代文明の直接の起源ともいえる西ヨーロッパは、「深い森に囲まれた辺境の地」にすぎなかった。ところが、その前後に、ヨーロッパのいくつもの地域で形成された中世都市は、市民たちの間に限定されていたとはいえ、「自治と独立の精神」を熟成させた。「公共のもの」を大切にし、その後の「ヨーロッパ人のものの考え方」にも大きな影響をおよぼすことになる「市民意識」をつくりあげた（この点については、第4章で述べる）。

二点目は活版印刷である。一五世紀中葉にドイツ人のヨハンネス・グーテンベルク（一四〇〇頃〜六八年）が考案した活版印刷は、印刷物の普及に大いに役立てられた。印刷された言葉による広汎な情報伝達がなかったら、およそ近代の科学も文化も成立することはなかったといっても過言ではない（この点は、第6章と第17章で触れたい）。

三点目は大航海時代である。一五世紀に始まる大航海時代は、ポルトガル・スペイン・オランダ・フランス・イギリスといったヨーロッパ諸国の「非ヨーロッパ世界」への拡張をもたらした。そして、それまでは各地で展開されてきた歴史を「ヨーロッパ世界」とリンクさせるという形で、いわば一本の糸で結びつける役割を果たした（この点は、第5章で明らかにされる)。

四点目は科学の発達である。天文学におけるニコラウス・コペルニクス（一四七三～一五四三年）やヨハンネス・ケプラー（一五七一～一六三〇年）、力学におけるガリレオ・ガリレイ（一五六四～一六四二年）やアイザック・ニュートン（一六四二～一七二七年）、生理学におけるウィリアム・ハーヴィ（一五七八～一六五七年）などが代表的な科学者としてあげられる。従来は、単なる物理現象や自然現象にすぎないことでも、すべて「神」のしわざとして考えるところがあった。しかし、一六～一七世紀以後、ヨーロッパで登場した多くの科学者たちは、神の呪縛《じゅばく》から自らを解放し、客観的な現象として把握する道を切り開いた。実験を伴う実証的な「科学的態度」で物事を理解する姿勢がつくりだされた。たとえば、コペルニクスに始まる「地動説＝太陽中心説」によって、それまで宇宙の中心というきわめて特別な場所に位置づけられてきた地球もほかの星と同じ惑星にすぎないという、いわば地球の特権意識が崩壊させられた。「科学革命」と呼ばれるそうした潮流によって、産業革命に連なる近代科学が成立するための土台が築かれた。そして、ヨーロッパ文明が真に世界史的な意義を獲得するための条件が整備されたのである。

その後、一八五九年にチャールズ・ダーウィン（一八〇九～八二年）が著した『種の起源』を契機として隆盛を極めることになる進化論は、人間は神から特にほめたたえられた特別の存在であるという、それまでの考え方に対して、根本的な疑問を投げかけた。進化論が人間の特権意識を解体させるものとなったのである。ただし、キリスト教の総本山ともいうべきローマの教皇が進化論を仮説以上のものであることを公式に認めるのは、一九九六年になってからのことである。それは、イギリスの生物学者ローワン・フーパーによれば、第二六四代ローマ教皇のヨハネ・パウロ二世（在位一九七八～二〇〇五年）が「人間の肉体の起源が、人類に先立って存在した生物にあるとしても、その霊的な魂は神が手ずから創られたものである」といった表現で果たされている。

五点目は市民革命である。絶対王政およびその経済的土台となっていた封建的土地所有制度が、イギリスで起こったピューリタン革命（一六四二～四九年）と名誉革命（一六八八～八九年）、およびフランス革命（一七八九～九九年）に代表される市民（ブルジョワ）革命によって廃棄された。そして、資本主義の発展を保証する法的・政治的条件が整備された。名誉革命期における「権利の章典」は、国王は議会の承認なしに、法律を停止したり、勝手に法律をつくったりしてはならないことを規定している。もし個々人が一生懸命に働いて得た財産が権力をもった者の気まぐれで取り上げられてしまうようなことが起こるようであれば、だれも安心して仕事に精を出したり、企業を興したり、働く上での創意工夫を行う者などでてこなくなってしまう。その意味で、権力者の権利の濫用が防止されるようになったことは、大きな意義をもっている。また、フランス革命では、「民主主義の基本理念」でもある自由・平等・友愛の重要性が高らかにうたわれた。このようにして、国王・貴族・聖職者の特権や身分制度が否定され、彼らの恣意的な意図だけに左右されない、政治的単位としての「国民国家」が成立したのである。

第2章 資本主義のあり方も時代とともに移り変わっていった

●本章のねらい

第1章で明らかにしたように、人類史における「第一の革命」となる農業革命は、農業社会、共同体社会、「人間圏」、国家、文字などを出現させた。「第二の革命」となる産業革命は、工業社会、資本主義、市場経済、企業、個人といった、現在、あなたが目《ま》の当たりにしているさまざまな現実をつくりだした。ただ、同じく資本主義といっても、産業革命直後の「一九世紀の資本主義」と現在の資本主義の間には大きな隔たりがある。資本主義のあり方もまた、歴史とともに変化し、現在に至っているからである。

産業革命以前の伝統的な農業社会にあっては、ごく普通の人々にとって、生活上の変化はきわめて小さかった。経済成長が持続的にみられるということは、およそ考えられないことであった。それに対して、産業革命以後の社会にあっては、販売と利益の追求を目的とした個人や企業の生産活動が展開される。そこでは、さまざまな創意工夫が施され、多くの発明と「革新（イノベーション）」が行われる。その結果、持続的な変化がみられるようになる。「豊かな社会」も、そうした経済発展の延長線上に達成されたものにほかならない。

本章では、産業革命前後における変化を確認したあと、①「一九世紀の資本主義」の特徴→②一九世紀末の変化→③「二〇世紀の資本主義」をうみだす原動力となった大量生産方式をはじめとする一九二〇〜三〇年代の変化→④先進国を「豊かな社会」に変身させた第二次大戦後の高度成長に伴う変化を軸に、資本主義の発展・変化のプロセスを跡づけていきたい。

1　産業革命によって、資本主義がつくられた

産業革命はイギリスで始まった

農業が基本的な生業となる社会・経済のあり方を決定的に転換させる出来事が生じた。産業革命である。最初に、しかも自力で産業革命を起こしたのは、イギリスである。一七六〇年代から一八三〇年代にかけてのことである。その後、先行したイギリスとの競争にさらされながらも、それと対抗しつつ、技術導入を図りながら、フランス、ドイツ、アメリカでも、一八六〇～七〇年代までに産業革命が起こっている。さらに、一九世紀末～二〇世紀初頭には、ロシア、イタリア、日本などの国々も、産業革命と称される技術革新と急激な工業化を経験している。

産業革命がもたらした六つの帰結

産業革命の意義を一言で表現すると、資本主義および市場経済の確立ということになる。その特徴を整理すると、次の六つの点に集約できる。

第一に、「機械の使用」が一般化し、「工場制度」が普及した結果、工業生産力が著しい発展をとげた。農業中心の社会から工業中心の社会への転換が図られた。産業革命をときには「工業化」と同一視したり、イギリスを「最初の工業国家」と呼んだりする理由も、そこにある。

第二に、商品を市場に提供することによって利潤を追求する企業が、モノやサービスを生産する主要な担い手となった。

第三に、直接生産に従事する者の代表選手がそれまでの農民から労働者に変わった。従来の農業社会における主要な生産方法は、農民自身が土地や農具などのいわゆる「生産手段」を保有したうえで、農業経営を行うというものであった。また、農閑期には自分の家を建てたり、修理したりするのが普通であった。女性たちは、糸を紡《つむ》ぎ、布を織り、服をつくることができた。基本的に、必要なものを自分たちで調達したのである。したがって、分業の度合いはまだ低く、社会の購買力は、きわめて小さかった。

ところが、資本主義を準備する過程で、農民たちが土地から切り離されたために、蓄えも財産もなく、「労働力以外のなにももたない労働者」が大量にうみだされた。その結果、企業の運営に必要な資金を提供する資本家と、そこで働く労働者という二大階級が形成された。自給自足の生活から脱皮した人々は、お金を支払って、必要なモノやサービスを購入することを余儀なくされたのである。

そして、労働の提供者と受益者（領主や地主など）との間にあった人格的な相互依存関係は解体し、代わって、

コラム　はじめて物語❷　経済学

経済行為自体は、産業革命以前の伝統的な農業社会でもみられた。しかし、いずれも儀礼、宗教、政治、律令といった非経済的領域のなかに埋め込まれていた。ところが、自分の労働力を商品として雇用主に販売したり、市場目当ての生産が行われたりするようになって、市場経済が社会の前面に出てくると、経済活動が法則性をもち始めた。

一七七六年に出版されたアダム・スミスの『国富論』。「経済学の父」と称されているスミスは、国富を増やす方法は「分業」だと論じた。一人でピンをつくっても、一日にせいぜい一〇本くらいしかつくれないが、複数の工程に分けると、一日に五〇〇〇本もできる。自分でつくって自分で使うのではなく、分業を行うと、交換が必要になる。すなわち市場が発生する。分業の度合いを深めていくと、生産量が増え、国富が増す。このように、スミスは、国家の介入を排して、ひとり一人の利益の追求＝「自由放任」（レッセ・フェール）が「神の見えざる手」に導かれて国全体の富を増加させると主張したわけである。その「神の見えざる手」というのが、市場経済ということになる。

そういった考え方は、資本主義を推進させるための「指針」としての役割を果たした。

労働力の「商品化」が実現した。つまり、労働力もまた、市場において最適価格で売買される商品の一部として機能するようになった。買い手の側は、賃金の支払い以外のいかなる責任も、もつ必要がなくなったのである。なお、労働力に加えて、土地もまた、売買や賃貸の対象になった。労働力・土地・資本のすべての売買や投資が可能になったことで、市場経済の円滑な運営ができる条件が整えられた。

そうした経緯をあなた自身にふりかえて考えるならば、あなたの労働力を使って働くことでしか、食べること、つまりは生きていくことができない世の中になったということになる。さらに、教育や自己鍛錬を通して「仕事力」を向上させると、将来、より高い報酬を得ることができるようになるということでもある。

第四に、従来は人力、畜力、水力、風力などの自然力に依存してエネルギーを確保してきたのが、蒸気力のような人工のエネルギーを活用するようになった。産業革命は、「動力革命」でもあったのである。その契機となったのは、蒸気機関の発明である。石炭の消費量は、工業化の進展とともに急増していった。石炭や石油のことを化石燃料というのは、それらは数億～数千万年前に地中や水中に堆積した生物の遺骸《いがい》がもとになっているからである。

第五に、それまで、共同体の規制と保護のもとでしか生活することができなかった各個人が、共同体の制約から解放され、一個の独立した個人としてたちあらわれた。そして、「目的合理性」や個人主義といったヨーロッパ近代に固有な価値観が前面におしだされるようになった。

最後に、世界の「一体化」が進められた。それまでは、各地域でほとんど隔離された状態か、もしくは交流があるといってもきわめて限定的な状態のなかで独自に歴史を積み重ねてきたローカルな世界が資本主義という一つのシステムのもとに組みこまれていくプロセスが開始されたのである。

もっとも、それはけっして世界のすべての地域が同一の方向で「一体化」の恩恵を受けることを意味したわけではない。なぜならば、ヨーロッパ世界の膨張によってそれ以前から始まっていた、世界の各地での植民地の争奪戦がいっそう激化していったからである。インドや中国のように長い伝統と歴史を有した国々も含め、アジア、アフリカ、ラテン・アメリカ、太平洋地域などの広大な地域では、資本主義の圧倒的な生産力を背景に、植民地化もしくは従属国化の過程が急速に進展した。

これまで、植民地化の目的として、海外市場の拡大、原料の確保、資本投資の拡大といった経済的な動機があげられてきた。ところが、植民地の保有が政治的に「列強としての証明書」のようなものとして評価されることはあったとしても、植民地にされた国々の所得水準はきわめて低く、多くの場合魅力的な市場とはいいがたかった。

しかし、宗主国（植民地を支配した国）にとって植民地をもつことが経済的にはそれほど有利ではなかったとしても、植民地化された国々にとっての被害は非常に大きかった。伝統的な手工業が破壊されただけではない。農業もまた、宗主国の都合に合わせて変えられてしまった。そうした国々でも、従来は食糧のほとんどを自給自足し、現地の人々向けの多種多様な農産物がつくられていた。ところが、次第に特定の輸出向け農産物（主に嗜好《しこう》品や工業原料）の生産、つまり「単一栽培（モノカルチャー）」に切り替えられていった。ほかの作物はほとんどつくられず、もっぱら世界の市場で売れるものだけをつくることを強制された。資本主義国に従属する原料・食糧の供給地にさせられてしまったのである。

それは、ヨーロッパ人によるアメリカ大陸への進出とともに始まり、産業革命期の前後からいっそう本格的になっていった。具体的には、サトウキビの生産ばかりになったカリブ海の島々、綿花畑一色に染められたアメリカ南部、コーヒー豆の栽培を強制されたブラジル、バナナをつくらされたフィリピン、茶の生産を余儀なくされたセイロン（スリランカ）、ゴムの木におおわれたインドネシアといったところが典型例である。いったん、そうしたモノカルチャーが確立すると、今度は現地の人々にとっては不可欠な自給用の食糧生産が軽視され、飢餓や栄養失調が恒常化していった。

このように考えるならば、イギリスをはじめとする欧米諸国で産業革命が進展した時期は、ごく一部の資本主義国にとっては、工業化と経済発展の時代であったかもしれないが、のちに「途上国」もしくは「第三世界」といった言葉で呼ばれるようになる、広大な地域の人々にとっては、むしろ植民地化・従属国化と抑圧・退化の時代の幕開けとなったのである（インドを舞台にした事例を第10章で検討する）。

そもそも、産業革命が起こるまでは、世界の多くの地域で、ほとんどの人々は飢餓の瀬戸際で生活していた。けれども、産業革命が起こると、資本主義国の富裕化が進む一方で、植民地・従属国における人為的な窮乏化がより明確なものになっていった。いったん宗主国が経済上の主導権を握ってしまうと、それらの国々が名目上の独立を果たしたのちも、自立的な経済発展をめざして進路を変更することはきわめて難しくなってしまうのであった。

労働者は極貧《ごくひん》のなかで生活した

長い目でみると、産業革命は資本主義国の人々の生活を豊かにしたが、そのレベルに達するにはそれなりの歳月が必要であった。資本主義の黎明《れいめい》期ともいえる産業革命期イギリスの労働者の労働・生活環境は、きわめて劣悪なものであった。労働者の住居には、排水施設や便所もないに等しく、非衛生的であった。主に、乳幼児の死亡率が高かった。産業革命期における中心的工業都市の一つであるマンチェスターの労働者の平均寿命は、なんと一七歳と推計されている（この点に関しては、第8章で詳しく考える）。

森谷正規にしたがって、一八四〇年ごろの典型的な半熟練労働者の家庭の家計をみてみると、食費が全支出のほぼ七〇％を占めている。家賃一六・七％、石鹸・ローソク三・六％、石炭五％、教育費二・二％、雑費三％となっている。ほとんど食べるだけの生活であった。唯一の楽しみは酒であった。

そのような労働者の窮乏化を救済する思想・運動として、労働運動や「社会主義」がうまれたのも、当然のなりゆきだった。特に、カール・マルクス（一八一八～八三年）やフリードリヒ・エンゲルス（一八二〇～九五年）の思想は、経済現象や社会現象を科学的に把握するという意味で、社会科学の成立に貢献するものであった。と同時に、資本主義的な社会経済体制がその内部矛盾によって崩壊し、社会主義という新しい社会がその先にあると考え、さらには実践を通じて、人間が歴史の流れに参画する主体であるという意識をつくりだそうとした。労働者を貧困から救済する道として提示された社会主義は、多くの人々に希望を与え、一九～二〇世紀を代表する思想の一つとして定着していった。それは、社会の枠組みを意識的につくりだそうという思想であり、実験でもあった。ただ、私有財産と市場経済を否定し、計画経済に立脚した社会主義が現実化したのは、マルクスが予想した先進資本主義国ではなく、後進資本主義国のロシアにおいてであった。ロシア革命が起こったのは、一九一七年のことである。

その一方で、衛生状況の改善を促す行政の対応が実施されるようになったのは、一八六五年にロンドンの下水道の幹線が完成したころからである。その後、伝染病に関わる医学が急速に発達した。欧米諸国で、公衆衛生行政が確立された。一九世紀末には、伝染病の脅威は、欧米ではかなりの程度克服されていった。

一九世紀に持ち込まれた時間の観念

産業革命期に工場制度がスタートすると、「日の出から日の入り」までといった、おおざっぱな就労時間ではなく、始業時や終業時の合図によって就労に区切りがつけられるようになった。時間に対する観念が、必要になったのである。一九世紀に生じた大きな変化の一つとしてあげられるのが、時計の普及によって、社会のなかに、時間を基準とした秩序を持ち込むようになった点である。

すでに、ヨーロッパには、手で丹念に、まるで大型の家具のような時計をつくる職人が多く存在していた。ただ、できあがった時計は高価で、けっして一般の人々が買えるものではなかった。人々は、太陽の高さや星の位置をみて時刻の見当をつけた。また、教会の鐘の音で時間を知るのが常であった。ところが、アメリカのテリーという時計職人が、一八一〇年に部品専用の製造機械を使って同じ寸法・規格の部品をつくり、それらを組み立てて時計をつくった。そのことをきっかけにして、それまでよりもはるかに安い価格で時計を購入できるようになった。その結果、人々の間で、仕事でも食事でも学校でも、時間を見計らって行動するという習慣が確立されていった。

時間の観念が社会に浸透するに当たって、大きな役割を果たしたのが鉄道である。ジョージ・スティーブンソン（一七八一～一八四八年）が蒸気機関車「ロケット号」を製作し、一八三〇年に、港町のリヴァプールとマンチェスターの間の鉄道の開通式でそれを走らせたことを契機に、鉄道が普及した。のちに、各資本主義国で「鉄道ブーム」が引き起こされるが、列車を運行する人や乗客には、時間の正確な把握が要求された。さらに、鉄道の安全な輸送が有線電信の必要性をうみだし、時計―鉄道―電信を軸にして、時間がますます日常生活のなかに溶け込んでいくようになった。

2　一九世紀末における資本主義の変化

一九世紀末の変化

資本主義は、当面「世界の工場」といわれたイギリスが主導する形で発展した。鉄道の普及に加えて、海上輸送では、帆船に代わって蒸気船が登場した。輸送手段が発達すると、それまでの小規模で局地的な市場が広域化し、全国的なものから、さらには国境を超えた商品流通が可能になった。そして、一九世紀末、資本主義はさらなる変化を経験するのであった。

第一に、それまでの個人経営に代わって、株式会社が発達した。それ以前は、企業の経営を担う人（経営者）と資金を提供する人（資本家）は同一人物であるのが普通であった。ところが、経営者と資本家が分離したのである。経営者が、資本家・株主から独立して、実質的に企業を運営する態勢がとられたわけである。

第二に、資本の集積・集中が進行し、カルテル（企業連合）、トラスト（企業合同）、コンツエルン（単一企業による複数の業種にまたがる企業の統合・支配）といった独占的な結合による市場の組織化が進められた。生産のうち、ますます多くの部分が相対的に少数の巨大で強力な企業によって担われるようになった。そうした過程を推進し、その後の経済発展の原動力になったのは、「大型企業体」（ビッグ・ビジネス）の形成であった。また、独占的に組織された銀行資本と産業資本の融合あるいは癒着《ゆちゃく》を意味する金融資本の形成があった。

第三に、多くの技術の発明とその産業化が進展し、それまでにはみられなかった新興の産業部門がうまれた。鉄道・船・電信などの運輸通信技術、鉄砲・火薬などの軍事技術、鉄骨・鉄筋・橋・運河などの建築土木技術等々の発達を背景に、製鋼・電機・合成化学・自動車といった新興の重化学工業が登場し、発達した。

第四に、交通・通信手段が変革された。陸上輸送の手段としては、従来の馬車に代わって、すでに鉄道が大きな

コラム　はじめて物語❸　女性の職業

ヨーロッパ近代がうみおとした理念のなかに、「職業選択の自由」があった。多くの女性が携わる職業として、教師、女中、女工などがあったとはいえ、最先端を走るイギリスにおいても、一八八〇年ごろまでは、女性たちが自分の好みにしたがって職業を「選択」するということは、実際にはほとんど考えられなかった。しかし、一八八一年には微々たる数であった女性事務員は、九一年には約一万八〇〇〇人、一九〇一年には五万五五七八四人へと急増していった。

一九世紀末に本格化したそうした女性の職場への進出の秘密は、いったいどこにあるのだろうか。ウィリアム・ジョゼフ・リーダーにしたがえば、それは、新しい女性の職業として、タイピストおよび電話交換手の需要が急激に増えたためである。そして、それらの職業を突破口にして、従来男たちだけの世界であった職場のなかに、女性たちがいっせいに進出していったのである。

地位を占めていた。それに加えて、自動車が普及した。それは、「個人の移動の自由」を大いに促した。現在、自動車といえば、あなたがまず連想するのは、ガソリン自動車だろう。ところが、一八九五年の時点でアメリカにあった約三七〇〇台のうち、二九〇〇台と圧倒的な比重を占めたのは、なんと蒸気自動車であった。次いで多かったのは五〇〇台の電気自動車であった。一八八六年にドイツのカール・ベンツ（一八四四～一九二九年）とゴットリーブ・ダイムラー（一八三四～一九〇〇年）によって発明されたガソリン自動車は、わずか三〇〇台にすぎなかった。しかし、ガソリン内燃機関の精度・信頼性やガソリン精製技術が高められた。そのうえ、二〇世紀初頭にアメリカのテキサス州で大油田が発見され、ガソリンのコストが格段に安くなった。それらの条件のもと、ガソリン自動車の地位が揺るぎないものになっていった。

海上輸送では、帆船に代わって鋼鉄製の蒸気船が登場した。七五年のイギリスで、大洋を航海できる船のうち、鋼鉄船は一隻も存在しなかった。しかし、わずか一五年後には、その比率は九四・四％に上昇した。鉄道や鋼鉄船の発達は、国内のみならず世界の各地を結び、石炭や鉄といった重量のある商品や旅客の大量輸送を可能にした。

通信面では、一九世紀半ばごろから電気の技術が発展していたアメリカにおいて、サミュエル・モース（一七九一～一八七二年）がモールス信号を考案し、電信機の実用化に成功している。一八七六年、アレクサンダー・グラハム・ベル（一八四七～一九二二年）が電話を発明している。その後、九五年に、グリエルモ・マルコーニ（一八七四～一九三七年）が無線電信の実験に成功したことを契機として、電信は、船と陸、船と船の間の通信手段としても普及していった。

第五に、電気が実用化された。一八六六年にドイツ人ウェルナー・ジーメンス（一八一六～九二年）が発電機を発明した。また、「発明王」のトーマス・エディソン（一八四七～一九三一年）は、七七年の蓄音機に続いて、七九年には白熱電球、蓄電池、発電機などを発明・製作。八〇年代に発電装置・電動機の製造が軌道に乗ると、電気が新しくエネルギー源として実用化されるようになった。家庭の照明といえば、かつてはローソクや鯨油《げいゆ》ランプ、新しくは石油ランプであった。一九世紀中葉は、捕鯨の全盛時代であった。ところが、いまや発電所で起こされた電気が、工場や家庭にも送られるようになった。人々は、石油ランプよりも明るい電灯の恩恵を受けられるようになったのである。街灯についても、ガス灯に代わって、電灯が普及した。そのため、ガス会社の人が長い棒の先に火をつけて、ガス灯に点火するという夕方の光景は、過去のものとなっていった。

大型企業体が登場したのは、主にアメリカとドイツであった

工業生産の中心が、イギリスからアメリカとドイツに替わっていった。重化学工業や大型企業体が著しく発展したのは、産業革命の本家であるイギリスではなく、アメリカおよびドイツであったからである。とりわけ、ヨーロッパ文化の遺産を継承しつつも、中世以来の歴史のしがらみに拘束されない国として、世界史の表舞台に登場したアメリカは、後述するように、「二〇世紀の資本主義」を先導する役割を演じることになる。

この時期以降に発達した大型企業体の代表例は、アメリカでは、スタンダード石油、カーネギー鉄鋼、インターナショナル・ハーベスター、モルガン銀行、セントラル・パシフィック鉄道などであった。ドイツでは、鉄鋼のクルップ、電機のＡＥＧ、ジーメンス、化学のバイエルン、ヘキスト、ＢＡＳＦなどをあげることができる。

逆に、イギリスでは、産業革命期にできあがった産業組織・生産方法・既得権が、そうした新しい流れを積極的に取り込んでいくことをむずかしくさせた。ある時代を繁栄させた条件が次の時代への活路を阻んでしまうという、幾度も繰り返されてきた「歴史の真実」が、ここでも貫徹されたといえるかもしれない。

では、イギリスの地位は、どうなっていったのであろうか。一九世紀末になって、工業面では覇権を失いつつあった。ところが、国際貿易と金融面では依然として優位を保ち続けた。イギリスの通貨であるポンドの価値はきわ

めて高かった。そして、強いポンドをバックに、金本位制が一般化した一八七〇年代以降から第一次大戦に至るまで、ロンドン金融市場の重要性は、むしろ高まったといえるだろう。

3 二つの世界大戦にはさまれた時期にも、大きな変化があった

殺傷力のある武器が、二つの世界大戦を悲惨なものにした

一九世紀末における鋼鉄の生産技術の発達は、鉄鋼業を大きく発展させ、上述のように鋼鉄船や自動車といった運輸手段の革新や大型企業体の形成を促した。だが、その影響は、そうした点に留まるものではなかった。というのは、それが鋼鉄製の大砲や機関銃といった殺傷力の強い武器をうみだし、大量殺戮《さつりく》を可能にしたからである。

それらの武器が本格的に使用されるようになったのは、第一次大戦においてである。一九二四年二月に発表されたアメリカ合衆国陸軍省の数値にしたがえば、第一次大戦に動員された人々の概数は六五〇四万人だが、死者の数が八五四万人、負傷者の数が二一二二万人にもおよんだのは、そのためである。第一次大戦は、国の経済力と技術力のすべてを投入して戦われたという意味で、「総力戦」だったのである。

膨大な武器の輸送のために、トラックが大量に使われるようになったことも、第一次大戦の大きな特徴である。軍隊の輸送には、鉄道も有効な手段であったが、列車が走れるのは、レールの上だけである。それがなかったり、破壊されたりすれば、お手上げになる。そこで、道路さえあれば機動力を発揮できるトラックが、戦場では大きな威力を発揮した。そのほか、偵察用の飛行機、戦車、潜水艦が初めて戦場に投入された。一万五〇〇〇メートルも離れた目標をとらえて巨弾を発射する大型戦艦も登場している。

第一次大戦中にお目見えした戦車、航空機、潜水艦は、第二次大戦では、勝敗を決するほどの威力を発揮するよ

うになっていった。また、レーダーによる防空システムやミサイル攻撃が登場した。空軍による無差別爆撃が行われるようになった。そして、一九四五年八月、究極の大量殺戮兵器ともいうべき原子爆弾が広島と長崎に投下されている。しかも、そうした殺傷力の強い兵器の場合、爆撃機のパイロットやミサイルを発射する人は、マニュアル通りにスイッチを押せば、目的を達成することになる。それに携わった軍人や技術者は、市民に対する殺人の実感が希薄なまま、大量殺人を行ってしまう。そのような恐ろしさがひそんでいる。その結果、一九四五年一一月に発表された教皇庁の数字によれば、第二次大戦の死者の数二二〇六万人、負傷者数三四四〇万人となっている。第一次大戦に比べると、いっそう悲惨な結果を招いたのである。

「二〇世紀の資本主義」の原型はフォードT型の大量生産によってつくられた

二つの世界大戦にはさまれた時代はまた、資本主義が構造変化した時期でもあった。なぜならば、「二〇世紀の資本主義」を特徴づける大量生産および大量消費の「原型」が自動車業界において確立されたからである。

大量生産方式とは、一九〇八年から一四年にかけて「フォードT型」の生産のなかで熟成され、ほかの産業部門でも採用されていったものである。大量生産方式のことを、われわれは「フォーディズム」とも呼んでいる。ヘンリー・フォード（一八六三〜一九四七年）が創設したフォード社で実現されたためである。その方式は、一九世紀後半からアメリカで導入され、銃・ミシン・タイプライター・時計・農業機械・自転車などの製造に応用されていた「部品互換方式」と、「組立（アセンブリー）ライン」という二つの技術を本格的に統合させたものであった。

背景には、国土の広さの割には、人口が少なく、常に移民によって労働力が補充されていたアメリカでは、一人当たりの労働生産性を引き上げる必要性が非常に強かったという事情がある。

自動車の生産といえば、従来は、一台一台のシャーシー（車台）のまわりに必要な部品をおき、作業する人がそれらをシャーシーに取りつけて完成させていくのが一般的なやり方であった。ところが、クルマのフレームの方を動かす方式に変えられた。必要な部品を長いベルト・コンベアのわきにおき、適当な間隔をおいて作業員をならべ、コンベアの上を移動してくるシャーシーに次々に部品を取りつけて完成させる方式に変わっていった。生産ラインの誕生である。その結果、一台当たりの製造コストが大きく低下した。かつては貴族や一部の富裕階級の「オモチャ」にすぎなかった自動車が、大衆的な耐久消費財になった。アメリカにおけるクルマの普及率（所有世帯の比率）は、一九二〇年 二三・一％、二三年 五〇・三％、三〇年 七六・七％となっている。そして、二〇年の時点で、フォードT型は、同国における自動車の三分の一、全世界の自動車の半分を占めたといわれている。

ただ、大量生産が社会的に定着するためには、生産されたものが大量に販売される必要があった。つまり、大量生産と大量販売は、ワンセットで効力を発揮するものであった。そこで、大量販売の手法も、開発されることになった。これもまた、自動車産業においてであった。

大量販売のシステムを完成させたのは、フォード社のライバルであったゼネラル・モーターズ（GM）社である。フォード社が技術開発によって徹底した合理化と省力化を実現したのに対し、GMの方は、顧客の多様で変化しやすいニーズに合わせて自動車を生産した。そして、大量販売するうえで決定的な役割を演じることになるマーケティング戦略を定着させた。一九二三年、同社の社長に就任し、「中興《ちゅうこう》の祖《そ》」といわれたアルフレッド・P・スローン（一八七五〜一九六六年）のもとで、①市場調査による綿密な売上げ予測に基づいた生産計画や商品計画の策定、②どの価格帯にも独自な車種が存在する「フルライン政策」の採用、③モデル・チェンジの恒常化、④中古車の下取り、⑤販売金融の系列的な展開など、すでに新規需要が低迷し、買い換え需要が大きくなっていた状況に合わせた販売戦略が確立された。あわせて、色合い・デザイン・名称の違いなどによる商品の差別化が推進され、消費者の虚栄心や自尊心をくすぐる技術が追求された。

大量生産により、価格が大幅に低下した。T型を購入するため、一九〇九年には平均的労働者の賃金の二二カ月分もかかったのが、二五年にはわずかに三カ月分ですむようになった。もちろん、そのように価格の安い自動車が市場に出てくるようになったからといっても、自動車のような大型商品は、そう簡単に買えるものではない。そこで登場したのが、割賦《かっぷ》販売である。コツコツお金を貯めたあとで、念願の高額商品を買うのではなく、さきに借金をして、欲しいモノを手に入れ、利用しながら、徐々に借金を返済していくという方式が定着していった。たしかに、便利になったことは事実であるものの、借金の返済のためにせっせと働くというスタイルが幅をきかせ始めた。仕事場でのベルト・コンベアが人々を労働に駆り立てたように、分割払いのクレジットが人々をいっそうの労働に追いやるようになっていったのである。

大量販売の仕組みとして重要な意味をもつのは、販売の方法である。一九世紀末以降、アメリカでは、デパート、チェーン・ストア、通信販売という小売業の新しい業態が展開していた。全国ブランドの商品も登場し、商品の宣伝も行われていた。とはいえ、二〇年代に入っても、小売業の中心は、小規模な家族経営の個人商店であった。これらのお店では、値切るのはごく普通の慣習であった。商品はカウンターのうしろに並べられ、客が勝手に手にとってみることができなかった。三〇年代に、スーパーマーケットが登場すると、対面商法に代わって、現在のようなセルフサービスが普及するようになった。

アメリカ版モータリゼーションのインパクト

フォードT型の出現と普及によってもたらされたモータリゼーション（クルマの大衆化）は、アメリカ人のライフスタイルを大きく変容させた。一九三六年、シカゴ郊外に、のちに大ハンバーガー・チェーンとなるマクドナルドの第一号店ができたのを皮切りにして、各地のフリーウェイ沿いに、クルマで行く「外食産業」がうまれた。ガソリン・ステーション、モーター・ホテル、ドライビング・シアターなども登場した。さらには、クルマのスピードとそのテンポに合った、カー・ラジオから流れるディスク・ジョッキーのスピーディーな語り口が、生活のリズムを早め、人々の話す会話のスピードさえ変えたといわれている。

ちなみに、この時代のクルマは、個人ではなく、「家庭」のシンボルであった。家の主人が運転し、助手席に座るのは夫人、後部座席は子どもや年老いた祖父母のためのスペースであった。メーカーも、意図的にクルマに対して「家庭」のイメージを与えようとしていた。そうした傾向は、パーソナルカーが出現する六〇年代まで続いた。

さまざまな電気製品が家庭に浸透していった

両大戦間期はまた、アメリカを中心として大量生産された耐久消費財が本格的に普及する時代でもあった。自動車にとどまらず、ラジオ、冷蔵庫、洗濯機、掃除機などの家庭電化製品が、裕福な家庭から始まって、より広い階層にまで普及していった。テレビがないこの時代、人々が世の中の動きを知るための手っ取り早い手段は、ラジオであった。冷蔵庫・洗濯機・掃除機などは、それ以前にも存在していたが、電動機（モーター）が大型で、業務用にしか使えないものだった。ところが、この時期にモーターの小型化や大量生産技術の発達で、それらの電気製品の価格が低下し、一般家庭に浸透していった。

そうした消費文化の流れは、ドイツで「アメリカ化」という言葉が浸透したように、ヨーロッパの資本主義国でも追随され、受け入れられていった。

産業革命期の発明は、主に工場内部における生産のあり方を大きく変化させるものであった。しかし、一九一四年にアメリカの発明家で「ラジオの父」と呼ばれているリー・デ・フォレスト（一八七三〜一九六一年）によって発明された電子管（三極真空管）や、比較的小型のモーターを活用したさまざまな家庭電気器具の開発・普及は、人々のライフスタイルそのものをさらに大きく変貌させるものとなった。

レコードやラジオといった「音の文化」が家庭に入り込むと同時に、「画像の文化」として、映画が興隆の時期を迎えた。すでに二〇世紀初頭から大衆娯楽として人気を集め始めていた映画が、いっそう発展した。特に、二七年にアメリカで開発された「有声映画（トーキー）」は、その発展に拍車をかけた。そして、第一次大戦によって、ヨーロッパでの映画製作が中断しているうちに、一一年ごろには映画製作の中心地となっていたハリウッドの地位は、ますます高まっていった。

技術の発展は、その後も留まるところを知らず、三〇年代以降もさまざまな新技術が世に送り出された。ナイロン（三八年）、コンピューター、原子力、ジェットエンジン、トランジスタ（四八年）なども、第二次大戦前後には開発され、戦後に大きく開花することになった。

「二〇世紀の資本主義」を本格化させるという意義をもったこの大量生産方式の確立もあって、すでにほかの資本主義諸国よりも優位な経済力を確保していたアメリカの国際的地位はいっそう強められた。

いまや労働者も消費者に、一般大衆も選挙民になった

両大戦間期には、労働者および一般大衆の経済的かつ政治的な位置づけにも、大きな変化がみられた。「一九世紀の資本主義」のもとでは、圧倒的多数の労働者は、非常に貧しかった。「消費者」として重視されることは少なかった。ところが、アメリカに代表される先進国では、労働者の労働・生活条件は、大いに改善された。そのうえ、技術者、専門職業家、大企業や政府における中間管理職などの「中産階級」が、新たにうみだされた。そして、労働者を含めた国民のより広い階層が、自動車をはじめ、多くの耐久消費財の「消費者」、つまりマーケットとして位置づけられるようになったのである。佐伯啓思の言葉を援用すれば、「一九世紀の資本主義」は、基本的には

「資源の確保と労働者の搾取」によって資本の蓄積を行ってきた。それに対して、「二〇世紀の資本主義」は、「消費の拡大」によって経済を拡張していくという性格をもっていたのである。

そのようにして、一般大衆の経済的役割が強化されていくのであるが、彼らの政治的な役割もまた、強められていった。なぜならば、一九世紀から二〇世紀前半にかけて、多くの国で身分や納税額に関係なく選挙権を与えるという「普通選挙制度」が導入されたからである。第一次大戦前には、選挙権拡大の対象はもっぱら男性であったが、一九二〇年代以降、先進国で「婦人参政権」が導入され始めた。政治家たちにとって、選挙に勝つためには、女性を含めて、大衆のニーズを汲み上げていくことが重要な意味をもつようになった。その背景には、一九世紀末以降、普通選挙導入の下準備的な役割を演じた義務教育が、人々の啓蒙に大いに寄与したことがある。

コラム　生きていく力❷　投票する

民主主義の確立が、独裁的な政治を阻止し、人々のさまざまな権利と自由を保障するものとなったことは事実である。しかし、その反面、選挙に勝つために、大衆に迎合したり、特定の利害を優先したりする傾向をうみだしている。民主主義をより円滑に行うためには、ひとり一人の市民レベルでの政治への参加意識が重要となる。それが機能してこそ初めて、民主主義の実効性が発揮されるものとなる。そこで必要になるのが、悪しき政策や法案に対してきちんと反対意見を表明するという批判力なのである。

あなたがもし、これまで投票にあまり行っていないのであれば、次の選挙には、候補者や政党の公約・マニフェスト・政策などをよく理解したうえで、是非とも投票に行ってほしい。

国家の経済への介入が本格化した

国家と経済の関係にも、大きな変化がみられた。西洋経済史家の関口尚志は、一九二〇～三〇年代における資本主義国の特徴として、「現代資本主義」「組織資本主義」「管理経済」といった言葉をあげている。それは、景気対策を軸にして、財政・金融、産業・労働、社会保障など、さまざまな分野で国家が経済活動を直接もしくは間接的に方向づけるようになったからである。

その背景としては、ロシア革命や先に述べた選挙権の拡大などの影響がある。労働者・農民を含めた多元的な利害を社会的に統合したり、労働権・生活権を保障したりすることが国家に求められるようになった。そして、なによりも、市場の自動調整機能に任せきりにしたのでは解決できない問題が引き起こされたからにほかならない。たしかに、市場の自動調整機能が働けば、労働の供給と需要は一致して、失業など起きないはずである。ところが、現実はより複雑で、賃金、つまり労働に対する価格メカニズムはそのようには働かない。そこで、公共事業によって、政府がなんらかの「有効な需要」をつくりだし、失業を減らせばよいという考え方がうまれた。

そのような考え方が生じる直接のきっかけになったのは、アメリカで一九二九年に勃発した世界恐慌に伴う経済危機に際して、景気の回復を図るために、積極的な景気・失業対策をとる必要に迫られたことである。これを契機にして、生産・投資・価格・労使関係など、経済活動に対する国家の介入が実施されるようになったのである。

管理経済のきわめて対照的な二つの事例としてあげられるのは、民需、つまり大衆的な国内市場に依拠して経済回復を図ろうとしたアメリカのニューディール政策、および民需の拡大はもちろんのことであるが、軍需を優遇する形で市場の拡大・生産の回復策を推進したドイツ・ナチスの全体主義的な統制経済である。

現在、多くの国では、政府の資金を使って経済活動を活発にするなど、政府・公共部門の経済的な役割が非常に大きくなっている。民間の活動だけでは不足する需要を補うことが、期待されている。短期間に消費され、買い直される消費目的の支出や、利潤を稼ぎ出すための資本財に向けられる資本支出に加えて、新たに公共支出が登場したのは、まさにこの時期のことである。

最初のうちは、どちらかというと緊急避難的な措置として導入されたわけであるが、徐々に恒常的なものとして定着していった。そして、イギリスのうんだ経済学者ジョン・メーナード・ケインズ（一八八三〜一九四六年）の『雇用・利子および貨幣の一般理論』（一九三六年）は、政府の政策的アクションに関する理論的意義づけを与えた。

第二次大戦中の政府支出の拡大もあって、戦後は、政府の経済への介入は必要不可欠な要素になっている。ケインズの経済学は、一九七〇年代初めころまで経済政策の実施に当たっても指針的な役割を果たしたのである。

　また、少なくとも先進国に関していえば、この時期に社会保障制度が確立されていった。国民各層間での貧富の差が解消されたわけではないが、累進所得税や相続税によって、不平等化の傾向は、ある程度抑制される。競争を重視しながらも、ある種の枠組みが設けられることになったのである。

コラム　はじめて物語❹　丈の短いスカート

　一九二〇～三〇年代における家電製品の家庭への浸透は、女性をめぐる環境にも変化をもたらした。電気掃除機や電気洗濯機の普及は、短期的にはそれまでなかった掃除の日常化を促すことによって家事労働の負担増となることもあったとはいえ、長期的には家事労働の負担を大いに軽減させた。そして、それが家庭にいた女性たちの「社会進出」に拍車をかけた。女性たちが外に働きに出るようになると、それまでのような、脚のくるぶしまで覆っていたスカートでは、行動に不便さを感じるようになった。そのため、スカートの丈が短くなっていった。

　星野芳郎によれば、この時期に女性たちの服装を大きく変容させたもう一つの要因として、ジャズがある。従来、音楽を聞くといえば、正装してホールに出かけ、静かに耳を傾けるイメージがあった。けれども、演奏者が自由に曲をアレンジするジャズの場合は、聴衆は、立ち上がったり、踊ったりもする。そこで、軽快に動ける服装が普及することになった。若者たちが、ホールに行かなくても、蓄音機にレコードをかけて、家でも野外でも、ジャズを楽しむようになると、スカートの丈が短くなった。そのうえ、欧米の女性たちにとって久しく不可欠なものであった、足首を隠すほど長い上にボリュームたっぷりのスカート、その下に着用する幾種類ものペチコート（スカートにふくらみをつけるためのスカート形の下着）、コルセット（腹からおしりの部分を包み、締めつけることによって、身体のラインを整える）を、完全に不用なものにしていった。動きにくさが主婦の夫への従順さを示唆するものとすると、新しいスタイルは、伝統的な良妻賢《りょうさいけん》母《ぼ》理念への反発を伴っていたということができるだろう。ちなみに、ヴィクトリア女王（在位一八三七～一九〇一年）時代のイギリスの女性たちにとって、理想のウエストはなんと二〇インチ（五一センチ）以下とされていたのであるから、驚きである。

4 第二次大戦が終わると、冷戦が始まった

冷戦が始まった

一九三九年に始まった第二次大戦は、四五年五月のドイツの降伏と八月の日本の降伏によって終結した。戦争中、アメリカ・イギリス・フランスとソビエト連邦は、ファシズムという共通の敵の前で協力しあった。ところが、もともと政治・経済体制が大きく異なったことに加えて、ドイツ占領政策などをめぐり、次第に対立が表面化するようになった。そして、アメリカをリーダーとする資本主義国とソ連をリーダーとする社会主義国の両陣営に分かれて、覇権争いが展開されるようになった。「東西問題」である。西側陣営は、軍事的にはＮＡＴＯ（北大西洋条約機構）、経済的には、のちにＯＥＣＤ（経済協力開発機構）となるＯＥＥＣ（欧州経済協力機構）を結成した。西側諸国の戦後復興に大きな役割を果たした「マーシャル・プラン」をはじめとするアメリカによる巨額の援助は、そうした枠組みのなかで実施された。それに対して、東側陣営は、ワルシャワ条約機構とコメコン（経済相互援助会議）を組織した。

新しい動きもみられた。四五年一〇月には、国際連合が発足した。そして、四八年一二月に開催された第三回の国連総会で、「世界人権宣言」が採択された。それは、国境という枠を超えてひとり一人の人間の尊厳や権利を尊重しようという形で高らかに宣言された。なお、人権に関しては、その後、男女同権、自治権、環境権、障害者や先住民の権利といったように、新しい人権概念が次々に登場してくることになる点を記しておこう。ただし、国際紛争を未然に予防したり解決したりして、世界平和を達成しようという国連の崇高な理想は、必ずしも十分には機能しなかった。むしろ、「冷戦」という言葉が示すように、直接対決することはなかったにせよ、米ソの超大国は、

核ミサイルの開発競争に端的に示されるように、互いに世界的規模での軍備拡張と宇宙開発競争に熱中した。

アメリカの覇権

この時代における資本主義諸国の組織的な国際協力に関していえば、一九四七年に為替の安定化をめざして「ＩＭＦ（国際通貨基金）」が発足した。金一オンス＝三五ドルという兌換《だかん》比率が設定された。各国のお金を一定の比率でアメリカのドルと交換でき、そのドルを金と交換できるということになった。ドルを仲介役にして、世界各国は安心して貿易を行い、ドルで支払うことにしたわけである。現在では、為替レートが刻々と変動するしくみ、つまり変動相場制が採用されているが、当時は、固定相場制であった。そのための取り決めは、四四年にアメリカ北東部ニューハンプシャー州のブレトン・ウッズという小さな町でなされた。そのため、そうしたしくみは「ブレトン・ウッズ体制」と呼ばれている。

ＩＭＦとともに、戦後の世界秩序を構成したのは、「世界銀行（国際復興開発銀行）」と「ＧＡＴＴ（関税と貿易に関する一般協定）」である。ＩＭＦの姉妹機関である前者は、加盟国の経済復興・開発のための長期資金を融資することを任務として、四六年に発足した。後者は、①自由貿易の促進、②国際通商上の無差別主義、③互恵主義に基づく関税・その他の貿易障壁の軽減・撤廃という三つを基本原則として、四七年に創設された。九五年に「ＷＴＯ（世界貿易機関）」に発展的に改組されていく。

いずれも、主要国が自国の都合で閉鎖的な経済圏、ブロック経済をつくって対立したことが第二次大戦を導いたという過去の反省のうえに立って、アメリカの主導のもとで創設されたものである。それらは、五〇～六〇年代における西側経済の繁栄を示す「パクス・アメリカーナ」（アメリカの傘のもとでの世界平和）を側面で支援するものとなった。ＧＡＴＴ・ＩＭＦ体制下で、各国経済の貿易依存度と相互依存性は、飛躍的に高められた。

そのような状況下で、資本主義国のリーダー的存在となっていたアメリカは、戦争直後にあって、世界の富（GNP）の約半分（四五％）を占め、世界の金準備の約八割を保有する圧倒的な経済大国であった。

他方、ソ連陣営の動きは、どのようなものであったのか。ごく簡単に指摘しておくならば、ソ連は、アメリカに対抗するため、常に膨大な軍事費を投入し、重化学工業を優先的に発展させることを余儀なくされた。その結果、国民の生活に欠かせない物資やサービスの供給を軽視する傾向がうみだされた。そのため、資本主義諸国における高度成長と「豊かな社会」の実現とは裏腹に、六〇年代以降、経済成長の減速に悩み続けることになる。八九～九一年における社会主義の解体につながっていく伏線の一つがそこにある。

5　高度成長がもたらした「豊かな社会」

高度成長によって、「豊かな社会」が実現した

一九五〇年代から六〇年代にかけて、各国の資本主義は、成長率については国によってかなりの差があるものの、総じて高い経済成長を記録し、未曽有《みぞう》の繁栄をとげた。なかでも、西ドイツ、日本、イタリアの旧枢軸国は、「奇跡」と称されるほどに驚異的な成長率を記録した。それに対し、イギリスの成長率は比較的低水準であった。

すでにアメリカで経験済みの耐久消費財ブームやモータリゼーションが、五〇年代にはヨーロッパ諸国で、六〇年代には日本でも引き起こされた。①「規格化・標準化」に伴う「少品種大量生産」、②「大型化」による「規模の利益」（スケール・メリット）の追求、③「高速化」といった、生産性の向上、経済効率の高度化、技術革新をめざす際の諸原則は、その時期にまさに徹底した形で追求された。その結果、先進工業国においては、陸上交通の主役に躍り出た自動車の燃料や火力発電の燃料として、膨大な化石燃料を使いつつも、多くの便益がうみだされた。

人々の可処分所得が増大し、モノが氾濫し、少なくとも物質的には「豊かな社会」が実現したのである。

それを支えたのは、中東における本格的な石油開発を土台にした、石炭から石油への転換を意味する「エネルギー革命」、および鉄鋼・造船・自動車・石油化学・機械といった重化学工業の発達である。なかでも、石油化学工業は、①有機肥料に代わる化学肥料、②綿・羊毛・絹といった天然素材に代わる合成化学繊維、③鉄や木材に代わるプラスチック、コンクリート、④石けんに代わる合成洗剤をうみだすなど、多種多様な合成化学物質を産出することになった。交通面では、貨物輸送が鉄道からトラックへとシフトし、飛行機による大量輸送が本格化した。

高度成長の過程で大きく変化したもののなかに、農業があった。産業革命によって国民経済が基本的に資本主義に編成されるようになったからといっても、すべての産業部門が、企業組織によって運用されるようになったわけではなかった。とりわけ農業部門はそうであった。たとえば、伝統的な農民経営は、それなりの「生命力」を保持したし、農民たちの伝統的なライフスタイルも基本的にさほど変わらなかった。というのは、資本による農業部門の把握が、依然として流通過程のレベルにとどまり、生産過程を全面的に包摂するには至らなかったからである。ところが、この時期に至って、「農業の商業化」（市場向けの生産）からさらに進んで、「農業の化学化・機械化」（化学肥料・農薬と農業機械の使用）という形で、資本による全面的かつ実質的な農業把握が進展したのである。

「豊かな社会」の出現によって、先進国における平均寿命は、五〇年から九九年にかけて六六歳から七八歳に伸びている。かつては、きわめて運のいいごく少数の者しか経験できなかった「長寿」が一般化するようになった。

ただ、そうした高度成長の恩恵を受けたのは、けっして世界のすべての国々ではなかった。第二次大戦の終結から六〇年代にかけての時期に、多くのアジア・アフリカ諸国が政治的独立を果たした。政治的に自立すると、次の課題は経済的自立ということになるが、こちらの方はけっして平たんな道ではなかった。先進国による植民地支配を受けた国々では、モノカルチャー化した自国の経済構造を修正するのは、大きな困難を伴った。そのため、高度成長によって「豊かな社会」を実現させた先進国＝「富める北」と途上国＝「貧しい南」との経済格差がクローズアップされることになった。「南北問題」である（この点については、第9章と第14章で検討する）。

オイル・ショックが引き起こした経済構造の変化

一九七三年一〇月に勃発した第四次中東戦争のあおりを受けて原油価格がいっきょに四倍に引き上げられたことで、先進国の経済は大混乱に陥った。第一次オイル・ショックである。さらに、七九〜八〇年にかけて、イラン革命とイラン・イラク戦争を契機に、第二次オイル・ショックが引き起こされ、原油価格はまたもや高騰した。それらの結果、成長率は低下した。企業業績は悪化し、物価が上昇した。不況とインフレーションが共存するという「スタグフレーション」が世界的にみられるようになった。石油依存の経済構造をなかなか修正できなかったこともあって、アメリカをはじめ、西ドイツやイギリスといったヨーロッパ諸国は、長期にわたる苦境に陥った。

そのような状況下で、いち早く不況を乗り切った日本は、むしろ国際的競争力を高めた。その理由は、①エレクトロニクスと自動車という二つの産業を武器に、それらの製品の世界への輸出を実現させ、「メイド・イン・ジャパン」の世界的評価を高めたこと、②オイル・ショックに対応すべく、省エネ・省力技術を開発できたこと、③「ジャスト・イン・タイム方式」や「リーン（無駄のない）生産システム」といった言葉に示されるように、「必要なときに必要なものを必要なだけ」生産するという生産方法を定着させたこと、④「ME（マイクロ・エレクトロニクス）革命」の成果を生かして「多品種少量生産」の方式を整えたことなどである。

オイル・ショックが引き起こしたのは、そうした先進諸国のスタグフレーションと日本の「世界の工場」化にとどまらなかった。

第一に、それまでの経済学の考え方を大きく変えてしまった。飯田隆が指摘しているように、それまで主流をなしていたのは、「ケインズ主義的なディマインドサイドに立ったもので、不況に陥ると政府支出を増加すれば、総需要が増大して生産・投資の拡大がもたらされ、実質GDPは増える」と考えられてきた。しかしながら、七〇～八〇代前半にあっては、「そのような考え方に基づいて財政支出を増大させても、現実の経済は活性化しないため……、マネタリズムとかサプライサイド経済学と呼ばれた新しい経済学」が大きな影響力をもつことになった。市場機構の果たす役割を過大ともいえるほど高く評価するのが、その特徴であった。その結果、今度は、肥大化した政府財政の縮小、減税その他による企業利潤の保証とそれに伴う供給の拡大が重視されるようになったのである。

このようにして、「大きな政府」の立場をとるケインズ主義との論戦で勝利を収めた「小さな政府」論のもとで、先進国では、規制緩和、開放体制、国営企業の民営化などの施策が講じられていくことになった。イギリスのマーガレット・サッチャー（在任一九七九～九〇年）政権とアメリカのロナルド・レーガン（在任一九八一～八九年）政権がその代表例である。

ただ、市場経済にまかせておいては解決できない問題として、①所得分配の不公平性、②環境破壊、③国際的な貧富の格差などがあった。所得格差に関しては、社会保障の充実、相続税や累進課税による分配の公平化もしくは所得の再分配という形で、政府の役割が強く求められている。また、環境破壊や国際的な貧富の差に関しては、政府の関与に加えて、国際協力や人々の意識改革の大切さが指摘されている。

第二に、経済のソフト化、サービス化という言葉に示されるように、経済活動の重点が第二次産業から第三次産業へとシフトしていった。

第Ⅱ部

産業革命以前のヨーロッパ社会

城壁にかこまれたフィレンツェ（1470年）．いまでも，ヨーロッパを訪れると，中世都市の名残りを感じさせる多くの古都に接することができる

日本の六月～七月は、梅雨の季節である。夏に向けて気温が上昇する時期に雨が多くなる。蒸し暑さに、あなたの不快指数もきっと高いものになるだろう。ところが、人間にとっては、けっして過ごしやすいとはいいがたいその気候は、植物の生育にとっては、むしろ好都合なのである。他方、ヨーロッパの気候はどうであろうか。地域差があるものの、おおむね、暑いときにはそれほど雨が降らない。植物の生育、つまり農業にとっては、必ずしもよいコンディションではないということになる。元来、農作物のでき具合も、アジアと比べると、見劣りしたし、食材の種類も貧弱であった。では、そのように植物にとって自然の恩恵をさほど受けなかったヨーロッパで、近代社会への条件整備が行われたのは、なぜなのであろうか。

資本主義がうまれる前は、封建時代であった。その時代の経済制度は、資本主義経済と大きく異なっている。まず、主力となる経済活動は農業であった。直接労働に携わる人は、労働者ではなく、農民だった。社会の単位は、個人ではなく、ムラといわれる共同体であった。道具はあったが、機械はなく、モノは基本的に手作りであった。生産の目的も、販売目当てではなく、自給自足的な意味合いが強かった。ごくわずかな失敗が飢えに直結するような状況下で、すべてが伝統に基づいてなされていた。変化とは無縁の世界であった。資本主義への準備が行われたのは、そのような伝統的な農業社会にあって、ヨーロッパの農民たちが、農業生産や農村工業を通して自分たちの経済的な地位を徐々に向上させ、ついには、封建制度や共同体による保護・規制から解放されていったからにほかならない。

では、資本主義を準備するプロセスとは、具体的にどのようなものであったのか。第Ⅱ部では、それらの諸条件を順次検討していきたいと考えている。第3章では、中世ヨーロッパの農業・農村・農民生活の実態に迫り、最後に近代社会への見通しを述べたい。第4章では、一一～一二世紀にかけて成立したヨーロッパ中世都市の歴史的な意義と限界を明らかにし、資本主義社会との関係にも言及している。第5章では、大航海時代によって、ヨーロッパにおける国際的商業活動の中心地が中世のイタリアからポルトガルやスペイン、さらにはオランダへと移り変わっていき、最終的には最初の産業革命を起こすイギリスへと変わっていく流れを描いている。そして、第6章では、資本主義が成立するための精神的条件が整備されるプロセスを考えている。

第3章 神々と領主と村落が織りなす中世ヨーロッパの農民世界

本章のねらい

中世という時代は、西ローマ帝国の崩壊からルネッサンスに至るまでの、五世紀から一五世紀ぐらいまでの千年間をさしている。

古代から中世の前期にあって、アルプス以北の地域は、深い森林にかこまれた「辺境の地」にすぎなかった。歴史の重みを感じさせる「伝統色」に統一された街並みも、ロマンティックで華麗な貴族の古城も、まだ登場していない。ところが、一一世紀末から一三世紀にかけて、「ヨーロッパ」という独自な世界の形成に結実していく諸条件が徐々に整備されていった。第一に、農村において、三圃《さんぽ》制をうみだす技術革新が行われ、村落共同体が本格的に成立した。第二に、各地で中世都市が形成され、現代のヨーロッパ人のものの考え方にも大きな影響を与える「市民意識」がつちかわれた。第三に、ヨーロッパ文明の宗教的基礎となるキリスト教が、民衆のレベルに至るまで広く浸透した。

強力な国家主権が自己主張する時代ではなかった。ただ、キリスト教という共通の枠組みのなかで、換言すればローマ教会を中心としたカトリック的一体性のもとで、貴族（騎士）と農民という身分がうまれ、中世盛期には新たに市民という階層が社会の重要な構成要素となった。

本章では、一二世紀前後におけるそうした変化を念頭におきつつ、封建社会における農村および農民の状況を検討したい。

1　中世は森のなかから

深い森には、悪霊が住んでいた！

古代ローマ時代から中世にかけて、アルプス以北のヨーロッパには、ヨーロッパブナやナラ類によって代表される手つかずの原生林が広がっていた。かつて、そうした低地原生林は、東はシベリア、西はアイルランドまで広がっていたのであるが、いまでは、ポーランドとベラルーシの国境近くにごく一部が残るのみである。

その地域の住民たちは、神を人格化して理解し、「石の文化」をつくりあげたギリシア人やローマ人とはかなり異なっていた。ゲルマン人は、豊かな森林を背景として、「木の文化」を形成したからである。さらに、木の妖精、水の神、火の神といったように、自然崇拝を原則とする独自な自然観・宗教観をもっていた。

森林は、多くの人々に役立つ空間であった。森林の大部分は、現代の日本のように山地地域に広がるのではなく、平地に広がっていた。王侯貴族にとっては狩場、農民にとっては、ドングリを飼料として豚を放牧し、果実、木の実、蜂蜜を採集し、建築用の木材や薪を手に入れる場であった。と同時に、「神の使い」とも考えられた恐ろしい狼が住む巨大な闇の空間でもあった。それは、一七〜一八世紀に至るまでヨーロッパを支配し、悪霊と妖精の世界、恐怖と神秘の世界をつくりあげたのである。森は、けっして静寂《せいじゃく》の世界ではなかった。強い風が吹くと、恐ろしい音が響き渡った。森に住む獣の叫びは未知なる恐るべき動物の存在を暗示した。そのようなとき、人々はガンガン鐘を打ち鳴らして、恐怖がなくなることを祈った。悪霊が住んでいたのは、森林だけではない。川も谷も、さまざまな霊によって支配される世界としてみられていた。阿部謹也によれば、家のなかでも、かまどは家の神の居所であり、窓・敷居・戸などにも霊が住み、死者も家の隅々にとどまっていると信じられていた。さらに、彼らにとって、病気は身体の機能がうまく働かなくなったことによるものとはみなされず、神々や霊の作用と考えられていた。嵐や天候の急変さえ、悪霊のなせる業《わざ》と思われていたのである。それゆえ、そうした霊から身を守るために、多くの迷信があった。そして、鐘や鈴といったさまざまな種類の「魔よけ」が必要であった。

森林の破壊・開発と生活圏の拡大

そのような観念をもった人々が、荒地を開墾するだけではなく、多くの霊が住む森を少しずつ切り開いて耕地に変えていった。その際、大きな影響力を発揮したのは、キリスト教であった。たとえば、蜂蜜入りのパンやおいしいブドウ酒をつくる技術や最先端の農業技術をマスターしていたキリスト教会と修道院が、それらを農民たちにも教えたといわれている。ただ一つのアルカリ性のアルコール飲料として、いまなお健康飲料としても定評のあるブドウ酒の普及に際して、修道院は、中世における最大の功労者であった。

それればかりではない。その普及とともに、「神→人間→森に代表されるような自然」という「序列」が人々の間に徐々に浸透し、荒々しい自然との戦いをとおして、自然を人間の意のままに改造することが理にかなっているというような人間観・自然観が形成されたと考えられる。そういった考え方に支えられてであろうか、ヨーロッパ農業の発展は、この地域の気候のもとでは一度破壊してしまうと再生するのがなかなかむずかしい森林の破壊という犠牲を払いながら進行していったのである。

と同時に、当初は数戸程度であった小さな集落も、徐々に拡大していった。そして、フランク王国のカール大帝（シャルルマーニュ、在位七六八〜八一四年）の時代になると、ヨーロッパ封建制の一つの支柱となる「荘園制」がすでに確立していたと考えられている。当時のヨーロッパには、いまだ特記すべき大都市がなかった。「世界」の中心地といえば、中国を除けば、それは、バグダード、コルドバ、カイロなどを拠点とするイスラム世界、それにコンスタンティノープルを中心とする東ローマ帝国＝ビザンティン帝国であった。

2　領主と農民

荘園制のしくみ

中世の農村社会を特徴づけたものとして、「荘園」＝「マナー」を拠点として成立する独特な領主・農民関係がある。農民たちは、基本的には、領主の所有地である特定の荘園に所属し、そこで領主から土地を与えられ、それを世襲的に耕作することによって生計を維持した。いくつもの村が一人の領主によって支配されることもあれば、何人もの領主が一つの村の支配権を共有するケースもあった。彼らの労働時間は、原則として「日の出から日の入りまで」であった。

各荘園には、仕事場、料理場、パン焼き場、倉庫などをそなえた領主の屋敷があった。付属の仕事場には、鍛冶《かじ》屋《や》・靴作り・銀細工師などの職人たち、あるいは衣服の製造に従事する女性たちがいた。都市がいまだ成立していないカール大帝の時代には、そうした手工業活動も、荘園のなかで行われていたのである。ただ、荘園で生産されたものがすべてその内部で消費されたのかといえば、必ずしもそうではない。その一部が市場で販売されることもしばしばみられた。そのようにして展開される手工業活動や余剰生産物の販売といった農村の経済活動こそが、のちに中世都市を生成させる大きな起動力となるのであった。

農民たちの経済的負担と権利

荘園は、領主の直営地と農民たちに貸与される保有地に分けられていた。農民たちは、領主から土地を貸与される代わりに、領主に対して地代を支払わなければならなかった。ただ、九世紀初頭にあっては、地代は、収穫物で納められる「生産物地代」ではなかった。のちに一般化していくことになるそれらの地代形態は、一一世紀ごろまではほとんどみられなかった。当時の地代は、「賦役《ふえき》」＝「労働地代」であった。農民たちは、差配＝管理人のもとで、一週間のうち三日間、領主の直営地で耕作に従事するのが決まりであった。

地代以外の義務もあった。復活祭やクリスマスなどにはニワトリ・卵・ブドウ酒などの物品を「現物賦課租《げんぶつふかそ》」として貢納する義務があった。さらに、農民たちは、領主の粉ひき場で穀物をひき、パン焼き場でパンを焼き、醸造場でビールをつくることを強制され、使用料を徴収された。娘を結婚させるためにも許可料を支払わなければならなかった。

直営地で働くときを除けば、農民たちは、自分の保有地での耕作に従事することができた。それによって、彼らは、自分たちの生活をなんとか維持できる程度の食糧を確保することができた。そればかりではない。彼らによる保有地の耕作は、一代かぎりで終わるわけではなく親子代々続けられるのが普通であった。そのため、彼らの耕作地に対する世襲的な権利は、やがて「土地保有権」として認められるようになった。領主の権利を「上級所有権」というのに対し、農民の土地保有権を「下級所有権」と呼ぶケースも多い。後述するように、そうした土地保有権を軸にした農民層の経済的な地位の向上こそが、封建制度を切りくずしていくことになるという事実を記しておこう。

荘園領主は、単なる地主ではなく、農民にとって保護者でもあった。飢饉や不作のとき、農民の生活を保障するのも、彼らの役目であった。農民たちは、奴隷ではなかったものの、荘園領主の「所有物」に近かった。土地に縛りつけられ、移動の自由はなかった。荘園＝領地が売られる場合、それと一緒に売却された。彼らに対してしばしば「農奴」という呼び名が与えられるのは、そのためである。しかし、土地に拘束されることによって、一定水準の生活が保証され、いわば「普通の人」として認知されていたことを見落としてはならない。農民たちは、土地に緊縛されず自由に移動することはできたが、その代わり「普通の人」としての序列から排除された「放浪の民＝賤民《せんみん》」とは、明確に区別されていたのである。農民たちは、身分的には「自由人」であった。「復讐権」（縁者が殺された時に犯人を殺す権利）はもちろんのこと、「武装権」（平時でも武器を携行する権利）さえもっていた。わが国の時代劇でしばしば登場する「仇打《かたきう》ち」は、ヨーロッパにおいても同様にみられたのである。

農民の生活圏は、きわめて狭いものであった。トフラーが言及する歴史家J・R・ヘイルにしたがえば、「多くの人の場合、生涯で一番長い旅の平均は一五マイル（約二四キロ）と考えてもさほど間違いはないだろう」。農民のほとんどは、うまれた村から外にでることさえなかったともいわれている。

以上のような特徴は、領主が俗人であれ、修道院や教会のような宗教団体であれ、それほど変わらなかった。

3　三圃制と村落共同体

三圃制がうまれた

領主による賦役労働を活用した直営地によって特徴づけられる「古典荘園」とも呼ばれた上述のような荘園のあり方は、地域によってかなりの違いがあるものの、一二〜一三世紀ごろを境として大きく変容していった。つまり、領主が直営地を解体し、それを農民たちに賃貸することによって、地代収入を確保するという「地代荘園」に変わった。

時期を同じくして、耕作様式にも著しい改善がみられた。まず、農業技術上の改良が行われた。第一に、冶金《やきん》術の発達によって、土地のやせた軽い土壌しか耕作できなかった従来の木製の犂に代わって、粘土質の湿った土壌を深く掘りおこすことができる重量のある鉄製の犂が普及した。第二に、犂をひく家畜として、牛の代わりに、スピードの速い馬が使用されるようになった。第三に、水車が普及して、水力の利用が大幅に増加したために、石臼《うす》を人力でまわす必要がなくなった。その結果、これらの技術変革のいわば集大成として、三圃制が次第に普及していった。

三圃制と村落共同体の関係

三圃制のもとでは、一定面積の耕地が冬畑、夏畑、休閑地の三つに分けられた。冬畑では、秋に種をまき、夏に収穫する冬麦（コムギもしくは土質の悪いところではライムギ）が栽培された。夏畑では、春に種をまき秋に収穫するオオムギやエン麦《バク》（オートムギ）などが、エンドウやインゲンマメなどの豆類とともに播種された。休閑地では家畜が放牧され、家畜の糞尿によって地味の回復・施肥がはかられた。翌年には、冬畑が夏畑に、夏畑が休閑地に、休閑地が冬畑となり、これが順番に繰り返された。

家畜のなかで、羊は、羊乳・チーズ・羊毛・羊肉を提供した。牛は、役畜や乳牛として徹底的に使われたあと、屠殺《とさつ》されて食肉となった。そして、食べごろになるまでに五〜六年もかかる牛と違って、豚の場合は生後六カ月から一〇カ月で十分であった。しかも、豚は、ドングリをエサにして育てられたので、ほかの家畜のように飼料の確保にそれほど苦労することもなかった。それでも、冬になると、飼料が十分に調達できなかったので、多数の家畜が屠殺され、塩づけ肉として保存されるのが習慣であった。ちなみに、塩づけ肉の味を少しでもよくする役割を果たしたのが、コショウをはじめとする香辛料であった。

各耕地は、多数の並行的な地条に分割されていた。一つの地条は、多くの場合四頭立ての牛・馬による有輪犂で、午前中に耕される程度の面積であったために、ドイツでは一モルゲン（イギリスでは一エーカー）という土地単位で呼ばれた。通例三〇モルゲン（＝約九ヘクタール）が一農民家族の平均的な保有単位であった。一家族で、三〇カ所に分散して自分の耕作地を保有していたことになる。

隣の地条との間には恒常的な境界線はなかった。耕地内に道があるわけでもなかった。したがって、播種から収穫に至るまでのさまざまな耕作労働は、決まった日時に共同で行わなければならず、そのために多くの耕作規制がなされたのである。もし、その種の規制がなければ、自分の保有地に行くのに、すでに種子がまかれた他人の耕地に足を踏み入れたり、そのうえで牛や馬を走らせてしまったりする危険性があるからである。農民たちに土地の保有権があるからといっても、土地利用については個人の自由はなかった。新しい作物の導入や、作物や家畜の改良は困難であった。創意工夫して収穫量を増やし、ほかの農民より少しでもよい生活をめざすといった余地はほとんどなかった。

そうした状況のなか、耕作規制や共同労働の必要性ゆえにうまれ、発達したのが、村落共同体であった。それは、それまでのような大家族的な血縁的つながりを中心とした集落ではなく、地縁的な共同体を意味するものであった。二〇～三〇戸程度の農家が教会を中心にまとまり、その周辺に多くの地条からなる耕地があり、さらにその外縁には森林や放牧地を含む共同地が広がるという三層の構造をもった典型的な中世の村ができあがったのである。

そのようにして発足した村落共同体の機能は、けっして耕作労働の調整・規制にとどまるものではなかった。村落共同体は、農民たちの生活全般を自治的に規制したり、領主に対して農民の利害を代表する役割を果たしたりもした。「中世における自由」とは、「領主の恣意《しい》を排除する」という具体的特権を意味したのであるが、農民たちは、共同体を通して領主の恣意に立ち向かうこともできた。他方、領主もまた、共同体との交渉を経て、自らの支配をより確実なものにすることができた。領主による領域的支配の単位としても機能したのである。そこには、両者の双務的関係を見出すことができるだろう。

三圃制の採用は、それまで支配的であった「二圃制」——耕地の半分で穀物を栽培し、あとの半分を休ませ、翌年は使う土地と休ませる土地を交替させるという方式——と比較すると、穀物生産高の著しい増大をもたらした。一〇世紀ごろにはコムギの種を一粒まいても三粒ぐらいしか収穫されなかったのに対して、一二世紀になると、五粒から八粒程度の収穫が可能となった。また、栄養学的には、エンドウやインゲンマメの成分にはアミノ酸が含まれていて、穀物がもっている栄養素とぴったり結びつくと、良質のタンパク質がつくりだされた。その結果、人々の活力とスタミナが大いに増進したのである。そのうえ、草を食べさせればよい牛とは違って、馬の飼育には上質の穀物が必要であったが、エン麦の栽培の普及によって、馬の使用が一般化された。そして、そうした農業生産上の改善が、次章で触れるように、一二～一三世紀における中世都市の成立の物質的な基礎となるのであった。

4　中世農民の楽しみ

農民たちの感情と時間の観念

それでは、上述のような農業・土地制度のもとで、農民たちは、いったいなにを感じ、なにを考え、なにに楽しみを見出していたのであろうか。彼らの大部分は、識字能力をもたず、自分たちの姿を文字に残すことはなかった。したがって、それらに関する資料はきわめて少ないが、いくつかの点を指摘することができる。ここでは、イギリスの中世史家アイリーン・パウアが描いたカール大帝の時代にパリ近郊に住んだある農民の生活を念頭におきながら考えてみたい。

農民たちは、当然のことながら、多くの感情をもっていた。霊をやどし、狼を育て、闇の空間をつくる奥深い森に、彼らは、恐怖と不安の感情を抱いていた。しかし、そうした不安の根源を理知的に認識することはできなかった。災害や飢饉が発生すると、「自然災害」としてではなく、個人あるいは集団の過《あやま》ちや罪に対して、神が与えた罰であると考えた。そのため、有効な対処方法は、貧者に施しを行ったり、神や聖人に祈願したり、宗教行列を行ったりするなど、悔い改めることだと信じていたのである。

すべての情報は、もっぱら口から口へと伝えられたにすぎず、それらが体系的に継承されることはほとんどなかったように思われる。もちろん、経験的な思考は可能であった。ところが、経験によって獲得された知識が、客観的な基準のなかで位置づけられたり、系統的に蓄積されたりすることはなかった。

ところで、時間の観念は、なにを基準に認識されたのであろうか。一四世紀前半になると、ミラノやフィレンツェなどの大都市で、市庁舎の鐘楼に機械時計がすえつけられるようになるが、それまでは、もっぱら太陽の運行と教会の鐘が、人々に時刻を知らせた。教会の鐘は、日の出の刻、正午、日の入りの刻などを含めて、三時間ぐらいの間隔で鳴り響き、人々の日常生活にリズムをつくった。短い時間については、たとえば、乳をしぼる間とか、主の祈りに必要な時間といったように、大ざっぱな形でしか知ることができなかった。

一年の流れをきざむものとして、農事暦と宗教暦が関連しあったさまざまな「祭り」が存在した。たとえば、春の祭典である「復活祭」、夏至のころに行われる火の祭典である「聖ヨハネの祭礼」、八月の収穫祭、冬至のころにイエスの生誕を祝って行われるクリスマス、来たるべき春を予感するカーニヴァル（＝謝肉祭）などがそれである。祭りの意義としては、第一に騒いだり、正装したり、買い物を楽しんだり、見せ物に興《きょう》じたりすることによって、単調な日常生活に対して、楽しみと「節目《ふしめ》」が与えられたこと、第二に、豊かな収穫と子孫の繁栄が祈られたこと、第三に、村落共同体内部における連帯性が確認されたことなどが指摘されよう。

キリスト教会の役割

教会は、信仰の中心であると同時に、社交の場でもあった。巡回裁判が行われたり、休日＝安息日や祭りの際に歌や踊りが披露されたりするのも、教会の庭においてである。キリスト教は、また、日曜日および数多い祭日における賦役労働から農民たちを解放した。教会や修道院は、貧しい人々に施しを行うことによって救貧の役割も果たした。人々は、この世における短くて不安定な生活のなかで、来世への救いを宗教に求めた。説教は、大きな影響力をもっていた。

キリスト教は、古ゲルマン人が伝えてきたさまざまな神や霊を否定した。ところが、それらは、一七〜一八世紀頃までは民衆の日常生活のなか、つまり耕作労働、狩りや漁労、旅や遊びのなかで生き続けたのである。したがって、キリスト教も、実際のところはそうした異教の神々や霊と「妥協」し、その儀式をとり入れることによってヨーロッパ社会のなかに少しずつ浸透していったのである。

農民の楽しみ

農民たちの楽しみの一つに、カール大帝の旅行を見物することがあった。彼は、戦争のないときには各地を旅行するのを常とした。いつも息子や娘、それに護衛の騎士たちが一緒であった。彼らは、一つの領地をすっかり食いつくすまで滞在し、やがてほかの領地に旅立った。こうした国王の一行をみるのは、人々にとって最高の感激だったのではなかろうか。もっとも、カール大帝が国内をしばしば旅行したことには、それなりの理由があった。なぜならば、当時の低い生産力のもとでは、国王でさえ恒常的な首都での定住生活（宮廷人や軍隊も含めて）を維持するのは、必ずしも容易なことではなかったからである。そのため、王は、王国内を移動し、滞在先で宮廷を営み地域の有力者たちと集まって、重要事項を協議したのである。領主層の威信を示すような華麗な城や建築物が多く建設されるようになるのは、経済的な余裕が生まれる一一世紀以降のことなのである。

ほかにも、農民たちが待ち望む大きな楽しみがあった。それは、大市の開催であった。たとえば、有名なサン・ドゥニの大市は、一〇月九日にパリの城門の外で開かれ、たっぷり一カ月続いた。多くの露店が並んだ。ヨーロッパ各地から、多数の商人が訪れ、珍しい品物が販売された。さまざまな言語が飛びかい、遍歴芸人たちが往来で芸を競いあった。農民たちは、家族連れで晴れ着に身をつつみ、二度三度と出かけていったのである。

祭りや定期市などの際にやってくる吟遊詩人や遍歴芸人たちは、狭い空間内で生活していた農民たちに外の世界を描いてみせる「窓」の役割を果たした。しかし、当時は、土地が富の源泉であり、農民たちでさえ十分に養えるほどには生産力が高くはなかった時代であった。そのため、土地から解放され自由に移動する彼らは、前述のように、いわゆる「賤民」として扱われ、多くの差別を受けざるをえなかった。具体的には、教会に入ること、裁判を受けること、危害が加えられたときに「復讐」を果たすことなど、彼らにはいずれも許されなかった。つまり、農民たちに対してはほとんど保証されなかった「移動の自由」や「営利活動の自由」などを、賤民たちは、行使することができた反面、「普通の人」に対して与えられた保護をいっさい受けられなかったといえるだろう。

5　中世から近代へ

中世に生きた農民たちと現代社会に住むわれわれとの間には、きわめて多くの差異が存在した。中世農民の生活を特徴づけるのは、土地への緊縛、生活の単調さ、行動範囲の狭さ、そこに由来する客観的・科学的な思考の困難性などである。それゆえ、彼らの意識的な選択の幅は、大変限られていた。外側の世界に対しては、それなりに反応することはあっても、自分自身の内部に向かう関心は、きわめて小さかったのではあるまいか。もちろん、彼らの思考は、ある意味ではそれなりに「安定」的であった。ただ、それは、近現代社会でいう自由というものがほとんど与えられてはいなかったことの帰結でもあった。

しかし、一四世紀に入るころから、封建制度を動揺させるいくつもの動きが生じた。一三一五年から一七年にかけて、ヨーロッパの広い範囲で、大飢饉が発生した。また、三九年に始まった英仏間の百年戦争は、農村を疲弊させた。五八年のジャックリーの乱をはじめとする農民たちの反乱も生じた。そして、四八年から七〇年ごろまで猛威をふるったペストは、ヨーロッパの人口の三分の一を奪った。そうした人口の急減の結果として、食糧需要も落ち込み、穀物価格は下落した。他方で、労働力の減少による賃金上昇は、雇用労働に依拠するように変わっていた領主層の直営地経営を困難にさせた反面、農民層の経済的地位は強化された。そして、堀越宏一が指摘するように、主にコムギ・オオムギを中心とした農業から、牧畜や商品作物（穀物、ブドウ酒、野菜・果実、工芸作物）を重視し、農業の集約化と農作物の多様化を図るという形で、近代ヨーロッパ農業の経営スタイルの骨格が形成されていったのである。

ともあれ、そのようにして獲得された農民層の経済的地位の向上こそが、のちに「農村における商品流通の発展」→「農村工業の展開」→「農村における職業分化の進展」→「封建制の規制を受けないローカルマーケット（局地的市場圏）の形成」という形で事態を進展させ、封建制度を解体せしめ、資本主義へと向かうプロセスにつながっていったのである。

第4章 ヨーロッパの中世都市には「大岡越前」はいなかった

●本章のねらい

あなたは、江戸の町奉行「大岡越前」を主人公にしたテレビ番組のことを知っているだろうか。それ自体は、単なる「作り話」にすぎないが、町民を理解し、人情味の溢《あふ》れる判決を下す「統治者」という設定が、われわれの共感を呼んだのであろうか、多くの人々の人気を博したのである。よく似た感覚を味わわせてくれるテレビ番組というと、第二代水戸藩主の徳川光圀《みつくに》（一六二八～一七〇一年）を主人公にした長寿番組『水戸黄門』がある。いずれも、「公平な」政治を行ってほしいという、現在でも通じる庶民の統治者に対する期待がこめられているように思われる。

では、庶民の統治者に対するそのような期待感には、どのような歴史的な背景・理由があるのであろうか。大きな理由のなかに、自分たちの都市・町の統治者を市民自らがけっして選べなかったという事情もあるのではないだろうか。江戸の町奉行は、いうまでもなく江戸の町を支配する幕府という上位の権力につかえる家臣《かしん》である。民主主義が機能する近現代社会であれば、町の統治者は、選挙で選ばれるのが普通であるが、近代社会がうまれる前の時代にあって、市民のなかから統治者が選ばれるというケースはきわめてまれであった。西洋でも東洋でも、都市を治める者は、皇帝や国王といった権力者によって任命されるのが一般的であった。

しかし、一一世紀から一二世紀にかけてヨーロッパのいくつかの地域で誕生し、多かれ少なかれ、自治権をもった中世都市は例外であった。市政を担当する者は、大岡忠相《ただすけ》（越前守、一六七七〜一七五一年）のような幕府の家臣ではなく、原則的には、市民によって選ばれた者であった。それゆえ、市民の態度も、「公正な」政治をただ待ち望むという受動的なものだけではなかった。ときには、力づくでも自分たちの主張を通そうという事態も生じえた。そうした地域の中世都市には、都市役人の選出以外にも、いくつもの独自な特徴、一言でいえば「自治と独立の精神」をうみだす土壌が存在したのである。しかも、そうした精神は、市民の権利や自由を重視するという近代ヨーロッパの思想史的展開ともあいまって、一つの理念として熟成され、ヨーロッパ人のものの考え方のなかに根を下ろしていくのであった。

この章では、そうした中世都市が、どのようにして成立し、どのような特徴をもち、さらに資本主義社会の成立といかなる因果関係を有したのかを検討したい。

1　中世都市はどのようにして成立したのか

中世都市の成立とコミューン運動

西ローマ帝国の崩壊以後、ヨーロッパにおける遠隔地商業は、イスラム世界などと比べて、あまり盛んではなかったと考えられている。ところが、一〇〜一一世紀になると、次第に商業活動が活発に行われるようになった。かつてベルギーの歴史家アンリ・ピレンヌは、その現象を「商業の復活」と呼んだ。そうした動きは、一一世紀末から始まる十字軍の運動によって、いっそう大きなはずみをつけられた。遠隔地商業が特に活発化したのは、ヨーロッパの南と北、すなわちイタリアの商人が活躍する地中海および北ドイツのハンザ商人の活動舞台となった北海・バルト海の海域、および南北二つの商業圏の接合する大市が開かれるシャンパーニュであった。

当初、商業活動にたずさわっていたのは、遍歴商人たちであった。彼らは、のちの「商人ギルド」の前身ともいうべき誓約団体を結成し、隊商を組んで、各地の宮殿、修道院、定期市などをわたり歩いた。やがて、彼らは、特定の場所に、最初は一定期間、のちには永続的に定着するようになった。そのようにして、中世都市の核となる部分が成立したのである。

もっとも、都市形成の起動力は、けっして遠隔地商業に限定されるわけではなかった。都市形成の形には、いくつものヴァリエーションがあった。第一に、旧ローマ帝国の領域内で、司教が常駐してキリスト教化の拠点になっていたところでは、ローマ時代からの都市的機能が継続し、それが核となって都市形成につながった。第二に、一〇世紀以前の農村において余剰生産物の取引という形で存在し続けたローカル・マーケットの中心地が都市に成長した。第三に、修道院や貴族の城砦《じょうさい》などが、周辺の農村から人や商品を集める機能を果たすなかで都市としての内実を整えていった。

そのようにして成立した都市的集落は、最初のうちは、ほかの農村地帯と同じく特定の封建領主の保護下にあった。ところが、一一〜一二世紀になると、「コミューン運動」が引き起こされた。それは、都市領主の支配からの一定の自立を求め、住民同士で結ばれた誓約を通じて都市住民の共同体を形成した運動と考えられてきた。ところが、中世史家の河原温の見解を参考にして、コミューン運動に関する近年の研究動向の一端を紹介すると、①「都市の領域的平和を目的とする」という要素があったこと、②都市住民側のイニシアティブだけではなく、都市の領主側の勧奨によるケースもみられたこと、③高度な自治を享受した「自治都市」が形成されたのは、ヨーロッパのすべての地域においてではなかったこと、④集権的な王権が伸長したフランスやイングランドでは、「自治都市」としての性格は、それほど強くなく、逆に、ドイツ、北イタリア、フランドルなどの地域における大都市では、非常に明確な形であらわれたことなどを指摘できるだろう。

2 中世都市はどのような特徴をもっていたのか

中世都市の世界

このようにして成立した中世都市は、防御のため城壁に囲まれるのが普通であった。中央には市場としても利用される広場があった。その近くには教会や市庁舎が建てられていた。市民の家は、普通、二階建てであった。大都市では、三階から五階建てのものもあった。家は主として木造であった。火事になると、致命的な被害が出た。が、中世後期になると、教会や公共建築のみならず、富裕層の住宅のなかに、石造りの家屋が増加していった。

しかし、中世都市の独自性は、そのような景観にとどまっていたわけではない。なによりも、都市制度それ自体が、きわめて独自な性格をもっていた。市民の共同体として再編された中世都市の場合は、固有の裁判権と徴税権を獲得し、都市法と軍事組織を有していた。そして、市の行政にたずさわる市長や市参事会員などは、多くの場合有力者層からであったが、市民によって市民のなかから選ばれたのである。

都市は、外部から多くの農民や手工業者を引き寄せた。「都市の空気は人を自由にする」といわれたように、新参者も、「一年と一日」を無事にすごせば、市民として認められた。都市は、農村から逃げてきた農民の避難所となったのである。

もっとも、都市の内部は、大変きたないうえに、羊、犬、豚などの家畜がうろうろしていた。ゴミ捨て場がないために、人々は家のなかのゴミを道路に投げ捨てるのが一般的であった。それをさらっていく豚は、りっぱな都市の「掃除人」といえた。

衛生事情の悪さに加え、今日では想像できないほど、危険であった。喧嘩《けんか》や事故で死人が出るのは日常《にちじょう》茶飯事《さはんじ》であり、誘拐事件も多かった。ちなみに、近代的な警察機構がロンドンでつくりあげられるのは、一八二九年のことである。それ以前は、ロンドン市内に入るときは、刀・短剣・銃などで、自ら武装するのが常であった。そのように、都市内の治安は悪かったが、市外に比べると、まだましであった。城壁を一歩外に出ると、そこは無法地帯。街道には盗賊や山賊が出没し、旅人から容赦《ようしゃ》なく持ち物を奪い取った。

アジアの都市との違い

経済史家の増田四郎にしたがえば、中世都市のなかで熟成された「自治と独立の精神」、「民主主義」の原理に立つ市政の運営、公共の世界を全体として高めていこうとする考え方などが、ヨーロッパの近代社会を支える原理とも呼べる「市民意識」を形成するのに大きく貢献したとされている。そこでは、市民とは、単に住民というだけではなく、そのような「市民意識」をもった人々として位置づけられている。そうした精神的雰囲気は、ヨーロッパ以外の国々ではほとんど見出すことができない。もちろん東洋の国々においても、都市はあった。が、いずれの場合においても、東洋の都市は、住民が自らの力でつくりあげたものでも、上位の権力から独立したものでも、自治組織でもなかったのである。マックス・ヴェーバー（一八六四～一九二〇年）が「東洋に市民階級の意識はない」と述べた理由もそこにある。

そのような考え方と関連して、わが国における都市のあり方を想起してみよう。日本の歴史のなかで、ヨーロッパでみられたように、市民が団結して封建諸侯からの「独立」をめざした事例がまったくなかったのかといえば、必ずしもそうではない。現在は大阪府に属している堺の町は、中国・朝鮮・琉球（沖縄）やヨーロッパとの交易による富の蓄積を背景に、封建諸侯の束縛に対して自分たちの権益を守ろうとした。しかしながら、そうした動きは、きわめて例外的な現象であったし、時期もまた非常に短かった。豊臣秀吉（一五三七～九八年）の刀狩りにより、兵農分離が進み、さらに徳川時代に士農工商という形での身分制度が確立すると、そのような流れは閉ざされてしまった。市政を担当したのは、もっぱら幕府ないしは藩の役人たちであった。彼らは、けっして町民によって選ばれたわけではない。町民たちが期待する政治のあり方は、自分たちで行動を起こしてよい政治を行っていこうとすることではなかった。それは、もっぱら公平で温情のある政治を行ってくれる統治者を待望するという形であらわれた。そこから、封建的な領主に服属し、その庇護のもとでのみ、自分たちの生活が維持できるという考え方が定着していった。「御上《おかみ》のすることには、まちがいがない」というなかばあきらめのまじった考え方を支えてきたのも、そうした歴史的事情なのではあるまいか。そして、その種の感覚は、いまなお日本人の政治意識のなかにしっかりと根をおろしているのではないだろうか。そのあたりの事情は、冒頭で触れたように、大岡越前や水戸黄門を素材にしたドラマが、みごとに表現しているように思われる。

以上のように、ヨーロッパ中世都市で形成された市民意識は、ヨーロッパに固有な考え方をつくりあげるのに大きな役割を果たした。しかし、中世都市のなかで生きた市民たちは、共同体が解体したのちに登場する一人の独立した近代的な意味での「市民」ではけっしてなかった。というのは、各個人は、基本的には特定の都市において、さらにはそのなかの特定の集団の一員としてのみ活動することができたからである。高い城壁にかこまれた狭い空間のなかで暮らす市民同士は、「内の人間」＝「仲間」であった。祭日に行われる華やかな宗教行列、騎士によるトーナメント（馬上槍試合）、カーニヴァルなど、祝祭のパフォーマンスは、市民たちにとって一体感を意識する格好の機会となった。しかし、そうした感覚は、あくまでも「外の人間」＝「ヨソ者」との対比のなかでのみ成り立っている観念にすぎなかった。というのも、この時期の市民意識はあくまでも一つの都市あるいは共同体を前提にして成り立っているものであって、未だ普遍的な意味をもつものではなかったからである。

市民たちを特徴づける「封建的・共同体的な性格」は、中世都市のなかで営まれる商工業活動についてもあてははまる。たしかに、この時期に、工業が農業や商業と並ぶ重要な経済的富の源泉として登場することになった。ところが、中世都市で発展した商工業活動が、そのまま一直線に近代社会＝資本主義社会の形成を準備したわけではなかったのである。なぜであろうか。この点を次に考えてみよう。

3　親方・職人・徒弟がつくりあげるギルドの世界

あらゆる職業はギルドのもとで行われた

中世都市における商工業の発展が大きな広がりをもっていたことは、否定できない。しかし、結論を先取りすれば、その発展は、資本主義の成立につながっていくものではなかった。より正確にいえば、中世都市のもとで、商工業活動を支えていた原理は、資本主義の原理とはまったく違った、むしろ相対立する性格のものであった。というのも、そこでは、すべての職業が「同職者組合」＝「ギルド」――手工業者の場合は、特に「ツンフト」と呼ばれた――によって組織化されていたからである。それによって、市民の仕事の範囲は厳密に限定され、同時に外部者の参入からも保護された。たとえば、パン屋のツンフトに属する者だけがパンを焼いて売る権利をもっていたし、市民がパンを買うときは必ずそのメンバーから購入しなければならなかった。メンバー全員の利害を擁護するため、お互いの間で格差が生じないように、さまざまな規制を課しあうことも原則であった。ギルドが一種の共同体といわれる理由もそこにある。

中世都市のなかでなんらかの職業に従事する者は、すべてギルドに組織化された。パン屋や肉屋といった一般的な組合のほかにも、特殊なものとしては、乞食《こじき》の組合などもあった。また、学生や教授たちによってつくられた一種のギルドが大学に発展していったことも記しておこう。最も古いボローニャ大学は、学生の組合が一一五八年に認可されたものである。一二〇〇年前後に成立したパリ大学の場合、中心になったのは教師の組合であった。ギルドに結集する手工業者たちは、モノをつくるだけではなく、その販売も行った。彼らの住居は、仕事場であり、かつまた店舗であった。

ただし、いかなるギルドにも属することができない人々がきわめて多く存在したことを忘れてはならないであろう。その代表格は、女性である。彼女たちは、働くことは認められたが、繊維・服飾関係のごく少数の職種を例外として、一般的には、親方になれなかった。そのあたりの事情は、女性や子どもでもメンバーになることができた宗教兄弟団との違いとなっている。ところで、当時の女性たちは何歳ぐらいで結婚していたのであろうか。高橋友子にしたがえば、一四世紀後半から一五世紀にかけてのフィレンツェにおける女性の初婚は、上層市民でほぼ一七歳、下層市民と農村では一九〜二〇歳となっている。ちなみに、男性の場合は上層市民で三〇歳、農村ではおよそ二六歳であった。女性は平均して七〜一〇回の出産を経験するが、うまれた子どものうち、二〇歳まで生き延びるのは三〜五人程度であったようである。

ギルドの正規のメンバーとなれたのは、親方だけであるが、彼のもとには職人および徒弟《とてい》がいた。ここでは、主にドイツの事例を参考にしながら、ギルドを構成する親方、職人、徒弟という三つの階層とその関係についてみていこう。まず、徒弟は、親方につかえて、下働きをしなければならなかった。徒弟奉公の期間は、しばしば七年程度とされるが、実際には四年から八年とまちまちであった。それが終わると、職人となり、あちらこちらを歩き回って、各地の親方のもとで腕を磨くのが、通例であった。とりわけ一五世紀中葉以降は、遍歴が義務化された。ちなみに、コスモポリタニズムと自由主義を掲げる友愛組織として知られ、「フリーメーソン」と呼ばれている組織の歴史的母体が、各地の教会建築と結びついて発展した遍歴する石工たちの組合によって築かれたことは、注目に値しよう。職人である間、結婚は許されなかった。結婚すると、一箇所に住みついてしまい、各地で修業するチャンスが失われたからである。そして、彼らが親方になるためには、加入金、市民権取得、賤民でないという証明、親方披露宴の費用のほか、親方昇任審査作品の作成が義務づけられていた。

そのように説明すれば、親方への道はすべての職人に開けていたかのような印象を与えるかもしれないが、実際にはその地位は、世襲的に受けつがれていくことがきわめて多かったようである。ただ、「裏口」がないわけではなかった。親方の娘もしくは未亡人と結婚すれば、大金をかけずに親方の地位を獲得することができたからである。

アウトサイダーも存在したが……

一三世紀末頃までは、都市の職業は、農村から流入してきた人々にも開かれていた。ところが、一四～一五世紀になるとギルドへの加入も次第に厳しくなっていった。ギルドは、閉鎖化の傾向を強めたのである。当然、親方になれない職人の数も増大した。親方と職人の対立もみられるようになった。職人の組合も結成された。同時に、市民の間で、すでに獲得した自分たちの地位を守り、自分たちを新たに流入してくる放浪者や求職者と区別するために、そうした下層民との関わりをいっさいたち切り、彼らを賤民として認識するという傾向が生じた。

また、死刑執行人、墓堀人、粉ひき、亜麻布職工、遍歴芸人（具体的には、手品師、綱渡り師、道化師《どうけし》、軽業師《かるわざし》、歌手、楽士などがいた）、娼婦、理髪師、煙突掃除人、それに性格は異なるが、ユダヤ人、異教徒、ジプシーなどのキリスト教的社会秩序の外で生きる人々が、同じように賤民視された。社会から差別され、世俗的な権利をほとんどもたなかった彼らは、市民としては扱われず、教会からも締《し》めだされた。遍歴芸人たちは、だれかになんらかの危害を加えられても、実際に復讐することは許されなかった。「影に対する報復」という言葉があるように、その人物の影を踏みつけることで気を紛らわせるのが関の山であった。また、ユダヤ人の場合、特定の地区、すなわちゲットーへの居住を強制され、キリスト教徒の市民とははっきり区別できるような服装や帽子の着用を余儀なくされた。

もっとも、そうしたアウトサイダーは、共同体の法的な権利をもっていなかったとはいえ、ある種の必要悪として都市の周辺で生活することを認められ、都市の構成要素の一角を占めていたことを付記しておきたい。

ギルドの経済政策

それでは、以上のような特徴を有したギルドはどのような経済政策をとっていたのであろうか。その点を、対内政策と対外政策に分けて、検討しておこう。ギルドの対内政策を特徴づけていた最も重要な原則とは、メンバー間での「自由競争の排除」である。具体的には、①親方がかかえる徒弟の数、②労働時間（ランプ、タイマツ、ローソクなどの光のもとで、例外的に夜業が行われることもあったが、原則としては、「日の出から日の入りまで」であった）、③仕事場の数、④原料、⑤製造方法、⑥価格、⑦顧客の割当てなどにおいて厳しい統制が加えられた。それは、ギルドを構成する人々にとって、二つの意味をもっていた。一つは、それによって、メンバー全員の利益が公平に守られたこと、もう一つは、利益のためにあれこれ模索することもなく、自分自身の創意や工夫によって生産効率をあげていこうという行動がいっさい閉ざされてしまったことである。そうしたギルドの政策は、市当局の政策によっても支持された。上述のようなさまざまな規制のほかに、買占めや売り惜しみなどは、厳しく取り締まられた。特に、パン屋や肉屋などは、食糧供給者として公的な性格をもっていたから、市当局は、消費者保護の観点から、彼らの活動に対しては厳しい監視の目を光らせた。

対外政策に目を転じると、ここでは「加入強制」（ただし、のちには「加入制限」が課されるようになる）と「営業の独占」という原則が貫徹している。そして、その影響力は、都市の内部にとどまらず、都市の権勢が強力なところほど周辺の農村部にまで拡大している。たとえば、ドイツでは、都市の周囲に半径一五キロメートルほどの「禁制圏」が設定されて、その内部での営業の自由は抑えられ、近隣農民は食糧品や都市の工業に必要な原料の供給を課せられた。それゆえ、中世都市が発達すればするほど、周辺の農村部においても、自由競争と分業を基本とする生産活動が規制されたのである。

それでは、なぜ分業を固定化し、自由競争を排除するような政策がギルドによって採用されたのであろうか。それは、封建社会における生産力の低さ、そこから規定される市場＝購買力の狭さに原因があったといえよう。限られた購買力を前提にし、各人の生存を相互に尊重し合って共存していくための工夫にほかならなかった。

中世にあっては、さまざまな政治権力が乱立しており、それぞれが独自のルール、規則、貨幣制度をもっていた。境界地域では、関税が徴収された。したがって、地域間の交易は、多くの費用と手間を余儀なくされたといえるだろう。

ギルドの生活規範の影響力

ギルドは、単に上述のような同職組合という経済団体であっただけではなかった。阿部謹也も指摘しているように、それは、市を防衛するための軍事組織でもあり、教会内に組合の祭壇をもっている宗教団体でもあり、また「社交クラブ」でもあった。異なった職業を営む人々によってつくられる兄弟団の場合と同様で、相互扶助を行い、社会生活の基礎となる組織なのであった。組合に属する者は、家族を含めて、出生、結婚、病気、埋葬に至るまでお互いにすべての面倒をみあった。祭日にはみんなでそろって教会に行き、そこで自分たちが寄付してつくった祭壇の前にひざまずいた。また、組合は、自分たちの居酒屋をもっていて、組合員はそこで飲食を楽しんだ。それゆえ、ギルドの規制は、倫理上の規律も含めて、広く日常生活全般にまでおよんだのである。したがって、ドイツでいえば、一九世紀に「営業の自由」が認められるようになっても、ギルドによってつくりあげられ、ほぼ七〇〇年にわたって継承されてきた生活規範は、その後もドイツ人の職人生活のあり方や隣人との関係、仲間意識などに色濃く影を投げかけている。

4　中世都市が発達すると、資本主義が遅れてしまう

以上の考察をまとめておくと、中世都市のなかで熟成された市民意識は、精神面で、ヨーロッパ人の市民生活のあり方やものの考え方に大きなインパクトを与えた。ところが、ギルドによって組織化された商工業活動は、その発展の延長線上に、資本主義の成立を語ることはできないものであった。そうした流れを最も象徴的に示す事例として、「南欧型」と呼ばれたイタリアの都市がある。それは、中世都市がいわば一つの極限まで発展したケースであったといえるだろう。

イタリアの都市は、一〇世紀ごろから、古代都市の伝統を継承しながら、コンタードと呼ばれる周辺の農村領域との絆を維持しつつ、周辺農村の騎士や貴族層も市内に居住するという、事実上の「都市国家」を形成していた。アルプス以北の「北欧型」の中世都市は比較的規模が小さかったのに対して、イタリアの都市国家は、城壁に囲まれた都市という景観面での共通性があったものの、広大な地域を支配下に置き、商業や金融業で華々しい隆盛を誇った。そして、そのような営みによって築かれた莫大な富がのちにルネッサンスという文化的な輝きをもたらした。ところが、イタリア都市の経済発展は、資本主義の形成に直結するものではなかった。逆に、資本主義がいち早く発達したのは、王権が強かったこともあって、中世都市がヨーロッパの大陸諸国ほど発達しなかったイギリスにおいてであった。

第5章 大航海時代はヨーロッパの国際的商業活動をドラマティックに変えた

●本章のねらい

いまや、経済のグローバル化は、大きな潮流になっている。モノ、ヒト、カネ、情報の国境を越えた移動は、日常的な現象だ。ところが、五〇〇年余り時代をさかのぼると、人々の生活圏は、非常にローカルなものであったことがわかる。大洋を航海し、未知の世界におもむくなど、狂気の沙汰のように考えられていた。地球が球状であることさえ、まだ疑う人が多かった。さらに、海のかなたには大きな「滝」があり、奈落《ならく》の底へと、水が流れ落ちるといった恐ろしい光景を信じる船乗りがたくさんいたのである。

ヨーロッパ人がヨーロッパ、アジア、アフリカしか存在しないという既存の世界観を越え、新しい世界を求めて航海と冒険の旅に挑戦したのは、そのような状況のもとであった。大航海時代の始まりである。

それは、中世的な遠隔地商業の流れに新たなルートと商品をプラスさせただけではない。国際的な商業活動の中心地を、ヴェネツィアやジェノヴァといったイタリアの都市からポルトガル、スペイン、オランダへと、次から次に変化させた。そして、ついにイギリスに産業革命をもたらすという時の流れがつくりだされた。

その間、特に最盛期のフェリペ二世（在位一五五六〜九八年）の時代には、スペインの勢力圏は、前例のないほどの広がりをみせた。ラテン・アメリカ、アフリカの沿岸、彼の名を冠したフィリピンをはじめ、ヨーロッパではポルトガル、オーストリア、イタリアなども、支配下にあった。「スペインの領土に太陽の沈むことがない」といわれるほどの大帝国であった。しかし、「盛者必衰《じょうしゃひっすい》」の言葉どおり、この大帝国も、フェリペ二世の死後、徐々に衰退していくのであった。

本章では、そうしたヨーロッパを中心とした国際的な商業活動の変遷過程を探り、各国の繁栄と没落をもたらした条件、および最終的にはイギリスにおいてのみ、産業革命＝資本主義社会の確立へと進展させていった原動力を明らかにしたい。

そうした話のなかで、あなたは、①ラテン・アメリカの国々で、なぜスペイン語が公用語になっているのか、②そのなかで、ただ一つブラジルだけが、どうしてポルトガル語を使っているのか、③カリブ海の国々には、なぜ黒人たちがたくさん住んでいるのか、④日本とヨーロッパ人の最初の遭遇がその後の日本の歴史をどのように変えたのかといった疑問に対する答えを見出すことになるだろう。

1　地中海を経由してコショウを運んだイタリア人

「ベニスの商人」の交易

中世ヨーロッパにおける国際的商業活動の最大の中心地は、イタリアの諸都市であった。そして、アマルフィ、ヴェネツィア、ピサ、ジェノヴァといった数あるイタリアの港湾都市のなかで、特に重要な地位を占めたのは、もっぱら海上貿易を中心とした経済活動を強力に展開した二つの共和国、すなわちヴェネツィア（英語名ベニス）とジェノヴァであった。ただ、どちらかというと、東地中海では圧倒的に前者が、他方、西地中海および太平洋経由の西ヨーロッパ貿易においては後者が、それぞれ優位を占めていた。したがって、同時代の国際的商業活動のなかで最も重要な地位を占めた「東方貿易」、つまりヨーロッパとアジアを結ぶ貿易においては、「アドリア海の女王」

という名にふさわしい活動を行ったヴェネツィアが決定的に重要な意味をもっていたということができる。

ヴェネツィアによって代表されるイタリアの商人たちは、地中海を航行し、エジプトのアレキサンドリア、ベイルート、ビザンティン帝国の首都であるコンスタンティノープル、さらには黒海沿岸などを訪れた。それらの都市には、主にアラブ人の商人たちによって、アジアの各地から集められた「東方の物産」が待ち受けていた。具体的には、コショウ、クローブ（チョウジ）、ナツメグ（ニクズク）、シナモン（肉桂）などの香辛料、サフランや明ばんなどの染料、高級絹織物がそれである。なかでも、チョウジはインドネシア東部のモルッカ（香料）諸島、ナツメグは同諸島周辺のバンダ諸島が主産地で、それ以外では産しないものであった。香辛料のなかで、最も珍重されたのは、防腐剤・調味料・薬として使用されたコショウであった。それは、ローマ時代以来、変化に乏しいヨーロッパの食生活になくてはならない貴重品であった。

ヴェネツィアの商人たちは、そうした商品を購入し、そして、ヨーロッパの各地に転売していったのである。ただ、ヴェネツィアの商人が活躍できたのはもっぱら地中海のみであった。彼らが、アラブの商人たちの支配圏とな

コラム

はじめて物語❺　複式簿記と特許法

今日、複式簿記は企業の業績評価にとってなくてはならないものになっている。一方の特許権もまた、技術革新を保証するために必要不可欠なものになっている。いずれも誕生したのは、商業取引が活発に行われた中世のイタリア都市においてであった。当初、商品の売買契約の記録は、公証人によって行われていたが、やがて商人自らがそれを行うようになった。一四世紀の過程で、商業簿記の記載方法が整備され、うまれたのが、複式簿記である。

特許についてはどうか。ウィリアム・バーンスタインによると、歴史に残る最初の特許権は、一四二一年にフィレンツェの政府がフィリッポ・ブルネッレスキに対して与えたものである。彼は、フィレンツェの大聖堂の設計者として知られているが、特許の対象になったのは、アルノ川を航行する船の設計と使用法であった。また、最初の特許法を制定したのは、ヴェネツィアで、一四七四年のことであった。

っていたイスラム世界の内陸部にまで出向くことは許されなかった。逆に、アラブ人も、ヨーロッパ内での交易については、イタリア人に委ねた。イスラム政権が外国の商人を国内の市場に来させてそこで税を払うように仕向けたためである。また、ヨーロッパとの貿易量が少なすぎて、アラブの商人たちにとっては取るに足らない市場とみなされたようでもある。

それでは、そうした東方の物産と交換された商品はなにかといえば、銀、高級毛織物、穀物、宝石、造船用の木材、鉄、そしてスラヴ人の奴隷などであった。奴隷というと、黒人奴隷を想像しがちであるが、中世にあっては、スラヴ人の白人奴隷を意味した。英語やフランス語などのヨーロッパの言語のみならず、アラビア語でも、「奴隷」という言葉が「スラヴ」からの派生語になっているのは、そのためである。それらの商品のうち、決定的なウエイトを占めたのは、銀であった。銀を制する者は、東方の物産を制したのである。そして、当時のヨーロッパにおける銀の最大の産地であった南ドイツの銀山を擁《よう》したアウグスブルクやニュルンベルクの商人たちも、国際的商業の立役者として大きな役割を担った。のちにヤーコプ（二世）・フッガー（一四五九〜一五二五年）の時代に繁栄のピークをむかえたフッガー家は、その代表であった。

中世におけるヨーロッパの国際的商業活動は、端的にいってイタリアとアラブ、それに南ドイツの商人を軸としたコショウと銀の交換であった。しかし、一五世紀に始まる大航海時代は、そうした国際的商業活動のあり方に大きな転換をせまることとなった。

転換の様子を述べる前に、イタリア諸都市の大航海時代への影響について、一言付け加えておくと、大航海時代をうみだす契機となる書物『東方見聞録』を著した人物マルコ・ポーロ（一二五四〜一三二四年）がヴェネツィア人であったことを指摘することができる。さらに、ジェノヴァ生まれの船乗りコロンブス（イタリア名クリストーフォロ・コロンボ、一四五一〜一五〇六年）は、スペイン在住のジェノヴァ商人および「コンベルソ」と呼ばれるキリスト教に改宗したユダヤ人の支援によって、新大陸を「発見」している。さらに、初期におけるスペインの新大陸貿易がジェノヴァ商人によって主導されている。そうした事実に象徴的に示されるように、ポルトガルやスペインによって推進された大航海時代においては、イタリア人の技術・資金が不可欠であったということを見落としてはならないであろう。

2　インド洋を越えてアジアに進出したポルトガル人

大航海時代の幕開け

大航海時代という言葉を聞くとき、最初に頭に浮かぶ名前は、ポルトガルのエンリケ航海王子（一三九四～一四六〇年）ではないだろうか。ポルトガル自体は、日本の東北地方と関東平野を合わせたぐらいの広さでしかない。耕作に適した平地はきわめて狭く、海に進出せざるをえないという事情があった。しかし、当時の船乗りたちは、地球が平板で、海が尽きるところまで行くと流れが早くなって、滝のように落ちてしまうとか、海のかなたでは、海水が煮えたぎっているといった話を信じ切っていたようである。陸地が見えない遠洋航海は、非常に恐ろしいことであった。にもかかわらず、航海に乗り出した船乗りたちにとっての支えは、自分たちは神に守られているという思いであった。

そのような状況下で、エンリケ王子は、航海術と地図学の研究所を創設し、一四一九年から航海事業を進行するために人材の育成などを行っている。マデイラ、アゾーレス諸島など、大西洋沖の諸島がポルトガル領になるのも、この王子の時代である。その後、一四八八年には、バルトロメウ・ディアス（一四五〇頃～一五〇〇年）がアフリカ南端の喜望峰に至っている。

そうした実績の延長線上に大航海時代の多くの航海が実現している。その時代を画する出来事として、一四九二年のコロンブスによるアメリカ大陸の「発見」、および一四九八年のポルトガル人ヴァスコ・ダ・ガマ（一四六九頃～一五二四年）による喜望峰回りのインド航路の発見をあげることができるだろう。

ヴァスコ・ダ・ガマによるインド航路の発見とそのインパクト

二つの新しいルートのうち、アメリカ大陸発見の影響力が表面化するまでには、しばらく時間の経過が必要であった。ところが、九二年の歳月を要し、乗組員の半数近い犠牲者を伴い、イスラム教徒であるアラブ人の水先案内人イブン・マージドの支援を受けたとはいえ、直接インドにおもむき、コショウを積んで帰還できることを示したインド航路の影響は、ただちにあらわれた。そうして、従来からの「地中海ルート」とならんで、ポルトガル王室の全面的な支援を受けたポルトガルの商人によるコショウの直接取引きが行われるようになった。リスボンが新たに交易の中心地としてクローズアップされた。そして、このルートは、アラブの商人の介在を排除することによって、「東インド貿易」という形をとった。そうした動向に対応して、南ドイツの商人たちも、拠点をリスボンにかまえるようになった。

ポルトガル人が総督府を設けたのは、インドのゴアである。「コショウ海岸」という異名をもつマラバール海岸は、コショウの産地として知られていた。同時にインドは、多量にしかも「適切な」価格で香辛料を入手するには非常に便利なところであった。そこを拠点として、彼らは、さらにセイロン、スマトラ、ジャワなどにも進出し、究極の目的地たるモルッカ諸島に到達している。それは、最初に世界一周を果たしたマゼラン（フェルディナンド・デ・マガリャンイス、一四八〇頃～一五二一年）の艦隊が立ち寄るほんの少し前のことであった。

そして、一五四三年にわが国の種子島に漂着し、領主の種子島時堯《ときたか》に鉄砲を伝授したのも、ポルトガル人であった。それは、わが国の歴史のなかで、日本人が経験したヨーロッパ人との最初の遭遇であった。その後、鉄砲と火薬が、堺の町で製造されるようになる。それらは戦国時代の兵器となり、堺は、莫大な利益を手に入れる。鉄砲の威力をいち早く見抜いたのは、織田信長（一五三四〜八二年）である。彼が戦国時代の混乱に終止符を打ち、全国平定へと時代のうねりをつくったことは、周知のとおりである。ところで、ポルトガル人は、香辛料を産しない日本に対してなにを期待したのであろうか。それは、一五四〇年代以降、大量に掘り出されることになる日本産の銀であった。

では、ポルトガルの登場によって、ヴェネツィアおよびジェノヴァの経済力がただちに衰えたのであろうか。答えは、ノーである。ヴェネツィアでは、貿易量が一時的に落ち込んだとはいえ、一五三〇年代以降は回復している。地中海ルートを活用したコショウのヨーロッパへの輸入は、引き続き行われた。また、ガラス、絹、毛織物、砂糖、石鹸などの製造業や印刷業が盛んであった。それでも、一七世紀以降になると、それらの両都市は、急速にその影響力を低下させていった。

ポルトガルの衰退

ポルトガル人の来航が日本に与えたインパクトはきわめて大きかったが、ポルトガルの進出自体は、すでにアジアの商人たちによって組織化されていた交易網を大きく変えたわけではなかった。リスボンからインドに向かう船は、一五〇〇年から一六三五年にかけて年平均五隻半程度で、しかも帰国することができたのは、そのうち三隻半でしかなかった。そもそも、わずか一五〇万人程度の人口しかもたなかったポルトガルの繁栄は長続きしなかった。

ポルトガル衰退の原因として、その経済力が自国内に土台をもたないきわめて不安定なものであったことがあげられる。そこでは、国内産業が発達せず、貿易による利益はもっぱら王室とごく一部の商人によって独占された。

貿易そのものもまったくの「中継貿易」であった。しかも、航海中の辛苦、難破時の損失、武装船団や地上軍の常備配置、出先機関の腐敗などに伴うコストは、国庫の異常な出費を恒常化させた。そのような弱点を背景にしつつ、一五八〇年になると、王位継承者が断絶し、スペインに併合された。そして、多年にわたって開拓した喜望峰回りのインド航路も、一七世紀以降はオランダ人などによって活用されていくのであった。

3　新大陸に広大な植民地をつくりあげたスペイン人

コロンブスによる「新大陸の発見」とそのインパクト

ヴェネツィアやポルトガルに代わって、ヨーロッパにおける国際的商業の新たな覇者になったのは、スペインである。その繁栄は、西廻り航路でインディアス（=インド以東の東アジア）に到達しようと考え、結果的にアメリカ大陸を「発見」したコロンブスの偉業に由来する。彼がアメリカ大陸を「発見」したのは、四回の航海のうち、第三次航海でのことである。彼自身は、死ぬまでインディアスの一部に到達したと信じていた。それに対して、その地をアジアとは違う「新しい世界」であると考えたのが、アメリゴ・ヴェスプッチ（一四五一〜一五一二年）である。この大陸をアメリカ大陸と呼ぶようになるのは、彼の名に由来する。ちなみに、それまでのキリスト教の世界観は、中世のキリスト教徒が作成する「車輪地図」もしくは「TO地図」に示されている。そこで描かれる三つの大陸とは、アジア、ヨーロッパ、アフリカのみであった。

コロンブス自身はイタリア人であったが、その航海を支持・公認したのは、スペインの「カトリック両王」、イサベル女王（在位一四七九〜一五〇四年）と共同統治者のフェルナンド王（在位一四七九〜一五一六年）であった。

コロンブスが企てた事業とは、第一に、西回りで、黄金の島ジパング（日本）とカタイ（中国）におもむき、富

（黄金と香辛料）を確保すること、第二に、インディアスの住民をキリスト教に改宗させることであった。地球が球状らしいことは、一五世紀末にはそれなりに知られていたが、どのくらい進めばインディアスに到着するのかという点に関しては、まったくわからなかった。ジパング島が黄金に富むという情報は、マルコ・ポーロによってヨーロッパに伝えられたもので、コロンブスも承知していたのである。実際、この航海に参加した船乗りたちの動機は、ジパングの黄金をはじめとするアジアの富が手に入るという夢想であった。

ところで、中世のキリスト教の世界では、どのキリスト教徒の君主にも帰属しない土地は、「所有者なし」とみなされていた。キリスト教の布教を目的として最初に発見したキリスト教君主が領有することができるものとされていた。そうした「身勝手な考え」の延長線上にあるのが、一四九三年の「植民地分界線」である。それは、ポルトガルとスペインが、ローマ教皇アレクサンデル六世を仲介者として、海外の植民地を二分することを決めたものである。それによれば、現在のほぼ西半球に相当する地域はスペインの領土、アフリカとアジアの大半はポルトガル領とされた。大陸の位置に関しても、正確な情報などなかった時代のことなので、かなりおおまかなものであった。ところが、ポルトガルの異議があって、翌年に取り結ばれたトルデシリャス条約では、西半球の境界線が少し変更され、中南米のうち、ブラジルだけはポルトガル領になった。現在、中南米諸国の公用語はスペイン語、ブラジルのみがポルトガル語になっているのは、そうした経緯の反映である。

新大陸の植民地化が進められた

新大陸およびその周辺地域は、カリブ海の島々で短期間金の採掘がなされたものの、コショウの産地ではなかった。しかも、先住民の帝国があったとはいえ、旧世界とはまったく隔絶された世界であった。アジアのように、国際的な商業活動が活発に行われていたわけでもなかった。それゆえ、その影響力が発揮されるためには、いくつかの条件が整備される必要があった。

まず、一五二一年に、エルナン・コルテス（一四八五〜一五四七年）によってアステカ（アステック）帝国＝メキシコ、さらに一五三三年には、フランシスコ・ピサロ（一四七〇頃〜一五四一年）によってインカ帝国＝ペルーがそれぞれ征服された。インカ帝国は、文字や鉄器が開発されなかったとはいえ、アンデス高地にみごとな段々畑・循環水路・灌漑設備をつくりあげ、延長距離二万キロにも及ぶ道路網を全国に張りめぐらせていた。人々は、金銭をほとんどもたず、交易とは無縁であった。土地は均分に割り当てられた。同国の皇帝アタワルパのもとには八万人の兵士がいたといわれている。それに対して、鉄砲を装備していたものの、ピサロの部隊は、わずか一八〇名弱にすぎなかった。にもかかわらず、ウイリアム・H・プレスコットにしたがえば、一五三二年一一月一六日、五〜六〇〇〇人の従者を伴い、カハマルカの町に入ったアタワルパは、ピサロの謀略によって捕虜にされてしまった。インカ帝国の事実上の滅亡の瞬間であった。このようにいとも簡単に征服されてしまった理由として、インカの人々がみたこともない巨大な馬と騎士の姿に驚き、圧倒されたことが指摘されている。また、新大陸の原住民の人口減少を長期的にみた場合の原因としては、スペイン人が持ち込んだ、麻疹、天然痘などの伝染病が免疫のない先住民の間で大流行し、多くの人々が死亡したという事実をあげることができる。

そのようにして、新大陸におけるスペインの植民地建設が開始された。カリブ海でのゴールド・ラッシュは短期間で終わってしまったので、その代替産業として、スペイン人が目をつけたのが、サトウキビの栽培と製糖であった。いまでこそ、砂糖は、サトウキビだけではなく、ビート（甜菜《てんさい》）からもつくられているが、一九世紀になるまでは、もっぱらサトウキビに依存していた。

カリブ海の島々で開始されたその栽培は、やがて大陸部の広大な地域に広がっていった。プランテーションの形成である。第9章でも考察するように、新しい嗜好品となるカカオ（ココア）、コーヒー、茶などの普及が砂糖の需要を飛躍的に増加させたためである。そして、そのための労働力として、アフリカの西部・中央部から大量の黒人がアメリカ大陸へ連れてこられ、奴隷として働かされることになる。今日、それらの地域に多くのアフリカ系の人々が住んでいるのは、そうした歴史に由来する。

しかし、当面、より大きな影響力を発揮したのは、一五四五年のポトシ（ペルー）および一五四六〜四八年のメキシコでの銀山の発見であり、一五七一年のポトシ銀山での水銀アマルガム精錬法の使用であった。これにより、銀の主要な供給地が南ドイツから新大陸へと完全に転換した。

最初のうちは、原住民であるインディオが酷使されたが、ここでも、アフリカから強制的に連れてこられた黒人奴隷が大量に使われるようになった。そのようにして採掘された銀は、主にセビリャの商人たちによって、ヴェラ・クルスやカルタヘーナなどの港町からヨーロッパに輸出された。特に、安価な銀がヨーロッパへ大量に流入したことは、一六世紀の「価格革命」と呼ばれる物価の騰貴をもたらしたのである。また、黒人奴隷の調達も、新たな富の源泉としてスペイン人やポルトガル人によって営まれるようになるが、ややのちに西インド諸島において砂糖、タバコ、ラム酒などの生産が本格化するにつれ、奴隷の供給地である西アフリカとカリブ海とを結ぶ交易もより重要な意味をもつようになってくるのであった。

アメリカ大陸の植民地化が進行し、銀山を中心とした都市が形成されると、住民たちの食糧の確保が課題となった。そこで、日常生活に必要な農畜産物などを生産するアシエンダと呼ばれる大農園が各地でつくられるようになった。

このようにして、新大陸のみならず、西アフリカもまた、ヨーロッパを軸にして展開される国際的な商業活動の網の目のなかに組みこまれていった。そうした交易ルートと新大陸の植民地を背景にして、スペインは、「太陽の没することがない」実に広大な世界帝国を築きあげた。

農産物の「大陸間交流」

コロンブスによる新大陸発見以降、旧大陸にあった多くの農産物と家畜が新大陸に持ち込まれた。と同時に、新大陸からも、多くの農産物・嗜好品がヨーロッパに伝えられた。インカ帝国で主食の地位を占めていたジャガイモ——のちに世界各地で、たとえパンがなくてもジャガイモさえあれば、なんとか生き延びることができるという意味で「生命線の食糧」と称されるようになった——、トウモロコシをはじめ、タバコ、サツマイモ、トマト、トウガラシ、カカオ、カボチャ、インゲンマメ、アボカド、パイナップルなども、もともと新大陸で栽培されていたものであった。いずれも、ヨーロッパで、のちには世界各地で必要不可欠な食材・嗜好品になっていく。他方、アジアからは、コショウやその他の香辛料をはじめ、茶、コーヒー、砂糖などがもたらされた。大航海時代は、異なる世界の食文化との接触を促し、ヨーロッパを軸にした融合の契機となった。なお、スペイン人がアメリカ大陸から持ち帰った銀は、母国のインフレを招いた「かりそめの贈り物」にすぎず、短期間に使い果たしてしまうが、ジャガイモをはじめとする食材の方は、その後、世界中の民を救う貴重な「新大陸からのホンモノの贈りもの」となったといえるだろう。

スペイン本国の経済事情

新大陸の植民地と並んで、スペイン繁栄の基礎となったものに、毛織物工業があった。国土の半分近くを占めるのは、「メセタ」と呼ばれる標高六〇〇メートル以上の高原であった。それを活用して、メリノ種の羊の飼育が本格的に行われており、それを加工する毛織物工業が発達していたのである。毛織物工業が国内に存在したことは、大きな意味をもっていたといえる。それは、当時のヨーロッパで最大の産業であり、それゆえ、当該諸国の経済力をはかる基準ともいうべき性格を有していたからである。この点は、国内に工業力を保持できなかった商業国家のポルトガルと比較した場合のスペインの優位性を示すものとして注目に値しよう。

とはいえ、スペインの繁栄を支えた条件にも、いくつかの問題点が存在した。

まず、毛織物工業は、中世的なギルドの枠内で行われていたので、「自由競争の排除」および「規制と独占」を原則としていた。そのため、やがてギルドの規制から解放された農村工業として毛織物工業が発達する南ネーデルランドのフランドル地方やイギリスといった新興の毛織物生産地との競争には勝てなかった。農村工業は、「自由競争と分業」による「経済効率」の追求を原則としていたので、活力に満ちていたのである。

次に、世界帝国を維持するために行われた絶え間ない戦争は、膨大な戦費を必要としたので、スペインの財政状況は常に不健全であった。また、カトリック陣営の旗頭として、新教徒の弾圧にも積極的に関与したために、南ネーデルランドという毛織物工業地帯を失うと同時に、オランダという新興のライバルをつくってしまった。

そのようなウィークポイントがあったため、スペインが新大陸からもってきた大量の銀も、「銀の北流」という言葉に象徴的に示されるように、その大部分は国内で蓄積・活用されず、国外に流出してしまった。こうして、スペインの黄金時代も、オランダやイギリスとの競争のなかで少しずつ色あせていくのであった。

毛織物の二大産地である南ネーデルランドとイギリスの動向

ここで、一六世紀のヨーロッパにおいて、毛織物生産地帯として重要な地位を占めた南ネーデルランドとイギリスの動向について簡単に触れておこう。南ネーデルランドにおける毛織物工業は、①ギルドという中世的な枠組みのなかで行われた生産活動ではなく、なによりも自由な農村工業として展開したこと、②従来の厚手の紡毛製品ではなく、「新毛織物」と呼ばれ、軽くて安い一般大衆向けの梳毛《そもう》製品が主力であったこと、③イギリスから輸入される未仕上げの布を使用する仕上げ工程に重点がおかれていたこと、④それゆえ、牧羊→紡毛工程→織布工程まで行い、未仕上げの状態で製品を輸出するイギリスの毛織物工業との間には、密接な国際的分業関係が成立していたことなどを特徴としていたのである。イギリス側からみれば、アイ（＝インディゴ）、赤色のコチニールといった染料が入手しにくく、ファッション面でも後進国であったために、染色や仕上げ業は、依然として手に余る工程であったといえよう。

しかし、新教徒が多数住んでいた南ネーデルランドは、スペインの弾圧によって壊滅的な打撃を受けることになった。一五八五年、その中心都市で、市民のうち三分の二は新教徒によって占められていたアントウェルペン（アントワープ）の町は、スペイン軍によって破壊されてしまう。そこで、その町の商人や毛織物工業に従事していた職人たちは、北ネーデルランドを中心に独立運動を引き起こし、一五八一年に独立を宣言していたオランダや、イギリスなどに逃亡したのである。

ともあれ、いまや国際的な商業活動の覇権を握るためには、これまでのように有利な地理的条件や発見・開発の当事国であるというだけでは不十分であった。そのためには、なによりも国内に生産活動が存在すること、しかもそれが中世的なギルドの枠外で展開する農村工業として行われているということが不可欠な条件となってくるのであった。

4　中継貿易によって繁栄したオランダ人

オランダの経済事情

元来、オランダには、「ポルダー」と呼ばれる干拓地の形成や維持にあたって、領主への義務を負わない農民たちの力が強く関与したため、独立心の旺盛な農民たちによる豊かな国土があった。また、経済史的にみれば、バルト海地方における穀物・木材貿易、北海でのニシンの捕獲・加工、造船業、ライデンを中心都市とする毛織物工業なども発達していた。そして、新たに、南ネーデルランドのフランドル地方における毛織物工業の遺産が加味されることになる。毛織物工業をはじめとするさまざまな工業部門に対して動力を提供し、地下水や湖水を汲み上げて干拓を進めるのに大きな役割を果たしたのが、「風車」であった。風車は、ほかならぬオランダ毛織物工業の繁栄のシンボルでもあった。

　バルト海貿易を基点としてヨーロッパにおける商業的覇権を確立させたオランダの勢力拡張は、東インド＝アジア貿易においても、また新大陸貿易においてもみられた。それは、ポルトガルのような王室主導の貿易という形ではなく、国家から貿易の特許をえた「民間会社」によってなされた。

　まず、東アジア貿易を担ったのは、一六〇二年に創設された通称オランダ東インド会社である。同社は、一六一九年以来ジャワ島のバタヴィア（現在のジャカルタ）を拠点として、中世以来のコショウをはじめとする香辛料、絹織物や各種の織物、砂糖などの確保に従事している。とりわけ香辛料を獲得するために、アジアの域内における各地の特産品の物流を促進し、ポルトガルにもできなかった、香辛料を豊富に産出するモルッカ諸島などの植民地

コラム　はじめて物語❻　株式会社

現在、会社といえば株式会社が想定されるほど、一般的になっている。そして、株式会社の第一号の栄誉を担っているのが、このオランダ東インド会社である。イギリス東インド会社と比べると、創設の時期こそ、一年余りの遅れがあったものの、一航海ごとに資金を集め、帰国後に清算するという、それまでの方式を改めて、永続的な会社になった。また資本金は、イギリス東インド会社の一〇倍以上もあった。同社は、①連邦議会からの「特許」という形での「定款」の存在、②多数の出資者による有限責任制の採用、③執行機関としての取締役会の確立などの特徴があった。出資者の権利を紙きれの証文、つまり「株」にして、その権利を売買するようになった。

　かりに会社が倒産したとしても、出資者は、個人の会社のように借金を払い終わるまで無限に責任を負う必要はない。単に出したお金の分だけ損することになる。英語で株式会社のことを「カンパニー・リミテッド」というのは、そのためである。

化を果たしている。一七世紀前半にヨーロッパに初めて茶をもちこんだのも、この会社であった。一七世紀中葉は、まさにオランダ東インド会社の「黄金時代」であった。

ちなみに、アンガス・マディソンの試算によれば、一七〇〇年の時点でオランダの一人当たり経済力（GDP）は世界一で、二番手となるイギリスのほぼ倍近くもあった。

オランダと日本

わが国との関連でいえば、同社は、一六〇九年に平戸に商館を建設し、徳川幕府の鎖国政策の実施とともに、一六四一年にはそれを長崎の出島に移している。幕府からはときには「屈辱的」とも思える非常に多くの制約を受けた。にもかかわらず、ヨーロッパの国のなかで日本と交易を行うことができる唯一の国であるという特権を生かして、長崎の商館から生じる利益は、アジアの各地に設けられた商館のなかでも、かなりの期間にわたってナンバーワンの地位を占めた。オランダ繁栄の基礎の一環をなしていたのである。というのも、当時の日本は、新大陸と並び、世界の二大銀産地であったからである。ある推計では、一六世紀末から一七世紀初頭にかけて、世界の平均的な銀の年間生産量約六〇万キロのうち、実に二〇万キロを日本が産出していたといわれている。一六六八年に幕府がオランダ船による銀の輸出を停止するまでは、新大陸のペルーやメキシコと肩をならべるほどの輸出量を誇った。

新大陸貿易とカリブの海賊たち

一六二一年創設の「西インド会社」の目的は、新大陸における貿易の組織的推進であったが、もう一つのねらいは、スペインの商業活動を阻害するための「密貿易」と「海賊行為」にあった。カリブ海は、海賊の舞台となった。もちろん、そうした海賊行為を行ったのは、オランダ人だけではない。彼ら以外にも、イギリス人やフランス人が加わり、新大陸貿易を支配するスペイン人との間で、金銀財宝の激しい争奪戦を繰り広げた。

そうした海賊の代表例として、①イギリスのプリマスの名門商人であると同時に、下院議員にもなったジョン・ホーキンズ（一五三二〜九五年）、②一五八八年にスペインの無敵艦隊を撃破して勲功をかさねたフランシス・ドレーク（一五四三頃〜九六年）、③のちにイギリス領ジャマイカ島の副総督にもなるヘンリー・モーガン（一六三五頃〜八八年）、④オランダ西インド会社の艦隊司令官を務め、ピット・ホインの名で知られるピーター・ピーターソン・ハイン（一五七七〜一六二九年）などの人物があげられる。彼らは、のちの一七世紀末から一八世紀中葉にかけて、通例メインマストに「どくろ」の旗をひるがえして活動した、いわば無国籍の海賊たちとは異なり、多くの場合、母国の国旗を掲げつつ、ときには国王・政府が敵船捕獲を認めた「私掠《しりゃく》特許状」をふところにいれて活動した。当時はまだ強力な海軍をもっていなかったイギリスにとって、私掠船は海上戦力の根幹を占めていたのである。ともあれ、オランダ、イギリス、フランスの三国が、一応の外交関係を保持しつつも、スペインの牙城を切りくずそうと、新大陸での利権をめぐって激しく戦った時代のいわば尖兵としての役割を演じたのである。

ちなみに、イギリス人の私掠活動がきわめて盛んであった一五八九年から九一年にかけて、イギリスの海賊たちは、三〇〇隻のスペイン船を捕獲し、イギリスの年間輸入額の一〇倍に当たる金額を獲得したといわれている。そのような一七世紀の流れのなかで、新大陸貿易におけるスペインの支配力は、大いに縮小していったのである。

「二流国」イギリスの「幸運」

アジアおよび新大陸を舞台にして展開された、スペインとの激しい闘争のなかで、最大の成果を獲得したのは、いうまでもなくオランダであった。

それでは、イギリスはどうか。この国も、スペインに対抗し、その支配圏に切りこんではいくものの、オランダの影に隠れた存在であった。当時最大の関心事であった銀やコショウをはじめとする香辛料を十分に確保することはできなかった。それゆえ、イギリスは、オランダのように「香料商人的な政策」を徹底的に追求することができなかった。依然として「二流国」としての地位にあまんじていたのである。当時としてはヨーロッパ人にそれほど重視されなかった北アメリカやインドにおいて、長年にわたり苦渋に満ちた拠点作りに専念せざるをえなかった理由も、そのあたりにあったのではなかろうか。

だが、北アメリカとインドは、のちに時の流れを産業革命へと大きく旋回していくうえで、つまりイギリスが資本主義社会をむかえるにあたって、きわめて重要な商品を提供してくれたことを見落としてはならないであろう。綿織物（キャラコ）や綿花がそれである。ある意味では、イギリスは、オランダに遅れをとることによって、結果的にそうした将来性のある商品に接近するチャンスを獲得したといえるかもしれないのである。「歴史のいたずら」であろうか。

オランダ経済のもろさ

オランダの覇権も、一八世紀をむかえるころから崩壊過程に入っていった。その原因としては、オリヴァー・クロムウェル（一五九九～一六五八年）が出した航海条例がきっかけで始まった英蘭戦争（一六五二～七四年）などの戦乱による国力の消耗といった理由があげられる。また、一人当たりの経済力は高かったものの、人口は少なかった。一七〇〇年時点の人口をみると、フランスが二一五〇万人、イギリスが八六〇万人であったのに対し、オランダは一九〇万人でしかなかった。

ここでは、以下の経済的理由を強調しておこう。

第一に、オランダにおける最大級の産業である毛織物工業に内在したもろさが考えられる。かつて農村工業として発展した南ネーデルランドにおける毛織物工業の伝統は、いまや都市工業として再編されるやいなや大きく修正を余儀なくされ、自由な商品生産という性格を次第に失っていった。また、ライバルであるイギリスの動向との関連を見落としてはならないであろう。オランダが、仕上げ工程中心の活動を円滑に行っていくためには、イギリスによって未仕上げの布が常に提供されることが不可欠であった。ところが、それが提供されなくなってしまうと、状況は一変した。というのは、イギリスにおいて、牧羊から仕上げ工程に至るまでの全工程を網羅《もうら》した毛織物工業が、ギルドの規制から解放された農村工業として広い範囲で発達するに至ったからである。そこでは、「自由競争」の原則のもと、多くの経営は、「分業に基づく協業」＝「マニュファクチャー」という形態をとっていた。そのような特徴をそなえたイギリスの毛織物工業が確立されると、「中継貿易」を基礎としたオランダ毛織物工業のウィークポイントはいっきょに露呈せざるをえなくなったのである。

第二に、中世以来のアジアとの交易の中心であった香辛料の獲得に重点がおかれ、技術革新にはさほど積極的ではなかったという経済政策のあり方も問題になるだろう。その点は、東インド会社の「香料商人的経営方針」のなかに端的にあらわれている。たとえば、東インド会社の拠点でもあったインドネシアは、オランダにとってはあくまでも原料の獲得地であって、けっして自国の工業製品の販売市場として位置づけられることがなかった。イギリスにおいて最も典型的な形で展開されることになる、国内産業の育成をめざした「重商主義的な政策」が系統的に行われることはなかったのである。そうした「自由貿易」の伝統は、その後も末長く受けつがれていくことをつけ加えておこう。

第三に、一八世紀になると、造船業や毛織物工業が劣勢になり、東インド会社も深刻な危機におちいっていく。そして、一七三〇年代頃から、オランダ経済は、国際金融へと重点を移行していった。そののちも半世紀以上にわたって、アムステルダムは、国際金融市場としての地位を保持したのであるが、時代の流れは、産業革命によってイギリスが主導する工業社会へと徐々に移っていくのであった。

5　産業革命への道を切り開いたイギリス人

以上の検討から明らかなように、ヨーロッパにおける国際的な商業活動の中心地は、中世以来のイタリアから始まり、ポルトガル↓スペイン↓オランダ↓イギリスへと移動していった。そして、最後の「勝利者」となったイギリスにおいてのみ、産業革命への道が切り開かれることになった。

それが可能になった大きな理由の一つに、地理的条件の優位性や流通面での支配ではなく、なによりも生産のあり方、端的にいうと、イギリスにおいて、毛織物工業が都市のギルドの枠内ではなく、農村工業として発達し、そのことが封建制度を打破するにあたって大きな役割を果たしたという事情があったのである。

第6章 営利活動が「恥」と考えられているかぎり、資本主義はうまれない

●本章のねらい

今日の資本主義社会における生産活動は、営利を目的として成立する企業によって担われている。そこでは、営利行為（カネもうけ）は、社会的にも広く是認されている。多くの利益をあげる企業や多額の報酬を得る者ほど、「勝ち組」といった言葉で賞賛の的になる傾向さえある。しかし、そうした営利に対する考え方がいつの時代でも存在したのかといえば、けっしてそうではない。事実、資本主義以前の伝統的な社会の営利観は、まったく異なっていた。たとえば、ヨーロッパ中世では、営利活動は、「恥」もしくはなにか「うしろめたいもの」として認識されていたのである。この点に注目すれば、営利に対する考え方が、封建社会から資本主義社会への移行の過程でいわば一八〇度転換したことがわかる。

それでは、そうした転換は、いったいどのように行われたのであろうか。伝統的社会における営利観の形成に大きく関与したのが、宗教、端的にいえばキリスト教＝カトリックであった。それゆえ、そうした転換もまたキリスト教＝プロテスタンティズムとの絡み合いのなかで、つまり宗教改革のなかで展開せざるをえなかったのである。

ところで、宗教改革が起こった一六世紀前半は、グーテンベルクによる活版印刷術が普及し、多くの人々が紙に印刷された聖書をはじめとする書物やパンフレットに接する機会が増加した時期でもあった。簡便な印刷術がなければ、聖書を大量に普及させることができなかったし、各国の言葉に翻訳することも考えられなかった。カトリッ

ク教会は、そうした動きに対して消極的な反応しかみせなかった。ところが、宗教改革を推進した人々は、活版印刷の恩恵をフルに活用し、大量の宣伝パンフレットを流布させて、支持基盤の拡充につなげた。もっとも、大部分の人はまだ読み書きができなかったので、文字が読める牧師や説教師が読めない人たちの前で音読して聞かせる「集団読書」が行われたり、漫画風のさし絵が活用されたりといった工夫がなされた。宗教改革はまた、識字率の向上にも大きく貢献したと考えられている。

この章では、資本主義が成立するための精神的条件としてきわめて重要な意味を有した宗教改革と、その過程で生じた営利観の転換について検討してみよう。

1　カネもうけと信仰をテンビンにかけた中世ヨーロッパの商人・銀行家たち

カトリックは、カネもうけを恥と考えた

一九〇四〜五年に、マックス・ヴェーバーは、論文「プロテスタンティズムの倫理と資本主義の精神」を発表した。そのなかで、彼は、一九世紀末のヨーロッパにおける資本家、企業経営者、上層の熟練労働者などの信仰についてみていくと、カトリックよりもプロテスタントである方がはるかに多いということに注目している。そして、カトリックの考え方・生活態度のなかに、資本主義以前のいわば「伝統主義」ともいうべき生活態度との共通性を見出している。つまり、プロテスタントと比較して、カトリックには、営利を追求するという精神においては、やや積極性に欠けるところがあると考えているのである。

そうしたカトリックの考え方の起源は、「貧しき者に金を貸すのであれば、けっして高利を貪《むさぼ》ってはならない」という聖書の言葉に求められる。中世にあっては、「利潤の追求を卑賤《ひせん》と呼んだ」宗教家トマス・アクィナス（一

二二六〜七四年）の考え方が典型的である。つまり、中世のカトリック世界にあっては、営利行為は、「恥」と考えられていた。商業活動は、懐疑的にみられたし、利子を取ってお金を貸すという「金貸し」行為は、神に属する時間を売買するものであるとして禁止されていたのである。たとえば、高階秀爾によれば、「一一七九年のラテラノ公会議は、金貸しを行った者に対してはキリスト教徒として埋葬することを拒否することを正式に決めているし、一二七四年のリヨン公会議でもそのことは確認されている。彼らは、正当な人間としては認められず、その遺骸は犬や猫と同じように扱われたのである」。そればかりではなく、金貸しを弁護する者はだれでも「異端」の疑いをかけられた。

そもそも、カトリックの教義にしたがえば、ごく普通の人々が行っている世俗的な職業さえ、信仰という観点からはけっして積極的な意味があるものとしては認識されなかった。もちろん、富の蓄積も、否定されるべきものであった。そうした厳しい態度は、一般の人々からも多くの場合、擁護された。

ただ、そうした状況のもとでも、商業や金融業を積極的に営む人々が存在したことを見落としてはならない。まず、キリスト教の倫理とはまったく関わりなく生活していたユダヤ人がそうである。異教徒なので、破門しようにもできない人々だったのである。彼らは、キリスト教徒によって常に差別され、迫害を受けたが、それゆえに自由に商売や金貸し業に専念することができた。そうした歴史的事情こそが、ロスチャイルド家というユダヤ人大富豪の存在に象徴的に示されるように、金融界へのユダヤ人の多大な影響力をつくりだすのに大いに貢献していることを記しておきたい。

ちなみに、高利貸し禁止令が撤回されるのは、一五一七年の第五回ラテラノ公会議のことである。

商人や金貸し業者はどのように考えていたのか

それでは、キリスト教徒で商業や金貸し業を営む人々はいなかったのかと問われれば、答えは、ノーである。彼らの存在は、けっして例外的ではなかった。その種の商人の一つの典型は、アウグスブルクの大商人ヤーコプ（二世）・フッガーであろう。商人的冒険心に富んだ彼は、信仰にはほとんど「無関心な」人物であったといわれている。

しかし、多くの商人は、無関心を装うか、もしくは「うしろめたさ」を感じつつ、その抜け穴を捜しながら商業や金融業に携わっていたように思われる。たとえば、フィレンツェの大富豪たちは、「両替」の取引きに見立てて、「手形」を発行することにより、「金貸し」を許すべからざる罪として断罪する教会の掟に背くことなく、実質的に融資の利子を獲得するという方法を編み出していた。土地の売買という形を採りつつ、しかも土地の売却（＝借入）と一定期間後の買戻し（＝返済）とを、それぞれ別の公証人の手で登記するといった複雑な方法で貸付を行った。また、預金者に対して実質的に「利子」が払われたのであるが、その場合も、銀行が預金者に「謝礼」を出すという形でその支払いが行われたのである。

さらに、一般的な傾向としては、それらの活動で財産を築き上げた人々も、多くの場合、死ぬ前に悔い改めるか、もしくは死後「良心の代価」として、莫大な金額を教会に寄進することがしばしばみられた。一例をあげれば、一五〇〇年前後のフィレンツェのある金貸しが、死の床にあって、自分の罪の恐ろしさに堪えかねたのであろうか、自分の儲けをすべてもとの持ち主に返すように遺言し、遺族たちを落胆させたというエピソードは、そのあたりの事情を端的にあらわしている。また、教会や修道院の広大な土地所有と豊かな財産の背景には、罪の意識に苦しめられた富める者たちによる寄進があったことは、周知の事実なのである。

もっとも、河原温が述べているように、カトリックの方にも、現実的な対応をしていない面がないわけではない。

というのは、一二世紀末から「煉獄《れんごく》」の観念が教会人によって導入されたからである。「煉獄とは生前の罪の償いをはたさずに死んだ者が苦しみを受ける場と されたが、その場は同時に生前に善行をなしたことによって救済への可能性を与えるものであった」。それゆえ、富裕層は、生前に貧者・弱者に進んで寄付をするという贖罪《しょくざい》の行為によって、死後、その者の魂は、「煉獄」から「天国」へと導かれると考えられたのである。

以上のように、カトリックの教えに背いて営利行為を行った人々の多くは、基本的にはその教理から離れてはいなかったことを示している。彼らにとっても、死後における救済は、現世における利潤の追求と同様に、あるいはそれよりもはるかに大事なこととして考えられていたのである。けれども、そうした精神が一般的に受け入れられているかぎり、当然のことながら、資本主義がうまれることはなかった。資本主義が成立するためには、そうした営利に関する考え方が根本的に変化することが不可欠だったのである。

2　宗教改革の過程で、職業観念＝営利観はどのように変化したのか

ルターの考え方

カトリックの教義によれば、「神に喜ばれようとすれば、世俗的な生活を避けて修道院に入り」、「祈り働く」ことが最善の道となる。したがって、世俗的職業に対する評価は、きわめて低かった。ところが、宗教改革のプロセスのなかで、職業に関する考え方は大きく変えられていった。もちろん、宗教改革の意義は、「魂の救済は信仰以外にはありえない」という「信仰義認説」や「聖書第一主義」の確立など多様な要素をはらんでいる。けっして営利観＝職業観念の変容という問題に限定されるわけではないが、ここではこの職業観の問題を軸にして、話を進めていきたい。

伝統的な職業観念に最初に大きな疑問を投げかけたのは、マルティン・ルター（一四八三～一五四六年）その人である。ローマのサン・ピエトロ大聖堂の改築費を捻出《ねんしゅつ》するために発行されていた教会の贖宥状《しょくゆうじょう》（免罪符）を批判し、一五一七年に「九五カ条の論題」を発表した人物として知られている。免罪符とは、これを買うことによって信仰上の罪や怠慢が許され、来世での天国が約束されるというお札《ふだ》である。なぜ、免罪符なのであろうか？

小泉徹は、カトリックの考え方を次のようにまとめている。宗教的救済を得たいと思うのであれば、「善行」や「功徳」をたくさん積む必要がある。良いことをたくさん行えば、良い報いがある。逆に、悪いことをすれば、悪い来世が待ち受けている。人々は、ミサや告解といった秘蹟《ひせき》を通じて罪の赦しを得ることができる。そうした秘蹟を「金銭」「巡礼」「祈祷《きとう》」といった行いでもって代えることもできる。このように考えれば、免罪符の根拠を理解できるのではなかろうか。

ルターは、聖書をドイツ語に翻訳するのに際して、「神の召命《しょうめい》」と「世俗的職業」を意味する原語を「職業」（＝ベルーフ）と訳することによって、「世俗的職業こそ聖召に基づく使命である」という考え方を打ち出した。世俗的な職業は神によって与えられたものであるから、一生懸命それに励むことは、神への信仰につなが

コラム

生きていく力❸　読み書き

カトリック教会では、聖書をはじめとする教会の書物――ラテン語で書かれたものであった――から教えや啓示を得るのは聖職者に限られていた。永田諒一によれば、「一般信徒は、聖書の教えを聖職者から口頭で聞き学ぶべきで、自ら聖書を読む必要はない、あるいは、読んではならないとされていた」のである。それに対して、プロテスタントの方は、個々人の良心において聖書を読むことが最も重要なこととされた。そのため、「読み書きの能力」をもっていることが神への信仰という観点からもクローズアップされたのである。

しかし、読み書き能力の有無は、ただ聖書が読めるかどうかという違いをうみだすだけにはとどまらなかった。一六世紀以降の主権国家出現の帰結として、行政はますます文書という形で行われるようになり、官僚・役人たちにも読み書き能力が求められるようになった。そうした能力がない者は、行政に関わる職務から排除される動きにつながっていったのである。

るという考え方が示されたのである。つまり、神に奉仕する道は、修道院に入るのではなく、どんな環境においても世俗的職業を忠実に遂行することにあると考えられるに至ったといえる。従来のカトリック的な職業観念からすれば、まさに画期的な見解であった。

ただ、ルターの職業観念には、なお不徹底な点が残されていたことを忘れてはならない。というのは、彼にあっては、各人の社会的地位は神の意志に基づくものであるから、各人は一度神から与えられた職業と身分のうちに留まるべきであり、その枠を越えてはならないと想定されたからである。

カルヴァンの考え方

そうしたルターの職業観念を継承し、その不徹底さを乗り越えて、新しい職業観念をつくりあげたのは、ジャン・カルヴァン（一五〇九～六四年）および彼の流れを汲むカルヴァニストたちであった。彼らは、職業に対して、神の栄光を増すために、サタンと戦う「戦場」ともいうべき、より積極的な意味を与えている。それゆえ、人々は、世俗的な楽しみを完全に放棄して、すなわち「世俗内的禁欲」の態度を堅持しつつ、職業労働にいそしまなければならない。つまり、世の楽しみを捨てて、神の所有する地上の富を増やすために、「合理的なシステム」にしたがって働くことこそが、神への信仰のあかしなのであった。それは、ある意味では一切の人間的な感情を欠いた、冷徹でかつ持続的な禁欲の要求であった。特に、時間の浪費については、徹底して禁欲的であったのである。

それでは、いったいどのようにして、職業にいそしんだのかを測定するのであろうか。そこで登場するのが、「収益性」という概念である。それは、いまやまさに神への信仰のバロメーターとしての意味をもつようになったのである。このようにして、神の富を増やすことは美徳であるから、蓄財そのものは、もちろん許されることとなった。ただ、それを快楽のために消費することだけが罪悪視された。したがってまた、蓄えられた富は、再び投資にあてられるほかはなく、財が財をうむという資本の蓄積が円滑に行われるようになったのである。

また、カルヴァンの教義のなかに、いわゆる「予定説」というのがある。それは、各人が最後の審判の日に天国に行けるか地獄に行くかは、個々人の意志や希望で決まるのではなく、あらかじめ神によって予定されているという考え方である。すでに決まっているのなら、適当にやっても同じじゃないかと考える人がいるかもしれないが、実際はそうではなかった。カルヴァンの影響を受けた人々は、増田四郎がいうように、自分たちが天国へ行けるという確信をえるためには、まじめに職業に従事し、合理的な日常生活を過ごすことが是非とも必要であると考えたのである。

以上のように、ルターによって始められ、カルヴァニストによって確立された「職業聖召観」が、プロテスタント民衆の間に広く普及するなかで、伝統的社会で認められていた営利に対する否定的な考え方が徐々に克服されていった。信仰と結びついた形で、利潤追求の正当性が確認されることによって、資本主義の発展の精神的支柱が構築されるのである。

3　のちの展開はルターやカルヴァンの想定外のものとなった

フランクリンは「時は貨幣である」と述べた

上述のような伝統的な生活態度・考え方の克服は、プロテスタンティズムおよびそれと深く絡み合った「資本主義の精神」によって果たされていった。ところで、ヴェーバーが「資本主義の精神」と呼んだものは、いつの時代においても存在した単なる利潤の追求ではない。なぜならば、それは、そうした行為が神への信仰と結合した状態を、つまり「宗教的な生活規範」と「事業精神」との結合を意味するからである。言葉を換えれば、「正当な利潤を使命として組織的かつ合理的に追及するという精神的態度」がそれである。

そのような「資本主義の精神」が最も典型的な形で示されるのは、一八世紀のアメリカ人ベンジャミン・フランクリン（一七〇六～九〇年）の考え方である。彼にあっては、貨幣の追求がある種の倫理的な色彩を帯びた生活の原則になっていた。貨幣の獲得は、それが合法的に行われるかぎり、各人の職業における有能さの結果であると判断されている。彼は述べる。「時は貨幣であるということを忘れてはいけない」と。しかし、人を欺いて、お金を稼ぐことはよいことではない。正直、勤勉、質素・倹約こそが大事なのである。そうした原則を守り、禁欲的な生活をすることによって、お金を稼ぐことは、いわば人々の「義務」でさえあるのである。神の意思＝信仰という内なる支えから出発して労働に徹し、その結果がカネもうけにつながるという流れが、そこにある。

質素・倹約から浪費・使い捨てへ

資本主義が発展し、その再生産がそれなりに円滑に行われるようになると、それまで信仰によって支えられていた利潤追求という行為は、もはや宗教という後楯を必要としなくなる。そうなると、今度は、職業観念の脱宗教化の過程が進行するのであった。産業家たちは、神のためではなく、自分自身のために、安心して利潤の追求に精を出すようになった。つまり、信仰心とは無縁のところで、もっぱら資本家たちの貪欲《どんよく》さを満足させるために、時には隣人さえも犠牲にしつつ展開される利潤追求が、一般化していったわけである。が、そうした行為が厳格な宗教家であったルターやカルヴァンの意図したものとは根本的に異なっていることは、いうまでもないであろう。

「カネもうけのためのカネもうけ」が横行する今日、改めて資本主義の「精神」とはなにかと問われれば、どのような回答になるのだろうか。あなたなら、きっと、資本主義の黎明期にみられたような質素・倹約ではなく、まさに浪費・使い捨てへと変わってしまったといわざるをえないのではないだろうか。

第Ⅲ部

産業革命は世界をどのように変えていったのか

排煙につつまれた産業革命後のシェフィールド（1884年）．産業革命の光と影が投影されている

各章の位置づけ

産業革命がイギリスにおいて最初に起こったことは、既述どおりである。それは、一七六〇年代から一八三〇年代にかけてイギリスでみられた技術的・社会的・経営的な一連の大変革を意味している。機械の使用が一般化し、それに基づいて工場制度が普及し、資本家と労働者という二つの階級が成立した。産業革命とは、一言でいえば、国民経済が資本主義的に編成されるようになる歴史的な画期なのである。

イギリス産業革命の意義として、①イギリス資本主義が確立したこと、②イギリス（およびのちに資本主義を確立させていった国々）が非ヨーロッパ世界に対する生産力上の優位性を不動のものにしたこと、③土地やそのほかの自然的な条件に大きく依存する農業からそれらに制約されない工業へと、生産の主力が変わることによって、自然や共同体の束縛から人類を「解放」させる契機となったことを指摘しておきたい。

それに対して、産業革命を「工業化」と同一視する見解も広汎に認められる。また、アメリカの経済史家W・W・ロストウは、各国の経済成長の過程を、①伝統社会、②先行条件期、③離陸（＝「テイクオフ」）、④成熟期、⑤高度大衆消費時代に分けて、産業革命期の変化を持続的な経済成長の開始、つまりテイクオフとして考えている。しかし、産業革命には、単に工業化や経済成長という側面からだけでは理解しえない要素が含まれている。ここでは、なによりも産業革命を資本主義が確立する画期と考えている。

第7章では、イギリス産業革命がロンドンではなく、スコットランドとバーミンガムにおいて始動することになった理由、第8章では産業革命期の労働者の実態、第9章では、イギリス産業革命と奴隷制度との関連に注目し、イギリス産業革命が国際的な環境のなかでいかなる意味をもったのかを考察したい。さらに、第10章では、イギリスの植民地政策がインドに与えた影響、第11章では、日本における資本主義の形成過程を浮き彫りにしている。そして、第12章では、マフィアを切り口にして、イタリア産業革命の特徴がいかなるものであったのか、また、一九世紀から二〇世紀にかけてのイタリア経済の変化がマフィアという組織の変貌にどのように投影されているのかを描いている。

第7章 イギリス産業革命はロンドンでは始まらなかった

●本章のねらい

イギリス以外の国々は、先頭を切ったイギリスの圧力とともに、その恩恵も受けながら産業革命を展開することができた。しかし、イギリスでは、すべての条件を自力で整えることが必要であった。では、イギリスが産業革命を一七六〇年代に始動させるのに「必要な条件」とは、どのようなものであったのか。まとめてみると、次の点を指摘することができる。

①　すでに一六八八〜八九年には市民革命が終わり、人々が封建制度の制約からいちはやく解放されていた
②　毛織物工業が全国的な規模で発達し、強力な輸出産業としての地位を確立していた
③　金属工業、陶器業、ガラス工業、石炭業などの諸部門の発展にも著しいものがあった
④　一七世紀後半以降、クローバーやカブなどの飼料作物の導入・普及によって、カブ↓オオムギ↓クローバー↓コムギという四年輪作がノーフォークやサフォークを中心に普及し、農業生産力が著しく向上していた
⑤　一八世紀中葉までに、全国的な道路網が一応整備されていた
⑥　多くの植民地があり、自国の経済発展にそれらを利用できる体制が整っていた

これらの史実を合わせると、まだ手工業を前提とした枠組みのもとではあったものの、イギリスの経済力が、ほぼ次の時代を展望できる臨界点に近づきつつあったことを確認できるのではないだろうか。もし、特定の部門でな

にか大きな技術革新が起これば、それ以外の関連部門にも連鎖反応が引き起こされ、国民経済全体が著しく変容していくような環境・構造が形成されていたのである。しかし、産業革命が実際に始動するためには、それらのほかにも、あたかも熟した果実をもぎとるように、成熟した諸条件を現実化させていく「起動力」が必要であった。ただ、一口にイギリスといっても広いわけで、具体的にはイギリスのどの地域で、そうした起動力がうまれたのであろうか。

イギリスを代表する都市として、あなたが最初に思いつくのは、なんといっても政治、経済、金融の中心地ロンドンだろう。では、産業革命も、ロンドンを舞台に始動したのかといえば、そうではない。というのは、イギリス産業革命を推進したのは、どちらかといえば「辺境」地帯に属したスコットランド、それにランカシャーやミッドランドなどであったからである。なぜ、ロンドンからは産業革命の起動力がうまれなかったのか。それは、ロンドンを中心とした当時のイギリスの経済政策が重商主義政策を基礎としていたのに対して、産業革命の展開は、封建制のみならず、そうした「重商主義的な世界観」の打破を通じて行われなければならなかったからである。

本章では、その時代における科学のあり方にも注目して、産業革命を推進していった諸条件を明らかにし、さらには産業革命の具体的なプロセスについても検討したい。

1　産業革命の「故郷」はスコットランドであった

ロンドンと重商主義とエリート教育

産業革命期の前夜にあって、ロンドンは、イギリス経済の中心地であった。「世界に開かれた窓」ともいうべき最大の貿易港で、かつ国内商業網の中心地でもあった。同時代におけるロンドンの重要性には、議論の余地はない。

しかし、実際には、産業革命期の初期におけるイギリスの科学は、「スコットランドの理論とバーミンガムの実践」の結合によって躍進したといわれるように、少なくとも当初にあっては、ロンドンが産業革命の展開に積極的な役割を演じたとはいいがたい。たとえば、初期産業革命期をいろどった発明家、技術者、産業資本家の出身地をみると、ピストンの上下運動を軸の回転運動に転化することで、蒸気機関を動力機として活用する道を切り開いたジェームズ・ワット（一七三六〜一八一九年）をはじめとして、スコットランド出身者が圧倒的に多い。さらにいえば、綿業がマンチェスターをはじめとするランカシャー地方、金属工業がバーミンガムをそれぞれ中心地として発展したという事実に示されるように、ロンドンは、「ファッションのセンター」にはなりえても、産業革命を推進した綿業や金属工業のセンターにはなりえなかった。のちになっても、衣料品の仕立てに従事する労働者や港湾労働者を大量に集めるのがせいぜいであった。なぜなのであろうか。

そのような問いかけに対して、一つの解答を用意したJ・G・クラウザーにしたがえば、まず、ロンドンにとって最大の関心事は、毛織物——当時最大の輸出品で、一七六〇年の時点での輸出額は綿製品の三二倍もあった——をはじめとする工業製品を輸出すること、それによって多くの貴金属を獲得することであった。当時、支配的に行われていた経済政策は、「重商主義政策」である。それは、毛織物工業に代表されるような輸出産業の育成、「貿易差額主義」による貴金属の確保、植民地の獲得などによって特徴づけられる。

このような時代にあって、「自然科学」の分野で重視されたのは、海上交易を円滑に行い、植民地を拡大させるための学問としての航海術、天文学、博物学であった。そのため、産業革命の推進に必要な、熱やエネルギーに関する学問（化学や物理学）の方は、さほど重視されなかった。

また、当時のイングランドにおける最高学府であったオックスフォードとケンブリッジの両大学はどうかといえば、それらは、政治家、聖職者、法律家、医者といった伝統的なエリートの育成に終始していた。新しい時代を切り開くような実践的な学問とはほど遠い古典的な教育を行っていた。いずれも、宗教的かつ政治的な権威によって保護された、きわめて排他的な大学であった。非国教徒の子弟には、学位の取得が許可されなかった。オックスフォードでは、入学さえ拒否された。非国教徒に対するそうした差別がなくなるのは、オックスフォードでは一八五四年、ケンブリッジでは一八五六年のことである。

スコットランドとアダム・スミスと実学教育

それに対して、スコットランドの状況は著しく異なっていた。その国は、南隣にあるイングランドとはまったく別の国であったが、一七〇七年の連合王国の成立によって、イングランドとの合併がはかられた。その後、グラスゴーを中心に、西インド諸島との間でタバコや砂糖の交易が盛んに行われ、繊維工業やウィスキーの製造業も大いに発展していた。他方、一六九六年という非常に早い時期に各教区を単位とした一種の義務教育制度が発足したこともあって、庶民の教育水準は非常に高かった。また、石炭や鉄鉱石の豊富な埋蔵量に恵まれていたことも忘れてはならないだろう。そして、産業家や職人の息子で、実業に関心のある学生たちも多数学んでいたグラスゴー大学（一四五〇年創設）やエディンバラ大学（一五八二年創設）では、科学や物理学といった実践的な学問もきわめて重視されていたのである。そのような事情のもとで、一八世紀のスコットランドは、文化・科学・技術の面で著しい発展をとげていたといえる。

また、当時のグラスゴー大学では、重商主義政策を批判し、「レッセ・フェール」＝「自由放任主義」を主張して、一七七六年に『国富論』を世に送ったアダム・スミス（一七二三〜九〇年）が教鞭をとっていたことを見落としてはならない。ジェームズ・ワットは、徒弟奉公の経歴がなかったため、依然として存続していた「ギルド」の会員にはなれず、職人としての仕事にもつけなかった。苦境にあった彼のためにグラスゴー大学のなかに「大学おかかえの数学機械製造者」の職を与えたのは、ほかならぬスミスであったといわれている。そのことがあった一七五七年は、ちょうどスミスが三五歳、ワットが二一歳であった。「重商主義的な世界観」に対して、社会科学の分野で「批判」を行うスミスと自然科学の分野で「批判」を行うワットの両者は、スコットランドのグラスゴーにおいてともに産業革命の展開へとつらなっていく潮流のなかに身をおいていたのである。

2　産業革命を推進した三つの条件

スコットランドからイングランドへ

それでは、そのような条件を有したスコットランドを主要な舞台として、産業革命が展開されたのか？　いや、そうではない。スコットランドは、それを推進するための起動力を提供したにもかかわらず、それだけでは十分ではなかった。クラウザーが指摘したように、スコットランドの富と人口だけでは、産業革命を本格化させる強力な創造的発展をうみだすことはできなかった。したがって、その地で見出された「理論」を実際の企業経営のなかで応用し、社会的に一般化していくという作業が必要であった。それは、ミッドランド、とりわけ多種多様な金物類の生産地として一定の地位を占めていたバーミンガムを舞台として行われるようになった。そのような事情を象徴的に示す具体例として、ワットのケースがある。彼は、九年にもおよぶ奮闘の末、蒸気機関を経済的価値のある実用的な機械にするには、スコットランドの技術力・金融力では不十分であることをさとった。そしてバーミンガムに移り、バックル製造業者で、進歩的な資本家であるマシュー・ボールトン（一七二八〜一八〇九年）をパートナーにすることによって、事業的にも成功をおさめたのである。

それらの点をふまえて、産業革命を推進した要因を三つあげておきたい。

一つ目は、産業（事業）と技術（科学）の協力である。後述するリチャード・アークライトの例が示すように、発明家と事業家は、しばしば同一人物であった。また、同一人物でなくても、発明された機械が実際に市場で販売され、一般に普及していくためには、両者の協力が不可欠であった。ワットとボールトンの協力は、その典型例であろう。

二つ目は、さまざまな分野で活躍し、産業革命の展開につながっていった多くの発明家、科学者、事業家の間では、きわめて密接な人的交流があったことである。彼らは、「ロイヤル・ソサエティー」＝「王立協会」に結集するのではなく、自主的に民間のクラブをつくって、交友関係を広げていった。その種のクラブとしては、たとえば、①アダム・スミスや熱学の研究で有名なジョセフ・ブラック（一七二八～九九年）などを中心にしたスコットランドの「オイスター・クラブ」、②マンチェスターの「文学・哲学協会」、③ワットの共同経営者となったボールトンが中心となり、ワット、進化論者のエラスマス・ダーウィン（一七三一～一八〇二年、チャールズ・ダーウィンの祖父）、酸素を発見した化学者のジョセフ・プリーストリー（一七三三～一八〇四年）をはじめとして、多くの科学者、発明家、医者などが、毎月満月の夜に集まって議論を行った「ルナ・ソサエティー（＝月夜の会）」などがあげられる。一般的にいって、産業革命の展開に当たり、国家の役割はひじょうに小さかった。イギリス産業革命の自生的で自然成長的性格は、イギリス以外の国々における産業革命と比べて、決定的な違いとなっていることを指摘しておこう。

三つ目は、産業革命を推進していった人々の多くは、中産階級に属し、宗教的には非国教徒、すなわちピューリタンであった点である。当時の支配階級や知的活動の担い手たちの多くは、国教徒であった。そうした条件が、社会的な役割から排除された非国教徒をして、商工業に従事する傾向をつくりあげた。とりわけバーミンガムの町は、古い教会の支配から自由であったために、多くの非国教徒を引きつけた。また、「非国教徒専門学校」として知られるアカデミーは、上流階級と国教徒の牙城となっていたオックスフォード大学やケンブリッジ大学が古典中心の教養的学問の教育に終始していたのとは異なって、産業社会の発展に必要な実用教育を目的として各地で設立され、華々しい活況を呈したのである。

それでは、そのような条件のもとで始動した産業革命は、具体的にどのように進展したのであろうか。節を改めて、大衆衣料生産部門となる綿業における変革過程について検討したい。綿業は、機械の発明や工場制度の設立という産業革命のプロセスが最も典型的で、かつ非常にドラマティックな形であらわれただけではなく、産業革命を主導するという役割を果たした。

3　技術革新は綿業において最もシンボリックな形であらわれた

織機＝飛杼の登場

綿工業における変革過程のさきがけとなる発明は、まず織布工程において一七三三年にあらわれている。ランカシャーの織布工ジョン・ケイ（一七〇四～六四年頃）によって発明された「飛杼《とびひ》」がそれである。従来の織機では、タテ糸とヨコ糸を交差させて布をつくるとき、ヨコ糸を入れた「杼」と呼ばれる舟形の器具をタテ糸の間で、一方の手から他方の手に移動させなければならなかった。しかし、この飛杼では、片手で握りを引くだけで、同じ操作ができた。また、二メートルを越す広い幅の織物をつくるためには、二人の労働者を使う必要があったのが、いまや一人でも十分に行われるようになった。その結果、織機一台当たりの布の生産能力は、およそ三～四倍に増大したと考えられている。わが国にも明治初頭に「バッタン」という名前で導入された。

これによって、織布能力が非常に向上したために、今度は糸をつくる能力の向上が望まれるようになった。当時、糸をつくる器具といえば、「つむぎ車」しか存在しなかった。基本的には、繊細な手作業で行われた。手紡工一名が同時につむげる糸の数は、一本にすぎなかった。そこで、一度に何本かの糸がつむげる能力の開発、つまり「多軸化」の追及が、大きな社会的課題となったのである。それは、産業革命を引き起こす原動力の一つとなった。

紡績機の発明

そうした時代の要請にこたえて、多軸化のプロセスに大きな貢献を果たすことになるのが、「ジェニー紡績機」である。発明したのは、一七六四年にランカシャーの手紡工ジェームズ・ハーグリーヴズ（一七二〇～七八年）である。産業革命の本格的始動を告げる最初の機械であり、八個の紡錘をもった多軸紡績機として登場した。これによって、一人の労働者が一度に八本の糸をつむぐことができるようになった。労働生産性は、いっきょに八倍に向上した。のちには改良が行われて、一〇〇～二〇〇の紡錘をそなえた大型のものが登場した。

ただ、ジェニー紡績機自体は、小型かつ手動で、その機構は単純であった。そのため、工場ではなく、家内工業のなかに浸透していった。また、ヨコ糸の生産のみが可能であった。強い張力を必要とするタテ糸の生産には不向きであった。したがって、すでにランカシャーにおいて展開されていた、綿のヨコ糸およびアイルランド産の亜麻のタテ糸を使った麻綿交織のファスティアンの生産において、ジェニー紡績機は当面大きな成果を発揮した。

次に期待される紡績機は、綿のタテ糸がつくれるものであった。その期待にこたえたのは、一七六九年にランカシャーの理髪店主・かつら業者リチャード・アークライト（一七三二～九二年）によって発明された「水力紡績機」である。それは、手動ではなく、水力を動力として使用された。そのため、かなり大がかりな装置を必要とし、独立した工場によってのみ、経営的に活用できるという性格のものであった。ここに、綿紡績業において、工場制度が成立したのである。

しかし、この水力紡績機にも、欠点があった。まず、それは、比較的太い糸しかつむぐことができなかった。また、水力に依存したために、工場立地を水流の近くに限定せざるをえなかった。川があっても、冬に凍結するようなところでは、利用が大いに制限された。

そこで、登場するのが、八〇年にランカシャーの紡織工サミュエル・クロンプトン（一七五三〜一八二七年）によって発明された「ミュール紡績機」である。それは、ヨコ糸でもタテ糸でもつくることができたし、細糸の生産も可能にした。しかも、当初二〇〜三〇にすぎなかった紡錘数は、九〇年ごろには四〇〇錘、一八三〇年ごろには八〇〇錘というように、急速に増大していった。産業革命以前における紡糸工程のかなめは、一人で一本の糸をつむぐ紡ぎ工であった。それと比較すると、このミュール紡績機の登場に伴って達成された労働生産性の向上は、なんと飛躍的なことだろうか！

ミュール紡績機のメリットはそれだけではなかった。一七八二年にワットによって発明された回転機関が、八五年以降綿紡績業にも導入されると、水流の近くに限定されていた工場立地に対する制約がなくなり、都市部においても工場がつくられるようになったからである。こうして、綿紡績業は、人力、畜力、水力といった自然力への依存からも解放されたのである。そして、一八三〇年には、すべての動作が自動化された「自動ミュール」がリチャード・ロバーツ（一七八九〜一八六四年）によって完成されるのであった。

そのように紡績工程の機械化が進展すると、今度は、もっぱら飛杼によって行われていた織布工程の機械化が要請されるようになった。それに応えたのが、一七八五年にオックスフォード大学卒の国教会牧師で「アマチュア発明家」でもあったエドマンド・カートライト（一七四三〜一八二三年）によって発明された「力織機」である。ところが、それには、依然として改善の余地が多く残されていたため、決定的な力をただちに発揮したとはいいがたかった。その後、多くの人々によって部分的な改良がほどこされ、一八二五年以降に決定版ともいえる力織機が同じくリチャード・ロバーツの尽力によって普及するようになった。

このようにして、紡績・織布の両部門における機械化と工場生産化が完成したのである。

4　イギリスは「世界の工場」と呼ばれた

イギリス産業革命の終了と「世界の工場」の成立

上述のような綿業における変革は、そのほかの工業部門の発展にも大きな影響を与えた。たとえば、綿製品の漂白工程で使用される化学薬品は、化学工業の発展をうながした。機械の普及は、その原料としての鉄に対する需要を急増させ、製鉄業を発展させた。それまでは、鉄を生産するのに、木炭で鉄を溶かしていたので、大量の木材を必要とした。それが、ヘンリー・コート（一七四〇〜一八〇〇年）がパドル式溶鉱炉を発明したことで、木炭の代わりにコークスが使えるようになった。蒸気機関の使用は、燃料として石炭をいままで以上に大量に採掘することを余儀なくさせた。機械の普及・大型化は、機械工業の発展につながった。各種の旋盤《せんばん》が発明され、「機械による機械の製作」が開始された。しかも、それらの変革は、相互に関連しあいながら、さらにはいっそう大きな変革をもたらしたのである。

このようにして、一八三〇年にはイギリス産業革命は、ほぼ終了した。それは、①イギリス史上、したがってまた世界史上最初の過剰生産恐慌となった一八二五年恐慌を経験し、衣料生産部門の中核を占める綿業において機械制大工業が確立したこと、②「機械による機械の生産」が本格化し、機械工業の自立的な発展が可能になったこと、③一八三〇年に開通したリヴァプール―マンチェスター間の鉄道に象徴的に示されるように、「輸送の機械化」が一応の完成をみたことなどの諸事実によって表現できよう。第一回ロンドン万国博覧会がハイド・パークで開催されたのは、一八五一年であった。そのころのイギリスは、世界中で生産される綿と鉄のおよそ三分の一、石炭の三分の二、金属製品の五分の二を生産し、ほかの国々とは隔絶した経済的優位性を確立していた。文字どおり、「世界の工場」であったのである。

イギリスの工業力にかげりが……

しかし、一九世紀末に近づくと、イギリスの工業力にかげりが出始めた。たとえば、イギリスの綿紡績業は、一応の形で完成されてしまったがゆえに、二〇世紀に至るまで、実に長くミュール紡績機に固執してしまった。それに対して、のちに綿紡績業に参入するアメリカ合衆国や日本においては、一八三〇年頃にアメリカで考案された「リング紡績機」が、改良が施された七〇年代以降、紡績技術の中核になっていった。リング紡績機は、自動織機との高速連続処理を前提にしたときに、女子労働力の活用と熟練に依存しない生産を実現させ、綿業の生産性を大いに向上させるものであった。ところが、日高千景が述べているように、紡績と織布の両工程を別個の経営主体が担うというランカシャーにおける綿業の生産構造は、そうした新技術の導入をむずかしくしてしまったのである。イギリスの綿紡績業がのちに後発の綿工業国に凌駕《りょうが》されていく理由の一端は、すでに産業革命の完成期において存在していたといえるだろう。

それだけではない。大量生産という「二〇世紀の資本主義」をもたらす生産方式への転換でも、イギリスは、乗り遅れてしまう。産業革命を引き起こした機械の発明はイギリスでスタートしたが、機械化がより進んだのは、むしろアメリカにおいてである。たとえば、サミュエル・コルトによる回転拳銃、サイラス・マコーミックによる刈り取り機（一八三四年）、アイザック・シンガーのミシン（一八五一年）、イライシャ・オーティスのエレベーター（一八五三年）、タイプライター（一八七四年）など、いずれもアメリカでつくられている。

では、どうして、イギリスではなく、むしろアメリカで、次から次へと新しい機械が登場したのであろうか。中川敬一郎などの見解にそくしてまとめておくと、次のとおりである。

①　王室を中心とした貴族階級が強固に存続し、身分社会的な要素が強いイギリスでは、大衆消費財の市場＝「マス・マーケット」が広汎に展開せず、大量生産→大量消費への動きが遅れた

②　イギリスの産業資本家にあっては、自社製品の販売を経営外の専門商社にまかせる傾向が強かった。生産は製造業者、販売は専門の商人という分業が存在した。そうした「間接販売の体制」が存在したために、企業の技術部門と販売部門との密接な連携のもとで、大衆市場の拡大を指向しつつ、標準品の大量生産をめざす動きが、ここでも制限された

③　ランカシャーの綿業に典型的に示されるように、標準品を大量に生産するよりも、どちらかといえば特殊な高級品を少量生産する方向が次第に強められていった

④　イギリスにおいては、労働力が比較的豊富に存在したのに対して、労働力不足が常に深刻であったアメリカにおいては、省力化という問題がいっそう大きな意味をもたざるをえなかった。ヨーロッパとは異なって、広大な国土を有したアメリカでは、人口密度は低く、人口が分散していた。多くの移民がやってきたが、それでも労働力は不足気味であった。ヨーロッパのように、手工業が十分に発達せず、職人の養成制度も整備されていなかったので、熟練労働者の供給にも限界があった。そのため、徹底的に機械に頼って、労働力を節約する生産方法が模索された

第8章 イギリス産業革命期における労働者の平均寿命は一七歳であった

●本章のねらい

企業の経営をうまく行えるかどうかは、ヒト、モノ、カネ、技術、情報といった諸要素をいかにうまく活用するかにかかっている。経営学の真髄《しんずい》は、そうした諸要素の円滑な活用の手法を学ぶことにある。

産業革命の円滑な遂行にも、同じことがいえる。機械の発明といった技術的問題の解決にとどまらず、資金（カネ）や労働者（ヒト）の調達も重要な課題であった。なかでも、困難をきわめたのは、労働者の調達であった。それは、産業革命が始まったころの労働者は、現在とはまったく異なった考え方をもった人々であったからである。

産業革命以前の農村での生活は、農作業の手順は決まっていたとはいえ、こまかい時間の配分など、かなりの部分は農民たちの思いのままであった。天気のよいときは働くとしても、雨が降れば休まざるをえないこともあった。「職人気質《かたぎ》」という言葉に示されるように、職人の世界も同様であった。時間の使い方には、裁量権があった。したがって、産業革命の初期にあっては、定められた時間に単調な労働を要求する工場は、特定の時間的制約のなかで仕事をすることに不慣れな職人・労働者たちにとっては、たいへんいまわしいものであった。まるで「兵舎」か、もしくは「牢獄」にいるように感じられた。日曜日に深酒《ふかざけ》して月曜日に仕事を休む「聖月曜日」の慣習が広く認められていた。そのため、「近代的な時間の観念」をもった、つまり決められた時間を守って働くことができる労働者の育成が大きな課題となったのである。

ところが、工場制度が軌道に乗り始めると、今度は別の問題が登場した。長時間の重労働や深夜労働が一般化し、児童・婦人労働の酷使が進行した結果、さまざまな問題がクローズアップされてきたからである。劣悪な労働条件に加えて、住宅・衛生・栄養条件もきわめて悪かった。そのために貧困、犯罪、病気、性的放縦《ほうじゅう》といったさまざまな問題が噴出したのである。そうした状況のもと、イギリス産業革命の中心都市マンチェスターにおける労働者の平均寿命は、実に一七歳であったといわれている。

そこで、労働者の労働・生活条件の改善をめぐる問題が大きくとりあげられるようになった。具体的には、労働運動が活発になった。工場法が施行された。そして、徐々にではあるが、労働条件の改善がなされた。労働時間の短縮と休日の増加を受け、一九世紀も末になると、「レジャーの大衆化」という現象さえみられるようになったのである。

本章では、イギリスの労働者が、産業革命という激動の時代をどのように生きぬいたのかを考えてみよう。

1　初期の労働者は「近代的な時間の観念」にとぼしかった

産業革命期の初期の労働者

産業革命期の初期における労働者は、簡単にいえば、前近代社会における独立精神の旺盛な職人としての感覚を強く残していた。彼らは、家族を養うに足りる収入を得るためには働くが、それ以上の金を得るのに熱心ではなかった。工場制度が登場しても、「聖月曜日」の習慣が簡単にはなくならなかった。それゆえ、あらかじめ決められた時間に、しかも何人かの「同僚」と一緒に働かなければならないという工場は、実にいやなものにちがいなかった。工場に関するそうしたイメージは、本人たちを工場から遠ざけただけではすまなかった。彼らは、自分たちの子どもを工場で働かせることにも抵抗を感じていたからである。したがって、初期の工場労働者の大半は、浮浪者、失業者、破産者などのように、やっとの思いでかき集められた人々であった。当時の経営者たちが労働者のことを、「のんだくれ、なまけ者、うそつき」といって軽蔑したのは、そのためである。

初期の産業資本家たちが直面した最大の課題は、まず労働者となる人材を集め、彼らを「近代的な労働・時間の観念」をもった労働者に育成していくことであった。つまり、ずる休みをせず、定められた時刻にきちんと仕事を始め、勝手に持ち場をはなれないような労働者をつくりあげることだった。

さまざまな工夫とパターナリズム

労働者を集めるために、さまざまな方法がとられた。たとえば、家族単位での雇用が行われた。工場主が熟練労働者のみを雇い、未熟練労働者の雇用については熟練労働者にまかせてしまうという、いわゆる「間接雇用」の方式が採用されたりもした。

そのような環境のなかで、孤児を引き取り、教育と技術を与え、一人前の労働者に育てあげることにも力を入れたマシュー・ボールトンのやり方は、特筆に値しよう。そして、ボールトンほど徹底しなかったにせよ、当時の経営者が採用した労働者政策には共通の特徴があったことは、強調されてよいだろう。温情主義的な性格をもった「パターナリズム」＝「産業家父長制」と呼ばれる労働者政策が、それである。

水力紡績機を発明したリチャード・アークライトのクロムフォード工場に端的に認められるように、工場経営者が労働者を確保し、円滑に経営を行っていくためには、工場が建設されるだけでは不十分であった。そのほかにも、労働者の住居、日曜学校、教会・礼拝堂、小売店、酒場などの関連諸設備、および周辺の道路や橋に至るまでが整備されねばならなかった。祝祭日には、ビールや菓子がふるまわれた。ときには、ダンスパーティーが開催された。

家族ぐるみでの労働力の確保のためには、労働の場のみならず、娯楽・休息・教育の場も、提供されなければならなかったといえる。「工場村」という言葉にも示されるように、それは、工場を中心につくられた一つのコミュニティーなのであった。

また、「なまけ者」には罰金や解雇といった制裁が課される一方で、業績がよい場合には手当てや賞金が支払われるなどして、「勤勉性」の育成がはかられた。

そうした温情主義的な労働者政策がとられた背景には、労働者の調達・確保ということ以外にも、理由があった。産業資本家たちの多くは、中産階級の出身者で、苦労して「出世」したために、労働者の労苦を身をもって知っていたこと、そして本来ならば、国やその他の公共団体が行うべき「インフラストラクチャー」＝「社会的資本」の充実も、企業家が代行せざるをえなかったという事情が存在したことがあげられよう。

なお、その種の労務政策は、日本流に表現すると、「企業内福祉」ということになるかもしれない。そうした慣行は、けっして日本だけの「専売特許」のようなものではない。「パターナリズム」は、いずれの資本主義国にも存在した。そもそも資本主義の故郷であるイギリスにあっては、その黎明期においてすでにみられたものなのである。

機械打ちこわし運動

産業革命の初期にあって、労働者問題に関連して検討されるべきもう一つの特徴は、「機械打ちこわし運動」である。それは、労働節約的な機械の導入によって職を失った職人・労働者たちが絶望し、「自分の敵は機械である」として、機械の打ちこわしに走ったために引き起こされた。ハーグリーヴズ、アークライト、カートライトなど、綿業の機械化に大きな役割を演じた人々は、いずれも機械や工場が打ちこわされるという経験をもっている。たとえば、当時のイギリスでトップクラスの工場といわれたアークライトのチョーレー工場は、一七七九年に約八〇〇人の暴徒の襲撃を受けて焼失してしまっている。

組織的で持続的な打ちこわし運動としては、一八一一年から一六年にかけて「ネド・ラド」という伝説的な人物によって指導された「ラダイト運動」がある。対フランス戦争の最中に起こったこの運動の弾圧のために投入された兵力は、一万二〇〇〇人にもおよんでいる。一七九九年に団結禁止法が制定（撤廃は一八二四年）され、労働組合運動が全面的に禁止された時代であったこともあって、この組織の実態は、ヴェールに包まれ、「秘密結社」としての性格を強くおびていた。ラダイト運動に関しては、かつては機械の導入に絶望した労働者の一揆的闘争と考えられる傾向が強かったが、いまでは機械の破壊はその一要素であって、それを一つの武器として活用し、「団体交渉」にのぞんだ初期の労働運動として位置づけられている。

多くの発明家たちを差別し、またときには迫害を加えたり、機械を打ちこわしたりする背景には、機械によって雇用が奪われたという直接的な動機のほかにも、産業革命に伴う労働力需要のあり方の変容、機械に対する人々の無理解と偏見などが存在していた。しかし、そうした諸問題に直面しながらも、産業革命は着実に進展していったのである。

なお、この時期に機械化・工業化に抵抗した人々のなかには、逮捕されて死刑や流刑に処せられた者も多かった。アメリカの独立によって、新たな流刑地を探していたイギリス政府が目をつけたのは、オーストラリア東部のボタニー湾（ニューサウス・ウェールズ）であった。最初の囚人移民団による入植が行われたのは、一七八八年のことである。これによって、オーストラリア大陸もまたヨーロッパ世界とリンクされることになったのである。

2 労働者のすみかは劣悪なスラムであった

一日の労働時間が一四時間以上にも

産業革命が一定程度進行すると、今度は新たな問題が生じた。経営者が、コストを削減するために、長時間労働、深夜労働、婦人や児童の酷使を一般化させていったのである。六〜七歳の子どもですら、換気が悪く、ゴミゴミした工場のなかで、文字どおり朝から晩まで働かされた。遅刻・怠慢・いねむりなどに対しては、体罰さえ課せられた。一日の労働時間が一四〜一六時間というのも、けっしてまれではなかった。

住居は異臭を放つスラム街

過重な労働に加えて、住居といえば、不衛生なスラムが普通であった。巨大なスラムの「集合」とさえいわれたマンチェスターにかぎらず、新興の工業都市では、急造の粗末なバラック住宅がひしめきあっていた。共同のトイレはあったが、まったくない地域もまれではなかった。デコボコだらけの道路には、動物の死骸やゴミが散乱していた。人間や動物の排泄物を処理する設備が整っていなかったため、たれ流しにされた汚物がアパートの中庭や道ばたなどに積み重なって腐敗し、ひどい臭気と水質汚濁をもたらした。そもそも、一九世紀後半になって、下水処理が発達し、浄水設備が開発されるまでの町は、悪臭に覆《おお》われていた。「二〇世紀の先進国に住む人々が、一九世紀以前の町にタイムスリップしたら、その悪臭に恐れをなして逃げ出してしまうに違いない」と、クライブ・ポンティングは述べている。そうした状態は、西ヨーロッパ諸国でさえ、二〇世紀の中頃まで続いた。途上国のなかには、いまなおその種の問題を解決していないところがある。

スラムの住民は、工場労働者ばかりではなかった。定職をもたない日雇い労働者も数多くみられた。そのうえ、多くのアイルランド人が加わった。彼らの生活は、考えられるかぎりで最もみすぼらしいものであった。エンゲルスによれば、食べるものといえば、ジャガイモだけで、靴もはかなかった。朝から晩まで、豚と一緒の生活であった。イギリスの労働者は、職を求めて、そのような人々とも「競争」しなければならなかったのである。

マンチェスターの労働者の平均寿命は一七歳

そのような状態のもとで、慢性的な過労、栄養失調、結核をはじめとして、チフスやコレラなどのさまざまな病気は、まさに日常茶飯事であった。そのために、労働者の平均寿命は、二〇歳にも満たなかった。エドウィン・チャドウィック（一八〇〇〜九〇年）の調査（一八四二年）にしたがえば、マンチェスターでは、地主階級＝「ジェントルマン」の平均寿命が三八歳であったのに対して、労働者のそれは一七歳、リヴァプールでは、それぞれ三五歳と一五歳であった。

それらの数値が子どもの高い死亡率に起因していたことは、いうまでもない。栄養状態が非常に悪いうえに、泣いてむずかる子どもたちを静かにさせるために、ビールやジンといったアルコール類およびアヘンで眠らせることがごく普通に行われていたから、高い死亡率も、当然の帰結といえるかもしれない。

また、それと関連して、児童や婦人を対象とした一種の「生命保険」としての機能を果たした「埋葬保険協会」を舞台に、保険金目当ての親の「子ども殺し事件」が、一八三〇年代以降多発したことを指摘しておこう。その保険とは、週一ペニーという非常に安い掛け金で、世間なみの葬式をだすための給付金を保証するものであった。いまとなっては、それらが実際に「殺人」であったかどうかを判断する材料があるわけではないが、中野保男が指摘したように、五五年までは、保険金の請求にあたって死亡診断書を添付する必要がないなど、その運営もかなりズサンで、そうした推測がけっしてまちがいとはいいがたい事情があった。当時の労働者の絶望的ともいえる貧しさを象徴的に示すエピソードとして注目に値するだろう。なお、無資格の医師を排除するために、医師の登録制が採用されたのは、五八年のことであった。

3　労働者の労働・生活条件は少しずつ改善されていった

労働条件の改善

以上のような劣悪な労働条件に対処する必要から生じたのが、「工場法」であった。それは、特に繊維工業における労働者の保全が念頭におかれていた。実効性をもったものとしては、一八三三年のものと四四年のものがある。前者においては、①九歳未満の児童の雇用は禁止、②九～一三歳の児童の労働時間は一日九時間以下、③一四～一八歳の労働時間は一日一二時間以下、④一八歳以下の青少年の夜間労働は禁止とされた。それ以外にも、法律が守られているかどうかをチェックするために、有給の専門監督官の制度がもうけられ、工場で働く一四歳以下の児童に対して一日に二時間学校に通わせる義務が工場主に課せられた。他方、後者にあっては、一八歳以上の婦人の労働時間が一二時間に制限され、夜間労働が禁止された。

その後、一九世紀後半には、労働時間の短縮が、繊維工業の工場以外にも、少しずつ広げられていった。さらに、休日も増加した。たとえば、六七年には、すべての製造業で土曜日の半日休業が達成された。七一年の「ラボック法」によって、年四回の銀行休日（事実上全企業の休日となる）が規定された。そして、七五年のある調査にしたがえば、オフィス勤務者の場合、通常一年に二週間の年休が保障されていたといわれている。

ちなみに、今日のような有給休暇はまだまれであった。イギリスで、すべての労働者に年次有給休暇を保証する原則を確立させた「有給休暇法」が制定されるのは、一九三八年を待たなければならなかった。

レジャー産業の誕生

休日・余暇を楽しむことができたのは、かつては貴族やジェントリーと呼ばれるごく一部の富裕階級に限られていた。ところが、一九世紀の中ごろまでには、富を貯えた商工業者に広がり、さらに、一八七〇年代から八〇年代にかけては一般の労働者にも拡大していった。

その結果、新しいタイプの娯楽・レジャー・スポーツがうまれると同時に、国民の広い層にも浸透していった。鉄道網の発達による大量輸送によって可能になった旅行をはじめ、クリケット、テニス、自転車、競馬やフットボールの観戦、ピクニック、プロの芸人の演じるヴァラエティ・ショーが行われるミュージック・ホール……。そして、それらのうちあるものは、「産業」としても自立していったのである。

このように、イギリス国内の労働者は、産業革命の恩恵を受けて、所得を向上させ、レジャーを楽しむことができるようになった。ところが、海外に目をむければ、「世界の工場」たる

コラム　はじめて物語❼　パック旅行

今日では、個人旅行が増加しているが、多くの人々にとって不慣れな旅行を一般化させるのに大きく貢献したのは団体旅行であった。そして、一八四一年七月、広告で参加者を募集するという団体パック旅行のスタイルを初めてつくったのが、トーマス・クックである。団体旅行につきものの「オプショナル・ツアー」、ツアー客のためのガイドブックの執筆・編集・出版、小学生向けの「修学旅行」、貸し切りの夜行列車の運行、大衆相手の安い海外パッケージ・ツアー、ホテル・クーポン制度の大々的活用、「二二二日間世界一周」の旅など、すべて彼の新機軸である。

もっとも、団体旅行を企画した彼の最初の動機は、意外なものであった。それは、禁酒運動の活動家であった彼の経歴と関係している。都市の労働者たちに、アルコール飲料に代わるべき安価な楽しみを提供するなかで、禁酒運動を広めることをねらってのことであった。当時のイギリスでは、大人から子ども、赤ん坊に至るまで、ビールはもちろんのこと、ジンやラムの飲酒が当たり前という時代背景があった。

イギリスにおける労働者の労働・生活条件の改善は、ある意味では広大な植民地や後進資本主義諸国で直接生産に従事する人々の「犠牲」を前提として成立していたと考えることができるだろう。

第9章 イギリス産業革命と奴隷制度はメダルのオモテとウラであった

●本章のねらい

「花盛りの広大な綿畑より以上に、見る目にうつくしい光景は、めったにありません。それは、純白無垢な光のひろがりのように、純潔そのもののように、新たに降った雪のように、見えるのです」。

それは、ジュリアス・レスターによって紹介されたソロモン・ノーサップという名前の一奴隷が描いたアメリカのルイジアナにおける綿花栽培の場景である。そして、その「白い畑」を耕したのが、ほかならぬ「黒い膚」をした黒人奴隷たちなのであった。白と黒のコントラスト。あたかもそれは、「表」には白人たちによる近代社会＝資本主義社会の確立の画期となるイギリス産業革命のきらびやかな光景、「裏」には熱い鉄の焼ゴテで烙印をおされ、ムチで打たれる黒人奴隷の悲惨な姿が描かれた一枚の「メダル」を表現しているかのようである。一五世紀から一九世紀に至るまで、大西洋の奴隷貿易のなかで運ばれたアフリカ人の総数は、ある推計によれば、なんと五〜六〇〇〇万人にもおよんでいる。航海中、奴隷たちはまるで「本棚の本」のごとく、船内の狭苦しい空間のなかにぎゅうぎゅうづめにされた。「一人の黒人を新大陸にもたらすまでには五人の黒人が途中で死んだ」（デュ・ボイス）とさえいわれたのは、そのためである。そのように膨大な奴隷を扱っておきながら、奴隷商人たちが、だれ一人として良心の呵責《かしゃく》を覚えなかったことから、当時はまだ、黒人奴隷が「人間」としてみなされていなかったという残酷な事実が浮かびあがる。

さて、前章までの話では、イギリス産業革命を、主にイギリス国内の要因との関わりのなかで考察してきた。しかし、実際には、その開始に際して、当時の国際的な諸関係がきわめて重要な役割を演じたことや、その展開が、非常に広汎な国際的波及効果をもっていたことを見落としてはならない。事実、もし、より広い国際的な視野のもとで、イギリス産業革命をながめると、それが始動するときにも、またそれが展開するときにも、奴隷制度という一見すれば「近代社会のイメージ」とはまったくかけ離れた制度と密接に関係していたことがわかるだろう。これらの点を考え合わせるならば、「自由・平等・友愛」といったヨーロッパ近代の諸理念は、抽象的には普遍性をもちえたかもしれないが、現実のなかではいったいどんな意味をもっていたのかと考えさせられてしまう。

この章では、イギリス産業革命が奴隷制度とどのように関連していたのかを検討しよう。

1　産業革命の前提として、「ファッション革命」および奴隷貿易があった

毛織物しかなかったヨーロッパに綿織物がもたらされた

ヨーロッパにおいて、毛織物工業が代表的な繊維工業の地位を占めていたことは、すでに述べたとおりである。湿ったところに長くいると、足爪がくさってしまうために、わが国のように湿気の多い気候のもとでは、羊の飼育は困難であった。毛織物に対する需要も多くはなかった。ちなみに、日本において古来高級衣料とされてきたのは絹織物、民衆の衣料としてなじみ深かったのは、古くは麻織物、室町時代末頃からは綿織物であった。他方、ヨーロッパにおいては、羊は広く飼育され、原料の調達にはさほどの苦労はなかった。衣服といえば、普通は毛織物を意味したのである。

ところが、産業革命が、毛織物工業を主導部門として展開されたのかというと、そうではない。なぜならば、第

7章で検討したように、それは、イギリス人にとってはまさに「外来産業」であった綿業を起点として展開されたからである。それでは、いかなる経緯のもとで、綿製品が導入され、普及するようになったのであろうか。

イギリス人による綿製品の製造は、オランダ人が製造技術を伝えた一六世紀末頃に開始されている。ただ、それは、正確にいえば純粋の綿布《めんぷ》ではなく、亜麻糸をタテ糸に、綿糸をヨコ糸に使って織られた麻綿交織織物、すなわちファスティアンであった。それは、マンチェスターをはじめとするランカシャー地方で製造された。ところが、一七世紀後半までは、ファスティアンはあくまでも麻織物の変形であって、毛織物と比べると微々たるものでしかなかった。それゆえ、イギリス人が綿織物を本格的に知るようになったのは、一六六〇年代以降のことである。イギリス東インド会社がインドから美しくて肌ざわりの良い綿織物（＝キャラコ）を輸入するようになったのである。

キャラコは、「イギリス人の上流気取り」という風潮をうまく利用した東インド会社の巧妙な販売戦略が功を奏したこともあって、ただちに人々の間に大きな人気を博するようになった。それまで支配的であった毛織物は、洗濯がしにくかったので、長く着ていると臭気をはなちやすかった。そのうえ、色をつけるのがむずかしく、染料も高価であった。それに対して、綿織物の方は、薄くて、汗をよく吸収した。そして、なによりも「キャラコ・プリント」と呼ばれたように、彩色が容易であった。色あざやかなキャラコの出現は、「ファッション革命」と表現できるほどに、イギリス人の衣料に対する考え方を根本から変化させた。そして、第二次大戦後に「化織革命」が起こるまで、コットンは、繊維の主役の座を保持し続けたのである。

ところが、そうしたキャラコの輸入をにがりきった目でみつめていた毛織物業者および絹織物業者たちは、やがてその輸入に反対する運動を引き起こした。その可否をめぐって、いわゆる「キャラコ論争」が巻き起こった。その結果、当時の政財界で大きな影響力を有していた毛織物業界の主張が認められた。そして、一七〇〇年には染色ずみのキャラコの輸入が禁止となり、さらに一七二〇年にはその使用が禁止となるのであった。

しかし、イギリス人の間での綿織物に対する人気は根強く、やがて国内でも製造が開始されるようになる。ただ、当面の間は、それ以前から存在した亜麻糸と綿糸の混織によるファスティアン、つまり「コットン類似物」を中心として、生産が拡大していった（ちなみに、キャラコ輸入禁止法および使用禁止法は、七四年に廃止されている）。しかし、それでただちに産業革命へと事態が進展していくのかというと、けっしてそうではない。その間に、もう一つの媒介項が必要となるからである。

インド産綿織物＝キャラコは奴隷貿易にも使われた

一七〇〇年にイギリスへの綿織物の持ち込みが不可能となったので、東インド会社は、角山栄も指摘するように、インド産の綿製品を別のルートで活用しようとしたのである。当時、イギリス・西アフリカ・西インド諸島の三点を結んで行われていた「三角貿易」＝奴隷貿易のなかで、利用されるようになった。

三角貿易とは、西アフリカで獲得された黒人が奴隷として西インド諸島につれてこられ、それを労働力として使用する大農園＝プランテーションで生産される砂糖、タバコ、ラム酒、綿花、アイなどがイギリスに運ばれ、そこで加工されたり、消費されたり、さらにはヨーロッパの各地に転売されていくというものであった。そして、イギリス人が西アフリカで奴隷を調達するときに、その対価として輸出されたもののなかに、鉄砲、弾薬、ラム酒、タバコ、金物類などとならんで、ほかならぬ綿布があった。換言すれば、キャラコは、奴隷貿易においてもきわめて重要な商品として活用されるようになったのである。

そうした奴隷貿易には、オランダ、イギリス、フランスの商人が参加したが、決定的な役割を果たしたはイギリス人であった。イギリスの港のうち、重要な役割を演じたのは、リヴァプール、ブリストル、グラスゴーの三港、特にリヴァプールであった。「リヴァプールのいくつかの主要街路は、アフリカ人奴隷の鎖によって区画され、家並の壁はアフリカ人奴隷の血によって固められている」という言葉を想起してほしい。その町が奴隷貿易のおかげで急速に発展したことは、たとえばエリック・ウィリアムズが指摘するとおりなのである。具体的には、一七〇九年に開始されたリヴァプールの奴隷貿易は、一八世紀に急速に進行し、一七九五年にはイギリスの奴隷貿易全体の八分の五、ヨーロッパ全体の七分の三を占めるほどに発展したのである。

逆に、アフリカ諸国にとっては、悲惨な結果が待ち受けていた。奴隷にされた人々やその家族の苦痛はいうまでもなく、働き盛りの青年たちが多数奴隷として連れ去られてしまうことによって、国の発展に必要な力が損なわれてしまったのである。

インドの綿織物は、従来からの伝統的な手工業の枠組みのなかで生産されていたので、奴隷貿易の拡大・発展によって綿織物に対する需要が急増すると、供給の方が追いつかなくなるという事態に直面した。そこで、イギリス国内でも、綿織物の生産が本格的に開始されたのである。イギリス綿業の中心地が、綿花の輸入港であると同時に奴隷貿易の中継地であったリヴァプールに近いマンチェスターであったのも、そうした理由のためである。イギリスの綿工業は、当初輸出向けの産業として発達したのである。

このように考えると、イギリス産業革命は、奴隷貿易を拡大させるという動機によって開始され、イギリスおよびヨーロッパの近代化＝資本主義化は、そのメダルの裏であるアフリカ人の奴隷化・隷属化という犠牲のうえに達成されたといっても、過言ではないだろう。

外国産の農作物がイギリスに流入し、新しい文化にまとめられた

ところで、奴隷貿易の一環をなし、奴隷の労働力を必須の前提としつつ成立していたものとして、西インド諸島などからの砂糖、タバコ、綿花、ラム酒、コーヒーなどの輸入があったことは、さきに触れたとおりである。その

際、それらの船来品の流入が、中国の広東を窓口として輸入された茶とともに、イギリス人のライフスタイルを大きく変えていったことを見落としてはならない。茶といえば、日本人なら紅茶よりも、緑茶の方を思い浮かべる人が多いかもしれないが、ヨーロッパでは、普通は紅茶を意味している。緑茶も紅茶も、もとの葉っぱは同じである。加工の過程で醗酵《はっこう》させると、紅茶になる。茶の輸入とともに増大したのは、「底荷」として一緒に運ばれた大量の「磁器」であった。

紅茶とともに、イギリス人が歴史上初めて確保できたアルコール飲料の代用品となったのは、コーヒーである。それは、コーヒーハウスというビジネスとリンクして普及した。社交の場であり、情報交換の場であるコーヒーハウスの最初の例は、一六五〇年にオックスフォードでできたユダヤ人ジェイコブの店であった。それが最盛期をむかえるのは、一七世紀の後半から一八世紀初めにかけての時期であった。科学者たちの総本山でもある王立協会は、コーヒーハウスでうまれた科学者の会が発展したものである。ニュートンに代表されるように、第1章で言及した「科学革命」の原動力になったのも、コーヒーハウスでの情報交換であった。

従来の蜂蜜に代わる甘味料として王座の地位を占めるようになった砂糖を入れた紅茶やコーヒーをすすり、葉巻きをくわえ、雨が降るとカサをさして歩いた紳士＝ジェントルマンたちで街が満ちあふれたのは、産業革命へとつらなっていく時代の出来事であった。そして、バターをぬったパンと紅茶で朝食をすませることが、新しいスタイルとして定着している。イギリス人の食卓にジャガイモ、コメ、トマト、アスパラガス、イチジク、レモン、オレンジ、バナナ、モモ、イチゴ、パイナップルなどの食べ物が登場するようになるのも、ほぼ同じころのことであった。元来、ヨーロッパにおける食生活はきわめて貧弱で単調なものであった。ところが、そうした食材の導入によって、食事がヴァラエティーに富んだものになっていった。中世以来終始一貫して最も重要な輸入品の座をキープしてきたコショウの地位は、一八世紀になると、著しく後退していったのである。

川北稔も指摘しているように、現在われわれが「イギリス的なもの」と考えている生活習慣や生活用具のうち、かなり多くのものが一七世紀から一八世紀にかけて、海外、特に非ヨーロッパ的世界からもちこまれたものなのである。しかも、そうしたライフスタイルの変革も、また奴隷制度の存在と密接に絡み合っていたのである。

2　産業革命の進展もまた奴隷制度の発展をうながした

綿作プランテーションの労働力も黒人奴隷であった

奴隷貿易の拡大が産業革命の開始と密接な関係をもっていたことは、上述のとおりであるが、産業革命の展開もまた、奴隷制度の拡大を必要とした。それが、最も象徴的にあらわれたのは、いうまでもなく綿工業における原料、つまり綿花の調達においてである。以下、この点について検討しておこう。

当初、イギリスの綿業に綿花を供給したのは、西インド諸島の奴隷制プランテーションであった。けれども、産業革命の進行に伴って、綿花の需要が急激に増大すると、その地域だけでは対応しきれなくなった。やがて、その供給地は、西インド諸島からアメリカ合衆国の南部へと転換していった。

アメリカにおいては、すでに植民地時代に、ヴァージニアやメリーランドを中心として、タバコの栽培をはじめ、コメ、アイなどのプランテーションという大規模な市場目当ての生産が発展していた。そこでも、労働力の主力は、黒人奴隷であった。というのも、一六九〇年代以降に奴隷依存のシステムが定着するまでには、①原住民のインディアン、②イギリス本国から強制的に送られてきた囚人や浮浪者、③渡航費を立て替えてもらう代わりに、四～七年ほどの労働義務を負ってやってきた白人の年季契約奉公人などの活用が試みられたが、いずれも失敗に終わったからである。そこでうまれたのが、「黒人こそが本来的にプランテーションの重労働には最適である」という、現在なおアメリカの多くの人々のなかに生きている、誤った「白人優越主義」＝「黒人蔑視」の考え方なのである。背景には、黒人たちをより安く、そして大量に確保することができたために、プランテーションの労働力として一般的に採用したという事情がある。

そうした奴隷制度は、独立戦争が植民地側の勝利に終わり、アメリカ合衆国が誕生したころから、タバコ栽培の不振もあって、解体の危機にひんするようになった。しかし、イギリス産業革命の本格化に伴う綿花需要の急増によって、今度は綿作プランテーションとして、奴隷制度が再び、そしてかつて以上に発展するようになった。

とはいえ、それが順調に発展していくためには、いま一つの重要な問題が解決されなければならなかった。広大な合衆国の南部においては、西インド諸島でみられた長繊維の海島綿ではなく、短繊維の陸地綿の栽培が適していた。けれども、その普及には大きな障害がたちはだかっていた。なぜならば、収穫した実綿を綿毛と種子に分ける綿繰《めんくり》という手作業には、きわめて多くの労働力が必要とされていたからである。それは、南部における綿作プランテーションの発展に対するボトルネックになっていたのである。ところが、一七九三年にイーライ・ホイットニー（一七六五〜一八二五年）によって綿繰機が発明されるやいなや、その難問はいっきょに解決された。南部における綿花栽培の本格的な発展が可能となったのである。この発明によって、一人あたりの一日の繰綿能力は、手作業の場合が一〜二ポンドであったのに比べて、六〇〇〜九〇〇ポンドに上昇している。その結果、サウスカロライナ、ジョージアからさらにはアラバマ、ミシシッピ、ルイジアナなどの広大な黒土地帯へと、綿花栽培が急速に拡大していくのであった。「綿花王国」の誕生である。

そして、この綿作プランテーションにおける労働力として、いまだかつて例をみないほどに大量の黒人奴隷がアメリカ南部に送りこまれたのである。その帰結が、奴隷制度の本格的展開であった。一八〇〇年には八九万人であった黒人奴隷の数は、三〇年には二〇一万人、南北戦争（一八六一〜六五年）前夜の六〇年には三九五万人と急増している。そのころ、アメリカは、世界の綿花生産量の圧倒的部分を供給したといわれている。

奴隷制度は、一八六三年一月のエイブラハム・リンカーン大統領（在任一八六一～六五年）による奴隷解放宣言を契機として形式的には「廃止」されることになったのであるが、その痕跡は、アメリカのその後の歴史のなかに深くきざみつけられていくのであった。

3　イギリス産業革命は「南北問題」の歴史的起源でもあった

イギリス産業革命は、始動するときのみならず、展開するときにおいても、国際的には奴隷制度をたえずうみだし、拡大させていった。だが、イギリス産業革命の国際的影響力は、けっしてその点にとどまるわけではない。産業革命によって「世界の工場」となったイギリスは、のちに追随して資本主義を完成させたほかの欧米諸国とともに、圧倒的な工業生産力で世界各地を変容させていった。つまり、そうした資本主義の発展に合致した形で、換言すれば工業原料・食糧・工業製品の市場の確保という要請に応じるように、世界を変え、多くの植民地・従属国を形成していったのである。その結果、植民地・従属国にされていった国々においては、例外なく伝統的な経済構造の破壊と宗主国の利害にそくした形での経済構造の再編成がみられた。そのようにして、植民地が「自立的」に発展するための原動力が剥奪《はくだつ》され、「貧困」の常態化という事態が発生するのであった。

イギリス産業革命は、国際的には奴隷制度の発展、さらには「富める北」と「貧困の南」という「南北問題」の原形をもつくりあげたのである。

第10章 宗主国イギリスの植民地政策がインドに与えたダメージ

●本章のねらい

もし、あなたが途上国と称される国々を訪れ、いわゆる観光コースからはずれた地域に足を踏み入れると、そこに住む人々の貧しい生活状況に目を奪われることだろう。もちろん国・地域によって違いがあるものの、貧困、浮浪者、栄養失調、スラム……などは、ごくありふれた光景になっている。

貧困問題を解決するためには、人口増加率を低くすることが必要であると、しばしば主張される。けれども、多くの途上国では、概して社会福祉制度も未発達であるために、将来の働き手となる男子は、親にとっては欠かすことのできない確実な「財産」と考えられている。そして、死亡率の高い状況下で、ともかくも将来的に一〜二名の男子を確保するためには、可能なかぎり多くの子どもを出産する必要がある。つまり、貧しいがゆえに、逆に人口が増えるのである。しかも、雇用チャンスがいっそう制限される女子の場合は、「口べらし」ということもあって、十代で「結婚させられる」ケースが多い。そうすると、先進国と比べれば、女性の出産可能な期間が著しく長くなる。その結果、ますます子どもの数は増加してしまう。途上国がかかえる問題の根深さは、そうした事例にも端的に示されているといえるだろう。

それでは、途上国における貧困の根本的な原因をいったいなにに求めることができるのであろうか。その問題を考えるとき、出発点となるのは、それらの国々のほとんどがかつてはヨーロッパなどの資本主義諸国の植民地であり、いまなお多くの領域で植民地時代の痕跡を強く残しているという事実である。

本章で扱うテーマは、産業革命をいち早くなしとげた国イギリスと植民地となったインドの関係である。インドは、第14章でも触れるように、二一世紀に入るころから様相を異にし始めているとはいえ、一九九〇年代に至るまでは、途上国の一つの典型と考えられていた国である。そこで、①どのようにしてインドの貧困が形成されたのかという見方の考察から始めて、②いかなる経緯によって、インドがイギリスの植民地に組みこまれていったのか、③イギリスの植民地政策の実態とはいかなるものであったのか、④それがインド経済をどのように変化させていったのか、といった点を考察したのち、⑤イギリスによるインドの収奪、総じていえば、イギリスによる植民地の支配が、イギリス本国にどのような影響を与えたのかを明らかにしたい。

1　インドの貧困をつくったのはだれだ!

貧困の原因をなにに求めるのか!

近現代のインドといえば、貧しい人々の生活がイメージされるかもしれない。ところが、歴史をひもとけば、古代から近世初期にかけてのインドは、栄えた「文明」を有し、むしろヨーロッパ人の「羨望のまと」でさえあった。そのように栄えていたインドを貧困のなかにおとしいれたのは、いったいだれなのであろうか。

その点に関して、吉岡昭彦は、次のようなまったく正反対の二つの考え方を紹介している。一つは、インドの貧困の原因をイギリスの植民地政策に求める見解である。もう一つは、インド人自身の責任であるとする見解である。

イギリスは、インドを自国の食糧・原料の供給地かつ工業製品の市場として位置づけた。そのために、インドでは、伝統的な経済構造が破壊されただけではなく、宗主国であるイギリスの利害にそった形で経済の再編が行われた。そのため、国民経済を自立的に構築していく可能性が大きくそこなわれてしまった。前者の考え方にしたがえば、そういうことになる。

多くのイギリス人の考え方を代弁しているものと考えられる後者の見解は、まったく正反対である。それによれば、イギリスは、インドに「文明」と「良い統治」をもたらした。工場、港、鉄道、道路をつくった。インドのどこででも通じる唯一の言語といえる英語をもたらした。インドが独立したのは、一九四七年だ。すでに長い年月が経過している。それゆえ、今日の貧困の「責任」は、すべてインド人自身にある。彼らの「なまけぐせ」、「カースト制度」、「悪い統治」などに帰せられるべきなのであるということになる。

植民地政策が与えたダメージはけっして短期間では払しょくできないほど深かった

後者の考え方には、かつての植民地支配に対する一片の反省すらない。それどころか、多くのイギリス人は、人種的な優越感にひたり、インド人に侮蔑と傲慢さをもって接し続けたといえるだろう。そのような態度・見解の背景には、ヨーロッパを最先端の文明社会として認識し、インドのように「遅れた世界」を文明化し、アジアやアフリカの人々のように「劣等人種」を彼らに代わって統治していくのは、文明人たるヨーロッパ人の「義務」であるとさえ考える「ヨーロッパ中心の進歩史観」もしくは「キリスト教的なヒューマニズムと使命感」が横たわっているように思われる。かつてインドを統治していたイギリス人たちの多くは、そのような考え方で、インド支配への取り組みを正当化していたということができるだろう。粟屋利江の言葉を借りれば、「インドという広大な野蛮社会が、イギリス支配下にはいったこと自体、神の意志である」とさえ考えたわけである。恐ろしさを通り越して、唖然とさせられてしまうのは、わたしだけであろうか。

たしかにインドに鉄道や港をつくったのは、イギリス人である。が、それらは、どのような意図のもとでつくられたのであろうか。はたして、インドの自立的発展のためにつくられたといえるのだろうか。植民地支配の枠組みのなかで実施されただけではないのか。

結論の一部を先取りすれば、イギリスの植民地支配の傷跡は、けっして短い間に消しさることができるほどなまやさしいものではなかった。そのように考えた方が、インドの実態により鋭くアプローチできると思うのである。

それでは、どのようにしてインドはイギリスの植民地になっていったのであろうか。節を改めて、この点の検討に移ろう。

2　インドにおけるイギリスの植民地支配

東インド会社による統治からイギリス政府による直接統治へ

インドとヨーロッパの交易自体は古代にまでさかのぼるが、ヨーロッパ諸国のインドへの進出が本格化するのは、一四九八年のポルトガル人ヴァスコ・ダ・ガマのインド来航以降のことである。それを契機に、多くのヨーロッパ人が、コショウをはじめとする香辛料や絹織物といった東方の物産を求めて、アジア世界への進出をはかった。イギリス人も例外ではなかった。彼らは、一六〇〇年に東インド会社を創設した。ところが、香料諸島をはじめとする東アジアでの香辛料をめぐる国際競争のなかでは、オランダが圧倒的な力を発揮していた。そのため、イギリス東インド会社は、当初あまり十分な成果を獲得できず、その活動範囲をインドの一部に限定せざるをえなかった。しかも、そのインドの地においても、ポルトガル、オランダなどのヨーロッパ諸国が商業活動を展開しており、イギリスの勢力圏の拡大は、けっして容易なものではなかった。

しかし、一六一二年に西海岸のスーラトに商館を開設したのを皮切りに、やがていくつかの拠点が設けられるようになった。のちにイギリスの拠点都市に成長していくマドラス（現チェンナイ）、ボンベイ（現ムンバイ）、カルカッタ（現コルカタ）などの要塞化も、一八世紀初め頃までには、一応完成していたのである。ただ、このころ、東インド会社の関心は、インドに集まってくるアジアの物産を購入し、それをヨーロッパで販売することによって生じる商業利潤の獲得にあった。本国の工業製品の販路および原料の確保が最大の関心事になるためには、産業革命を経過する必要があったといえよう。

東インド会社が、単に商人としての装いを捨てて、インド植民地化の道を本格的に歩み始めたのは、一八世紀中葉以降のことであった。一七五七年、ロバート・クライヴ（一七二五〜七四年）の指揮するイギリス軍は、フランスの支援を受けていたベンガル太守軍とプラッシーで戦い、勝利を得た。それを契機として、フランスは、インドから後退するが、逆に、イギリスは、六五年にはベンガル、ビハール、オリッサの三つの地方のディーワーニー（徴税権、警察権や裁判権を合わせた事実上の領有権）を獲得した。そして、ビパン・チャンドラが述べるように、ベンガルからの潤沢な税収入によって、イギリスが強力な軍隊を組織し、ほかの地域を征服するための費用をねん出することができた。その後、イギリスのインドに対する政治的支配は、政治的分裂と戦乱にあえぐインドの窮状に乗じて、急速に領域を拡大していった。そして、一八五七〜五九年のインド大反乱を契機として、東インド会社は解散され、イギリス国王による直接統治体制へと移っていった。そして、七七年にはヴィクトリア女王がインド皇帝の称号をえて、「インド帝国」が成立したのである。

以下では、そのような変遷をたどった植民地支配の特徴の一端を浮彫りにするために、その財源および兵力に限定して述べておきたい。

まずは財源の確保から

最初に、財源に関する問題からみておこう。東インド会社が領土的支配を開始すると、当然のことながら莫大な経費の確保が必要となった。そのために、複雑な土地制度を根本的に変革することなく、所有者を確定し、現金で「地税」をとりたてるシステムがつくりあげられた。

インドの土地制度には、著しい地域格差があったために、地税制度のあり方も一様ではなかった。たとえば、「ザミーンダール」（直接生産に従事する農民から地税を徴収して国家に納める徴税請負人であると同時に、土着の豪族や村落の上層部でもあった）と呼ばれる階層が広汎に存在した北インド、特にベンガルにおいては、ザミーンダールが土地所有者として認可され、地税の納税義務が課せられるようになった。それに対して、南インド、とりわけマドラスでは、ザミーンダールにあたる階層がいなかったので、個々の耕作農民（ライーヤット）が土地所有者として承認され、彼らが直接地税を支払うようになった。前者の制度は「ザミーンダーリー制」、後者は「ライーヤットワーリー制」と呼ばれている。

次に、同じく資金調達を目的として、東インド会社が目をつけたのは、ムガール帝国時代の専売制度の先例にならって、ケシの栽培を認可し、それからとれるアヘンの精製・販売を独占的に取り行うことであった。というのも、アヘンは、すでに中国で需要があり、茶を確保するための見返りの商品として重視されるようになったからである。美しい花を咲かせるケシが、子房（カプセル）をつけると、傷をつけて汁を取る。その汁が精製されてアヘンになった。東インド会社は、イギリス国王もしくは女王公認の「麻薬会社」になったのである。一七七三年のことである。

中国へのアヘンの輸出は、アヘン中毒患者を蔓延させただけではない。「支払いのための銀の大量流出→銀価の騰貴→実質的な大増税→民衆生活への圧迫」といった問題を引き起こし、中国社会を大きく動揺させた。そして、清朝のアヘン取締りに対するイギリスの報復は、「アヘン戦争」（一八四〇～四二年）の勃発としてあらわれた。その結果、清朝は、屈辱的な「南京条約」を押しつけられた。そして、香港の割譲、賠償金の支払い、広州・厦門《アモイ》・福州・寧波《ニンポー》・上海といった五つの港の開放、開港地におけるイギリス商人の居住と通商の自由の承認などを余儀なくされた。植民地インドで支配権を確立するために必要な措置として本格的に取り組まれたアヘンの中国への輸出は、アヘン戦争という形をとって、結果的には中国の「半植民地化」という事態をもうみおとしたといえよう。

なお、アヘンの中国への輸出は、その後も、中国での貿易取扱い上の名前を「洋薬」に変えて、一八八〇年頃にピークをむかえるまで急増した。アヘンがなければ、貿易のバランスが成立せず、財政収入が確保できなかったといわれるほどであった。それは、植民地インドにとっては、地税に次ぐ主要財源であったと同時に、トップクラスの輸出商品だった。

兵力も確保して

検討されるべきもう一つの論点は、東インド会社が雇用したシパーヒー（セポイ）と呼ばれたインド人兵士についてである。彼らが最初に登場したのは、プラッシーの戦いのときである。彼らの多くは、高カーストの出身者で、規律正しく有能な兵士であったために、その後も、採用枠は拡大していった。イギリスによるインド支配が可能になったのは、遠く離れた本国から運んでくる兵士の数をそれによって大いに節約できたためでもある。ちなみに、ブライアン・ガードナーにしたがえば、一八二〇年の時点で、東インド会社の軍隊の定員は二五万人を超えていたが、この数はヨーロッパのどの強国よりも多かったのである。

しかし、イギリスの軍事力がシパーヒーに依存していたという事実は、同時にイギリスの海外膨張が兵力の調達面から大きな制約を受けたことをも意味した。というのは、ヒンドゥーの宗教的規律によって、海を越えることは厳禁とされていたからである。そこには、自分たちの世界を越えた空間を「不浄なもの」とする思想が存在した。もし、禁制が破られると、その者は、カーストを失った。カーストを失うということは、あらゆる人間関係から排除され、すべての権利を放棄することを意味した。そうした東インド会社の要請とシパーヒーの宗教的戒律とのズレは、その後も解消されず、インド大反乱において、全面的に露呈されたのである。

大反乱の発端は、「ブラウン・ベス」という銃に代わり、より優れたライフル式のエンフィールド銃が導入されたことにあった。導入のねらいが改良された兵器を装備することにあったのは、明白だった。ところが、これが火種となった。新しいライフル銃の使用にあたっては、湿り気を防ぐために油をぬった薬包の端を歯でかみ切ってから装填することが必要であったが、牛脂、豚脂が塗ってある薬包が使われるという噂が流れた。やむを得ず、この油の使用は禁止する措置がとられた。が、すでに遅すぎたのである。インドの人口の大部分を占めるヒンドゥー教徒にとっては、「聖なる牛」を殺してとる牛脂や牛肉を口にすることは、「不浄」の存在に身をゆだねるのと同じであった。他方、ヒンドゥーに次いで人口の多いイスラム教徒（＝ムスリム）にとっては、最もけがれた動物である豚の肉や脂を口にするのは、考えもおよばぬほどにけがらわしいことであった。そのため、シパーヒーの多くは、怒りを爆発させるとともに、イギリス人が意図的に自分たちの宗教を捨てさせ、キリスト教への改宗をもくろんでいるのだと疑ったのである。

3　イギリスによる植民地政策のもとで、インド経済はどのように変化したのか

この節では、イギリスの植民地政策のもとでのインド経済の変化の様相を、①工業、②農業、③インフラストラクチャーといったテーマに分けて、それぞれの特徴を述べておきたい。

伝統的手工業は解体を余儀なくされた

工業に関して指摘できる一般的な特徴は、インドがイギリス工業製品の市場として編入されたために、インドの伝統的な手工業が解体したという点に象徴的に示される。それが、最も明確にあらわれたのは、綿工業においてである。

インドにおいては国内の上層・中層階級への供給、さらには東南アジアをはじめとする海外市場への供給をめざした都市部での上質綿布の生産および自己消費を目的とした農村部での零細な粗布生産が古くから行われていた。産業革命が始まる前、インドの綿布生産は、質量ともに世界一を誇っていた。そのうえ、イギリス産業革命以前にあっては、インドは、イギリスに対するキャラコ（＝綿織物）の供給地であった。とりわけ、一八世紀前半は、インドの綿工業にとっては、まさに最盛期であった。

ところが、産業革命の進展の過程で、イギリスの綿製品の輸出は急激に増大していった。そして、最大の輸出先として注目されたのがインドである。一八一四年には、インドからイギリスへの輸出額が、イギリスからインドへの輸出額によって凌駕された。背景には、インドの市場はイギリス製品に広く開放されたのに対し、インド製品のイギリスへの輸出には重い関税が課せられたという事情があった。その後も、インド市場の重要性はいっそう高まった。綿布でいえば、四〇年の一八％から六〇年の三〇％へと上昇した。七三年以降は、インド市場の比重は四〇％を越えた。インドは、イギリス綿業の「救世主」・「安全弁」としての機能を果したのである。「インドはランカシャーの生命線である」という言葉が、そのあたりの事情を端的に示している。

イギリスによるインド市場の獲得は、必ずしも価格競争という経済原則にのみ立脚して達成されたわけではない。むしろ、インドの伝統的な手工業に対するイギリス人による暴力的な破壊行為の帰結とも考えられる。角山栄も指摘しているように、数多くの職人たちが、腕を切り落とされたり、両目をくり抜かれたりしたのである。そのようにして、インドの綿工業、とりわけ都市部での上質綿布の生産は、一九世紀後半には全面的に解体してしまうのであった。キャラコの主産地であったダッカの人口は、一八世紀末の一五万人から一八四〇年頃にはわずか二万人に減少している。職を失った手工業者たちは窮乏化し、農村に殺到した。土地に対する人口圧力が強められ、農村での手工業が破壊されるなど、伝統的な農村におけるバランスも崩れていかざるをえなくなった。

モノカルチャーが形成された

イギリスの統治以前のインド社会は、多くの場合中央に対する貢納徴税の媒介者となる土豪に支配された無数の「村落的共同体」によって構成され、それを土台として中央の専制権力が君臨するという構造をもっていた。それらの共同体は、お互いに独立した閉鎖的な「小世界」を形成していた。イギリス統治の本格化、道路や鉄道の整備は、そのような共同体をただちにかつ根本的に変容させたとはいいがたいが、それなりに大きな変化をもたらした。

まず、「私的土地所有権の導入」と「地税の金納化」によって、それまで貨幣経済とはほとんど接触せず、自給自足を原則とする生活を営んでいた多くの農民たちは、徐々にではあるが、自主的な作物の選択をなしえないままに、生産物の販売や換金作物の栽培をいわば「強制」され、困窮化の道をたどっていった。かなりの自作農が、土地を売って小作農に転落していった。

さらに、きわめて注目すべき新動向としてあげられるのは、主にイギリス人の経営による輸出向け農産物の生産に専門化したプランテーションが多数形成されたことであろう。その性格は、「モノカルチャー」であった。モノカルチャーといっても、インドの場合は広大な亜大陸であるから、作物の種類はけっして一つや二つではなかった。綿花、アヘン、穀物（コメ・コムギ）、ジュート、搾油用種子、アイといったように、それなりに多様であった。しかし、たとえ多くの種類の農作物が認められても、個々の原料や食糧が特定の地域で特定の国への輸出を目的として生産されるという意味で、その性格は、やはりモノカルチャーであった。インド農業全体が多数のモノカルチャーの寄せ集めであったといえようか。

このようにして、農業のモノカルチャー化が進行すると、インド農業は、世界市場と直結し、輸出先となる特定の国の景気変動の影響をもろに受けるようになった。そして、国内の産業に必要な原料を供給し、国民のために食糧を供給するという役割を果たしえなくなったのである。国民の多くが、たとえ飢餓に苦しんでいたとしても、食糧は、彼らを見殺しにして、さっさと海外に輸出されてしまう。「飢餓輸出」という言葉が示すように、飢餓の国で大量の穀物や食糧品の輸出が起こるのも、そのためなのである。

フィリピンのバナナ生産者に関する鶴見良行の考察にあるように、植民地となった国の人々にとっては、いまなお存在する「自分たちで食べるものの生産から食べないものの生産へ」の転換こそが、モノカルチャーの本質といえるだろう。

インフラストラクチャーが整備されたワケとは

植民地経営をイギリスにとってより実りのあるものにするためには、イギリスの方でもそれなりの出費を強いられた。つまり、インドを工業製品の市場や食糧・工業原料の供給地として活用し、宗主国イギリスにとって「優れた植民地」にするためには、鉄道をはじめとして、道路、港湾設備などのいわゆるインフラストラクチャー（インフラ）の創出が必要不可欠であった。一八五三年に開通したボンベイ—ターナー間の鉄道（三四キロ）は、アジアで最初のものであった。ただ、インドにおける鉄道建設を推進する決定的な力となったのは、軍事的かつ政治的要請もさることながら、ランカシャーの綿業資本家たちであったといわれている。

インドの鉄道に関わるいくつかの特徴、たとえば、①内陸相互間の料金よりも、内陸部と港を結ぶ路線のそれがより安く、輸出向けの商品の運搬費が相対的に割安になるという「商品別および路線別の差別運賃制度」の存在、②インド人の支払った税金で、インドにおける鉄道の建設・経営に投資した資本家たちの元本と利子を保証して、彼らの利害を保護するという、鉄道に対するインド財政からの補助の存在、③イギリス本国の事情およびインド財政の状態に照応して鉄道建設の動向が左右されたため、ゲージ（＝レールの幅）が統一されていないことなどの点に、そうした植民地的性格がはっきりとあらわれている。

ともあれ、そのようなインドの存在は、当面イギリス資本主義の発展にとって必要不可欠な条件であったが、インドにとっては、イギリスによる支配のおかげで、今日に至っても自国経済の自立的発展を阻害するさまざまな要素が存続しているのである。ちなみに、インドにおいて、民族資本の興隆が認められ、経済的自立の道が摸索されるようになるのは、二〇世紀の初めに、イギリス製品のボイコット運動が展開され始めるころ、より本格的には第一次大戦期以降のことである。

4　イギリス本国に対する「植民地の報復」

インド統治がイギリス資本主義の発展に決定的な影響を与えたことは、上述の考察から明らかになったと思う。それでは、より一般的にいって、イギリスにとって、インドを含めた広大な植民地の存在が、長い歴史的過程のなかで全面的にプラスに作用したのかといえば、必ずしもそうではない。というのは、「植民地の報復」とでも表現されるべきマイナス効果もまたきわめて大きかったからである。

それは、まず他者を支配することによって常にうみだされる精神的な堕落・腐敗をもたらした。また、中国から茶を購入するために、インドで栽培したアヘンを強引に売りこんだわけであるが、アヘンはイギリス国内においても普及した。それは、中国でみられたように吸う形ではなく、液体のものをそのまま飲んだり、ビールに入れて飲んだりされた。特に、一八八〇年頃と第一次大戦期に二回のピークを経験したといわれている。多数のアヘン中毒患者がでたのである。

それればかりではない。「報復の矢」は、吉岡昭彦も指摘しているように、イギリスの国民経済のなかにも、深くきざみつけられた。①食糧調達の海外依存の強化に伴うイギリス農業の「衰退」、②インドをはじめとする植民地市場にあまりにも依存しすぎたために生じた、コスト削減と製品の品質向上への努力の放棄、およびそれを喪失したときの打撃の大きさ、③植民地という投資家にとっての「甘い汁」が存在したことに伴って生じた植民地投資の活発化と本国における産業投資の相対的縮小化→「産業の空洞化」、換言すれば、イギリスの「レントナー化」（＝金利生活者化）といった特徴が、それである。

総じて、イギリスの植民地政策は、植民地の窮乏化のみならず、同時に、のちにおいて「イギリス病」の一原因と考えられるようになる本国の「レントナー化」という事態をもつくりだしたのである。

第11章 生糸と娘たちによってつくられた日本資本主義

本章のねらい

二〇世紀初めまでに、産業革命を起こし、資本主義を確立させた国々のなかに、日本が含まれている。産業革命を終え、強力な経済力をもった欧米列強の圧力のもとで、アジアの国々がことごとく植民地もしくは従属国になっていくなか、日本のみが自国の資本主義をつくることができたことは、驚くべきことである。ところが、これまでの研究では、そうした事実が過小評価され、どちらかというと欧米の資本主義と比べて、日本資本主義の後進性が強調される傾向があった。それは、世界で最初に市民革命や産業革命を起こしたイギリスが先進資本主義国のモデルであり、それとの比較のなかでドイツや日本といった後発の資本主義国の「後進的性格」を浮き彫りにするという手法がとられてきたためである。背景には、ヨーロッパを基準にして日本社会の後進性を自覚したうえで、近代化・民主化を図ろうという意識があったといえる。

しかし、第二次大戦後に日本が高度成長を達成し、ＧＤＰでもイギリスを凌駕し、経済大国としての評価が高まるに至ってからは、日本経済に対する海外からの見方も大きく変化している。そして、かつての植民地の工業化・開発がメインテーマになっている今日にあっては、川勝平太が述べているように、「なぜ、日本の近代化は不十分なのか」「なぜ遅れているのか」という課題の設定よりも、「なぜ、日本はアジアの近代化の先頭に立ちえたのか」といったテーマの方が、より重要視されつつあるように思われる。

わたし自身の考え方は、こうである。一方の「日本経済の後進性」→「日本の近代化と民主化の必要性」と、他方の「アジアにおける工業化のモデル」という二つの見方は、必ずしも相反するものではない。高度成長期以降の経済を視野に入れず、さらに日本という枠内で考えると、前者に傾きがちになる。逆に、高度成長を視野に入れ、アジア的な視点を強めていけば、たしかに後者の方が説得的になる面がでてくる。むしろ取り組むべき課題との関係で相互補完的に援用することもできるのではないだろうか。また、「生活の質・スタイル」や「環境意識」など、多くの点でイギリスをはじめとするヨーロッパ諸国から学ぶべきことはきわめて多いといえる。ここでは、そうした二つの見方を念頭におきつつ、話を進めたい。

さて、長い鎖国から日本を目覚めさせたのは、ペリーの来航である。それは、徳川幕府を激しく動揺させた。それを契機として締結された一八五八年の日米修好通商条約は、いわゆる「不平等条約」であった。日本は、欧米諸列強による「半植民地化の危機」にさらされた。しかし、日本は、明治の諸改革によって、植民地化をまぬがれたばかりでなく、「後進的な要素」を多く残しながらも、資本主義を確立していったのである。

この章では、①列強の半植民地と化した中国と比較して、なぜわが国は資本主義の形成に一応の成功を収めたのか、②また、それはどのような形で達成されたのか、そして、③形成期における日本資本主義には、いかなる特徴があったのかといった論点について検討したい。

最初に、日本人とヨーロッパ人との「ファースト・コンタクト」ともいうべき鉄砲伝来から鎖国に至るプロセスについて簡単に触れておきたい。

1 鉄砲伝来から鎖国まで

ヨーロッパ人との「ファースト・コンタクト」

ポルトガル人が種子島に漂着したのは、一五四三年のことであった。日本に渡来した最初のヨーロッパ人である。ポルトガル人とのコンタクトは、本朝《ほんちょう》（日本）・唐《から》（中国）・天竺《てんじく》（インド）という「三国《さんごく》世界観」に安住していたそれまでの日本人の視野をいっきに拡大する契機となった。そのときにもたらされた鉄砲は、ただちに国内でも大量に生産されるようになった。そして、鉄砲という強力な武器を十二分に活用することができた織田信長が全国を平定するに至ったのである。

しかし、事態の変化は、その点にとどまらなかった。やがて日本からは銀を輸出し、鉄砲・弾薬・鉛といった軍事物資や中国産の生糸を輸入するという貿易活動が展開されるようになった。また、それと密接に結びついたイエズス会の宣教師を中心とするキリスト教の布教が本格的に開始されるようになった。当初は、ポルトガル・スペインというカトリック国との交易が中心であった。ところが、一六〇九年には当時ヨーロッパで最強の国であったオランダ、一六一三年にはイギリスとの間で国交が開かれ、通商も開始された。信長、豊臣秀吉、徳川家康（一五四二〜一六一六年）、二代将軍徳川秀忠（一五七九〜一六三二年）、三代将軍徳川家光（一六〇四〜五一年）と、為政者が交代するなかで、彼らが共通してもっていたホンネは、キリスト教の伝道に対しては難色を示すものの、外国貿易の恩恵には是非とも、そして、できることなら独占的にあずかりたいというものであったように思われる。

鎖国への道のり

しかし、事態は、彼らの都合のよいようには進まなかった。徳川家の支配体制が強化されるなか、一六二四年にスペイン船の来航禁止、三五年には日本船の外国渡航の禁止が実施された。そして、三七〜三八年の天草と島原でのキリスト教徒を含む大規模な農民反乱を契機として、三九年に打ちだされたポルトガル船の来航禁止などを経て、四一年にはオランダの平戸商館が長崎の出島に移転された。このようにして、オランダおよび中国のみが長崎にかぎって入港することができ、その地で行われる交易活動を幕府が独占的に管理するシステム、つまり「鎖国」体制が完成したのである。ただし、対馬藩をかいして、朝鮮との交易は行われた。

ところで、種子島に鉄砲がもたらされたとき、ヨーロッパで最先端の軍事技術の象徴であった鉄砲は、ただちに日本国内でも生産された。その事実に端的に表現されるように、当時ヨーロッパとわが国の間に存在する技術力の差は、それほど決定的なものではなかった。しかし、鎖国は二世紀以上におよび、その間にヨーロッパでは産業革命が起きた。両者の技術的・生産力的格差は、いまや一目瞭然となっていたのである。そして、その事実を白日《はくじつ》のもとにさらす出来事が起こった。黒船の来航である。

2　開国――ペリーがやってきた

ペリー来航のインパクト

一八五三年七月八日、浦賀沖に二隻の蒸気船および二隻の帆船からなる艦隊がやってきた。蒸気船にも、帆柱がついていたが、それは、まだ蒸気だけで走るのではなく、帆に風を受けて航行する方式を併用していた時代状況を反映している。率いるのは、アメリカ合衆国東インド艦隊司令長官マシュー・ペリー（一七九四〜一八五八年）。五二年一一月二四日にアメリカ東部のノーフォーク軍港を出発。艦内で牛・羊・鶏などの家畜を飼育しつつ、大西洋とインド洋を越え、実に地球の四分の三をまわる航海を経たのちにたどりついた目的地。それが日本であった。来航の目的は、太平洋を活用した中国（清国）との貿易に必要な石炭や水を補給するための寄港地を確保するため、わが国に「開国」を求めるものであった。さらには、「捕鯨王国」アメリカの多くの捕鯨船もまた、寄港地を求めていたのである。捕鯨の最盛期となった四〇年頃には、アメリカだけで、七〇〇隻の捕鯨船が太平洋で操業していたといわれている。土佐湾で嵐に遭遇した万次郎（ジョン万次郎）を救ったのは、アメリカの捕鯨船であった。鯨を捕獲する目的は、鯨油であった。それは、石油の本格的な活用が開始されるまで、重要な照明用の燃料として欧米社会で利用されたのである。

当時の日本には、外洋船は一隻もなく、百トンクラスの船しかなかった。多くの大砲を装備した二四五〇トンの旗艦サスケハナ号をはじめとする黒船の艦隊が、人々の驚き・脅威・好奇心によってむかえられたことはいうまでもない。幕府には、それと戦って撃退するだけの力はすでになかった。ペリーは、慎重にも、開国を求めるミラード・フィルモア大統領（在任一八五〇～五三年）の「日本国皇帝」（将軍）宛の親書に対する返事をすぐには求めなかった。来春もう一度やってきて受け取ると伝えたのち、去っていったのである。九日間の滞在であった。

長崎の出島において交易活動を続けてきたオランダ船および中国船を通じて、四二年にアヘン戦争が清の敗北で終わったこと、その後の東アジアにおける情勢が大きく変化しつつあることなどについて、幕府は、すでに十分知っていた。次に狙われるのは日本かもしれないという危機感さえ、感じていたようである。加藤祐三によれば、老中首座阿部正弘（一八一九～五七年）によって主導される幕府は、アメリカ大統領の親書を広く回覧し、各界から意見を聴取しただけでなく、さらに熱心に情報を集め、国際情勢の現状やペリー来航のねらいについても、おおまかには見当をつけていたと考えられている。

翌五四年二月、ペリーは再びやってきた。今度は九隻からなる大艦隊であった。両国間で贈り物の交換が行われ、やがて締結を余儀なくされたのが、「日米和親条約」（＝神奈川条約）であった。アメリカ側の草案には、「平和・友好・通商」の三要素が入っていたが、最後の「通商」については将来の交渉にもちこされた。戦争による弱肉強食の原則が支配的な一九世紀のアジア世界において、有形無形の「外圧」が存在するとはいえ、日本の開国が、一発の砲弾さえ打ちこまれず、交渉によって達成されたことは、注目に値しよう。

結ばれた通商条約は不平等なものであった

本格的な通商条約となる「日米修好通商条約」は、駐日アメリカ総領事のタウンゼント・ハリス（一八〇四～七八年）が幕府を脅かすなかで、一八五八年七月二九日に結ばれた。彼はいった。アロー号事件を契機とする戦争（一八五六～五八年）で中国が敗北した。その余勢を駆《か》って、イギリスとフランスの大艦隊が通商を求めて日本に圧力をかけてくる。もし彼らがやってくる前にアメリカと通商条約を結べば、戦争を回避するようにイギリスとフランスを説得する、と。

その後、同様の通商条約が、オランダ、ロシア、イギリス、フランスとの間でも締結された。その結果、神奈川（横浜）、兵庫（神戸）、長崎、箱館（函館）、新潟の五港が開港され、資本主義世界とのコンタクトが開始された。それは、「自由貿易」を原則としたために、当初幕府が構想していた貿易の独占は実現されなかった。

この通商条約は、不平等条約として知られている。たとえば、領事裁判権が設定されていたために、在留の外国人の裁判はその本国の領事によって行われた。また、自国の関税率を自主的に決定するという関税自主権が認められてはいなかった。輸入税率は品目によって五～三五％の従価税とされたが、六六年には列強の要求を受けて、大部分の商品は一律五％の従量税に変えられてしまったのである。

自由貿易によって先進資本主義国やアジア諸国との競争を強いられた日本にも、生糸の輸出が急増し、製糸業や養蚕業＝カイコの飼育が大いに発展するというメリットがあった。とはいえ、外国からは「安価な商品」がどんどん入ってくるようになった。そのため、伝統的な在来産業である綿花栽培・綿織物業やサトウキビの栽培・製糖業などは、深刻な解体の危機に直面したのである。なお、幕末にみられた金貨の悪鋳もあって、異常なインフレと社会不安が進行し、幕藩体制が大きく動揺するに至った。

外国人の内地旅行権やアヘンの輸入を認めなかったという点では違いがあるものの、通商条約の基本的性格は、アロー戦争のあとに、中国がヨーロッパ諸列強との間で結んだ「天津条約」（一八五八年六月）のそれと酷似していたといわれている。なお、領事裁判権の撤廃は一八九九年、関税自主権の回復は一九一一年まで待たなければならなかった。

植民地になる可能性もあった

資本主義世界との接触を始動させた日本が背負わなければならなかった条件は、そうした「不平等条約」だけではなかった。第一に、外国船が自由に出入りできた開港地、とりわけ横浜は、あたかもイギリスをはじめとする諸列強の軍事基地のようなものになりつつあった。第二に、外国貿易は、イギリスのジャーディン・マセソン商会、ギルマン商会、アメリカのウォルシュ・ホール商会に代表されるような外国の貿易商社によって独占された。第三には、実際には幕府が倒されてしまったために実現されなかったとはいえ、一五代将軍徳川慶喜《よしのぶ》（一八三七～一九一三年、在職一八六六～六七年）とフランス公使ロッシュとの間で取りかわされた六〇〇万ドルの借款《しゃっかん》契約では、その代償として対日貿易の独占や北海道の森林・鉱山開発権の提供が予定されていた。それらの事例に象徴的に示されるように、わが国が外国の政府・商人・銀行家などに依存し、従属していく可能性はきわめて大きかったように思われる。

それでは、出発点において、非常に似かよった状況下にあったと考えられる日本と中国が、当面まったく異なった道を歩んでいったのは、いかなる理由によるものなのであろうか。

それに関しては、以下のような点が考えられる。

① 幕末期の日本は、いまだ資本主義を自力でつくっていく生産力をもってはいなかったものの、同時期の中国と比較すれば、商品経済がより進んだ段階に到達していた

② 日本は、中国における半植民地化の先例を教訓として活用できた

③ 諸列強は、日本以上に中国・インド・インドシナなどを重視していた

④ 一八五〇～六〇年代において、欧米の諸列強は、いずれも懸案事項を抱え、揺れ動いていた。具体的には、ロシアはクリミア戦争（一八五三～五六年）、イギリスはアロー戦争（五六～五八年）とインドでの大反乱（五七～五九年）、フランスはアロー戦争とインドシナ進出（五八～六七年）、アメリカは南北戦争（六一～六五年）といったように、日本どころではなかったところがある

⑤ 幕府の学問所、藩校、民間の学習塾、寺子屋という四種類の教育組織があり、教育水準も比較的高かった

⑥ 明治政府による中央集権的な国家体制、近代的な官僚制と常備軍の整備、そして「資本主義化政策」がそれなりに「効率的」に実施された

次に、そのような諸条件のうち、⑥の明治政府による改革について考えてみたい。

3 明治政府の近代化改革

財源を確保し、富国強兵を

明治維新が表向きめざそうとしたのは、天皇による「王政復古」であった。そうしたコンセプトのもとで、若い天皇を擁する薩摩・長州・土佐・肥前などの雄藩を核として発足した明治の新政府は、徳川の幕藩体制を解体させたのち、国家の財政的・経済的基礎をかためて、先進資本主義諸国に対抗するため、国家権力の強化をはかったのであった。具体的には、一八七一年の廃藩置県、岩倉使節団の派遣、七二年の土地売買の解禁や農民の職業選択の自由化、七三年の徴兵制や地租改正の実施、七六年の秩禄《ちつろく》処分などのほか、一連の殖産興業政策が行われた。政府主導によるいわゆる「上からの資本主義化」をはかるため、さまざまな政策が次々に打ちだされた。

他方、そうした近代化政策とならんで、国威を万国に知らしめて、国内の不満を海外にそらせるために、朝鮮への侵略が早くも志向されたことを見落としてはならない。すでに七五年には、江華島事件を引き起こし、軍事力で、翌年には「日朝修好条規」(＝江華島条約)を締結させ、朝鮮の開国をはかっている。それは、とりもなおさず諸列強におしつけられた「不平等条約」をそっくり朝鮮におしつけたものであった。

ここでは、近代化政策の財源確保に決定的な役割を演じた地租改正、および近代的大工業や鉱山などの直接的育成を意味する殖産興業政策について簡単に言及しておこう。

まず、地租改正では、①すべての土地に単一の所有者を確定して地券を発行し、田畑については地価を決定して、土地所有者が地租を支払うこと、②全国一律に算定地価の一〇〇分の三を地租としたこと(ただし、反対闘争を考慮して、七七年に地租率の三分から二分五厘への引下げが決定された)、③地租の支払いを現物ではなく金納にすることなどが取り決められた。その結果、近代的な「私的土地所有権」が認知され、明治政府の財源が一応確保された。国税収入に占める地租の比率は、八〇年代を通して五四～八二％と圧倒的な高さを維持していた。高水準の地租は、農民層の没落→地主制の拡大を生じさせた。

明治政府は、欧米から最新の技術を積極的に導入し、鉄道の建設や鉱山の開発を行った。最初の鉄道は、新橋—横浜間であった。七二年に開通している。「お雇い外国人」は大々的に活用されたものの、鉱山・鉄道・造船所などの国家プロジェクトについては、外国人に所有権と経営権を与えることになる直接投資が排除された。現在、途上国では主流となっている直接投資は、一〇〇％外資であれ合弁であれ、ほとんど許可されなかったのである。逆に、製糸・紡績・製糖・造船などの工場を建設し、それらを直接経営した。ただ、官業中心の殖産興業政策は、財政危機をもたらしたこともあって、少しずつ民業重視へと変わっていった。主に八四年から九六年にかけて、多くの官業が、多少なりとも経営の経験をもった有力な「政商」、つまり政治家とのコネクションを使って事業を拡大しようとする事業家に、非常に低い価格で売却されたのである。もっとも、陸海軍工廠《こうしょう》（官営軍事工場）をはじめ、軍事・造幣・精錬冶金・通信印刷などの諸部門は払下げの対象から外されている。八二年には、日本銀行が活動を開始している。

そのようにして、通例「産業革命の開始期」と目される一八八六年から八九年にかけての「企業勃興期」へと、事態は進展していったのである。

4 日本でも産業革命が起こった

産業革命が引き起こされた

わが国における産業革命の時期について、特に終点をいつにするのかという点をめぐっては、いくつかの意見がある。ここでは、綿紡績業、鉄道業、鉱山業などを中心にして展開された企業勃興期に始まり、綿業における機械制大工業の確立と機械などの「生産手段」の自立的生産への展望がえられる日露戦争直後の一九〇七年ごろに至るまでの時期を、ほぼ日本における産業革命期に照応するものと考えている。

さて、産業革命末期における貿易構造を一言でいえば、生糸をアメリカへ、綿製品を中国や朝鮮に輸出し、機械をイギリスおよびアメリカから、綿花をインド・アメリカ・中国から輸入するという内容であった。製糸業と綿業は、いずれも重要な輸出産業であったが、綿業の場合、原料の綿花を海外に依存するため、輸出産業ではあっても外貨獲得産業とはならなかった。それに対して、原料の繭《まゆ》を国内で調達することができる製糸業の場合は、開国から第二次大戦前に至るまで常にトップクラスの外貨獲得産業の地位を占め続けた。換言すれば、戦前の日本経済は、生糸の輸出でかろうじて全体のバランスがとれるような構造になっていたのである。本章のタイトルにも示されるように、生糸は、まさに日本資本主義の生みの親でもあった。

生糸・綿糸・軍艦

わが国の産業革命を主導した製造業の代表格は、製糸業である。石井寛治が指摘したように、綿紡績業が機械制大工業として発展したのに対して、こちらの方は、マニュファクチャー（器械製糸）ないしは小経営（座繰製糸）

として展開した。生糸の輸出量は、一九〇五年にイタリアの生産量を、〇九年に中国の輸出量をそれぞれ凌駕している。日本は、世界最大の生糸輸出国になっていったのである。そうした発展の基礎には、低賃金で雇用される製糸女工が大量に存在し、農家の副業として養蚕《ようさん》業がきわめて広汎に展開したという事情があった。製糸女工のうち多くの部分を占めたのは、農村から出稼ぎにやってくる一五〜二〇歳前後の娘たちであった。彼女たちは、嫁入り前の「口べらし」、もしくは乏しい農業収入だけでは家計が苦しいので、それを補うための賃金を稼ぐために、製糸女工になったのである。農村が製糸業に対して提供したのは、単に労働力にとどまらなかった。原料の繭もまた、いうまでもなく農村からもたらされた。桑の栽培と養蚕は、日本の農村では非常に高い普及率を示した。一八九九年、全国の農家のうち四軒に一軒がカイコを飼っていたといわれている。

次に、綿業は、国民の衣料の基本的部分を提供する生産部門としてきわめて大きな比重を占めた。最初はミュール紡績機が主力であったが、急速に最新鋭のリング紡績機へと重心が移っていった。後者の方が作業効率は高かったし、熟練もさほど必要ではなく、非力《ひりき》な女性でも十分操作できた。それゆえ、労働力として、賃金の安い若い娘たちが大量に雇用されるようになった。一八九七年における全国の紡績労働者の七七%は女工、さらに女工の七〇%が二〇歳未満の娘たちであったのである。

重化学工業に目を移せば、軍事工業、特に造船部門と兵器製造部門の発展が確認できる。すでに、八〇年には「村田銃」という日本独自の小銃の開発が行われている。一九〇五年には、造艦技術が世界水準に達し、一二年以降は外国への戦艦の発注がなくなっている。

しかし、特記すべき製造業は、ここまでであった。それ以外の部門は非常に未成熟であった。たとえば、製鉄業については、一九〇一年に官営の八幡製鉄所が操業を開始しているが、日本全体の鉄の生産量は、ヨーロッパの中小国なみでしかなかった。そのため、一九世紀後半におけるヨーロッパ諸国での工業化に対して決定的なインパクトを与えた鉄道建設も、わが国にあっては産業革命の推進力とはならなかった。また、機械工業や化学工業の部門でも、その立ち遅れは、著しかった。このころの日本は外国の技術と輸入機械に大きく依存していた。それらが本格的な発展をみせるのは、両大戦間期以降のことである。また、「メイド・イン・ジャパン」は、この時期はもちろんのことであるが、戦後の高度成長期に至るまで安物の代名詞にすぎなかった。ただ、興味深いことに、工場内で油にまみれて働くエンジニアは、大野健一が触れているように、ヨーロッパ諸国ではあまりハイクラスの職業とみなされない風潮があるのに対して、日本の大学卒業者は、そうした生産現場での作業にも大いなる情熱を発揮したといわれている。

5　形成期における日本資本主義の特徴

国家の強力な保護のもとで資本主義の育成がなされた

以上述べた形成期における日本資本主義の特徴を最後に整理しておこう。

第一に、国家の強力な保護育成政策のもとで、「上からの資本主義化」が行われた。イギリスのような「ファースト・ランナー」ならいざ知らず、「セカンド・カマー」と呼ばれる後発の資本主義国における資本主義形成にあたっては、いずれの国でも国家の保護政策がみられた。ところが、「不平等条約」を押しつけられ、しかも多くの資本主義国ではごくあたり前の現象であった外国資本への依存を極力避けたいという政策的な意図のもとで、資本主義化が行われた日本の場合、初期の直接的保護・介入からのちの間接的保護への変化が含まれるとはいえ、国家の役割には、まさに決定的な重みがあった。江見康一の推計にしたがえば、総資本形成額に占める国家資本（軍事投資を含む）の比重は、一九〇〇年には五二％に達している。

第二に、封建的な諸関係を撤廃する「土地変革」が行われなかったので、農村では古い諸関係が存続した。家族労働を主体とした小規模経営という枠組みも変わらなかった。しかし、それにもかかわらず、従来支配的であった人力による浅耕、常時湿田、少肥といった特徴に代わって産業革命期には畜力による耕作、湿田の乾田化、購入肥料の増投といった、「明治農法」と呼ばれる技術変革が行われた。生産性の向上もはかられた。その結果、国内で消費される食糧は、ほぼ自給されていたのである。

それゆえ、封建的な要素を多分に有した農民経営が広く残されていたとはいえ、そうした農民経営と資本主義の間には、それなりに「合理的な」次のような相互依存関係が成立していたと考えられる。

① 農民たちから徴収された地租をはじめとする「租税」は、国家の資本主義育成政策の財源として大いに利用された

② 小作農が地主に納めた「地代」は、地主の農外投資によって、さまざまな企業・銀行・鉄道への投資や公債の購入という形で、資本主義のメカニズムのなかで活用された

③ 高額の租税や地代の支払いに困った農民たちにとって、農業労働以外にもなんらかの補充収入を確保することが必要不可欠な行為となった。それは、製糸業や綿紡績業に代表されるような資本主義的工業部門に対して「安価な労働力」を提供する「出稼ぎ」としてあらわれた

第三に、外圧への対抗、国内における反対勢力の弾圧、海外への侵略などのために、軍事的色彩を色濃くおびていた。そのため、侵略と戦争がたえず引き起こされる形で、資本主義が発達し、植民地が拡大していった。たとえば、日清戦争（一八九四〜九五年）によって、九七年の金本位制への移行を可能にさせるという役割を演じた約三億五〇〇〇万円の賠償金を獲得したうえに、台湾を領有した。さらに、日露戦争（一九〇四〜〇五年）によって、朝鮮半島を事実上その支配下におき、サハリン南部（南樺太）の割譲、大連と旅順の租借権、満州における鉄道を

めぐる膨大な権益などを獲得した。一九〇六年には、南満州鉄道株式会社（満鉄）が設立され、その保護を名目として、「関東軍」の活動範囲が「南満州」全域に広げられた。このようにして、日本は、アジアで唯一の帝国主義国となったのである。ところで、明治政府は、近代化を推進するとともに、自分たちの権威を昔からの伝統に求めようとした。イアン・ブルマが述べているように、その解決策は、ドイツの政治理論を日本神話に接ぎ木することであった。そのため、旧時代の武士道徳を賛美し、「忠誠・命令遵守・服従の精神」を育てる教育が意図的に行われた。結果として、天皇制や軍部による統制を受容する精神的な土壌がつくりだされたのである。

第四に、財閥が、資本主義の発展に大きな役割を演じた。それは、政商活動（①公金を取り扱う特権を与えられた金融業者の三井と安田、②御用達業者の大倉と藤田、③特権的な保護を受けた海運業者の三菱）および鉱山経営（産銅業者の住友と古河）を基礎とする同族経営として出発し、やがて官業払下げのチャンスを生かして経営の多角化を進め、のちには金融・商業から一部の重化学工業に至るまでの幅広い部門を傘下におさめていった。

第五に、製糸業における女子労働者の生活事情を描いた『ああ野麦峠』に示されるように、苛酷で劣悪な条件のもとで一日に一三〜一六時間という長時間労働を余儀なくされた「安価な女子労働力」の存在は、コストを削減して国際競争力の強化をはかろうとする日本資本主義の発展にとって必要不可欠な前提条件であった。明治時代にあって、工場労働者のなかで女子の占める比率はきわめて高かった。一九一〇年では六二・五％にも達していたのである。もっとも、山本茂実も指摘したように、製糸工場に働きに行く彼女たちにとって、工場での待遇は非常にひどいものではあったが、彼女たちが育った家庭よりはまだましな部分もあった。そこに、わが国の農村の「底しれない貧しさとみじめさ！」があらわされている。娘たちは、貧しい両親の生活の改善に少しでも貢献したいという一心で、苦労しながら工女として働いた。が、彼女たちがつくりだした生糸はアメリカに輸出され、外貨を獲得するための最も重要な手段になっていたのである。

第12章 マフィアはどのようにして巨大な犯罪組織になったのか

●本章のねらい

一国の経済力を示す指標に、ＧＤＰ（国内総生産）がある。あらゆる経済活動の成果は、そのＧＤＰに集計されることになっている。しかしながら、「地下経済」と称される非合法な経済活動については、一切カウントされていない。麻薬、賭博、売春、武器の密輸、闇金融、脱税、不法就労、闇労働……など、公式統計ではけっしてとらえることができない世界があるのだ。それらのＧＤＰに占める比率は、どの程度なのであろうか？　正確な数値を推定すること自体、困難をきわめるが、エリック・シュローサー『巨大化するアメリカの地下経済』（二〇〇四年）は、ＥＵでは一二・五％（イギリス）から二七％（イタリア）の範囲、ロシアで四五％、ボリビアで六五％、ナイジェリアでは実に七六％という数値を紹介している。アメリカについては、一九九四年の推定値九・四％をあげている。途上国や市場経済への移行国では、大変高くなっている。先進国では、相対的には低いものの、一〇％前後を超える莫大な金額が経済指標に反映されないという事実はきわめて重い。しかも、地下経済と「公式の経済」との境界線があいまいなものになりつつあるというのが、近年の傾向である。したがって、経済活動の全貌を知るためには、オモテの社会のみならず、ウラの社会にも言及することが欠かせない作業となるのではなかろうか。両者は、同じ社会の二つの側面、「光と影」にほかならないからでもある。

ところで、地下経済を動かしているのは、いったいだれなのであろうか？　それらの担い手をすべて犯罪者と同一視することはできないが、その一翼を担う存在として、マフィアと呼ばれる巨大な犯罪組織があることは、よく知られている。日本の「やくざ」のように、国ごとに呼び名が異なるものの、暴力団とか、犯罪組織の類《たぐい》は数多く存在する。いまでは、そうした犯罪組織がしばしばまとめられて、「マフィア」というお馴染《なじ》みの言葉で表現されている。

では、元来、マフィアとはいかなる組織だったのであろうか？

結論を先に述べると、マフィアとは、地中海のほぼ中央部に位置し、長靴の形をしたイタリア半島の南にあるシチリア島でうまれ、アメリカに「輸出」され、当地で巨大な犯罪組織＝ギャングに成長し、やがて世界中で暗躍する「犯罪組織の代名詞」的な存在になっていったものである。しかし、本家本元のシチリア・マフィアは、当初からそのような性格をもった犯罪組織ではなかった。シチリアの農村部における独特な生活環境のなかからうまれた小さな地方的組織にすぎなかった。ところが、それが、映画『ゴッド・ファーザー』で描かれたような巨大な犯罪組織になっていくのである。そのプロセスは、実にドラマティックだ。まさに、歴史の興味深さを満喫できる素材なのである。

この章では、一九世紀から二〇世紀にかけての史的展開のなかで、少しずつ変貌していったマフィアの姿をあとづけたいと思う。そして、その作業のなかで、①一八六一年の国家統一、②一八九六～一九一四年のイタリア産業革命、③一九二二年に始まるムッソリーニ主導下のファシズム体制、④第二次大戦と戦後の復興、⑤一九五三年から六三年にかけての高度成長へとつらなっていくイタリア社会・経済の歩みを特徴づけるいくつかの画期が、マフィアの歴史にどのように反映しているのかを検討したい。

そして、あなたには、「ものごとが移りゆく様子」をしかと鑑賞していただきたいと思っている。

1　マフィアはシチリアの片田舎でうまれた

マフィアは、一九世紀にシチリアの粗放的な農業地帯でうまれた

マフィアの故郷であるシチリアの歴史を特徴づけたのは、長きにわたって「ヨソ者による支配」が続いたことである。中世以来アラビア人、ノルマン人、ゲルマン人、フランス人、アラゴン人、そしてスペイン人というように、常に外国の支配者によって虐げられた人々は、為政者の保護を期待することもできなかった。イタリア北部のサルデーニャ王国の主導で達成された、一八六一年の国家統一（＝イタリア王国の成立）も、シチリアの人々にとっては、「ヨソ者による支配」にほかならなかった。人々は、公権力に対していつも不信感を抱いていたのである。そうした心情も、マフィアをうみだした要因の一つといえるだろう。

マフィアの起源や語源については、いろいろな説があるが、実体のある組織として登場したのは、一九世紀になってからのことである。ただ、同じくシチリアといっても、マフィアが認められるのは、島のほぼ西半分にあたるパレルモ、トラパニ、アグリジェントなどである。東部ではみられない。マフィアが存在したのは「ラティフォンド」と呼ばれる独特な大土地所有制度が強固に存在する地域とほぼ一致している。古代にあっては、シチリアは、緑に囲まれた「ローマの穀倉地帯」として知られていたが、その後の森林破壊のために、いまでは荒涼とした裸の荒地になり果ててしまっていたのである。

ラティフォンドとマフィアの関係を整理すれば、以下のようになる。マフィアは、そうした条件のもとでうまれ、そして少しずつ発展していったのである。

①　樹木によっておおわれることがない荒地が広がり、そこで許されたのは非常に粗放的な穀作と牧羊のみであ

った

② 土地所有者の多くは、パレルモ、ローマ、ナポリなどの都市に住む「不在地主」であった。そのため、実際の「所領」の管理・経営は、地主から土地を借りて、それを第三者に又貸しして小作料を獲得する「農場管理人」によって行われた

③ マフィアの中核となった人々は、「ガベロット」と呼ばれる農場管理人であった

④ 人々の圧倒的な部分は、小高い丘や山のうえにある町・村に集住していた。水はけの悪い平地部ではマラリアのリスクがあったためである。農民たちは、自分の耕地に行くためには、毎日長い道のりを歩かなければならず、その結果「農業の集約化」はその面からも大きく阻害された

⑤ 町・村を一歩でも離れると、そこは山賊や盗賊が横行する世界であった。治安の悪さには定評があった。そのため、ガベロットたちは、各地でならず者を集め、自警団的な武装集団をつくった。マフィアの起源となるのは、そうした武装集団であった

⑥ 近代的な大工場はもちろん、集約的な農場もなく、働く機会がきわめて限定されていた。慢性的な失業状態にあった人々に対する雇用の配分を通じて、「村の顔役」と農民たちの間で一種の親分・子分的な関係が成立しやすかった

農村マフィアのビジネスと考え方

マフィアは、しばしば暴力と脅迫をもちいて、さまざまなやり方でカネもうけに励んだ。盗難に悩まされる農民たちの苦境につけこんで、羊などの家畜やブドウ畑を「保護」してやる代償に、「所場代《しょばだい》」を獲得した。盗難が発生すると、盗んだ人と盗まれた人の間に介在して、事件を迅速に解決し、双方から手数料を徴収した。被害者は、

警察に届けても、盗品がもどってくることはまれであったために、手数料の支払いを覚悟しながらも、より確実なマフィアの仲介に期待した。ガベロットたちは、しばしば地主たちに対して、自分の子分を監視人として雇うように脅迫した。要求を拒否した地主は、オリーヴの木が切り倒されたり、家畜が殺されたり、家が焼かれるなどの被害をこうむらざるをえなかった。

そのほかにも、商人たちの活動の安全を保証することによって、「上納金」をせしめた。家畜泥棒、家畜や農産物の販売、タバコの密輸、誘拐、硫黄鉱山、建築業、聖遺物の偽造と販売、就職の斡旋などのあらゆる活動が、マフィアの関与するところであった。ちょっと変わったところでは、屋外にいる青年が室内の娘に愛を告白する間、邪魔されないように見張り役を務め、「ローソク代」と称される手数料をかせぐこともあった。

「名誉ある人間」といわれた「マフィオーゾ」（＝マフィアの団員）は、少なくとも表向きは質素な暮らしを維持するのが常であった。彼らは、概してひかえめで、鉄のような自制心をもっていた。組織への服従は絶対的であった。その代わり、いかなるときでも、彼らは、組織によって保護された。警察に訴えることは、マフィアが最もさげすんだ行為であった。「オメルタ」（「見ざる、聞かざる、いわざる」という沈黙の掟）こそ、マフィアの心情なのである。身内の者が殺されると、組織をあげて、たとえ何年かかっても確実に、血の復讐劇が演じられた。そのような行為は、マフィアの世界にあっては、「名誉」であり、「男らしさ」として大いに評価された。それは、伝統的社会にみられた家父長的な倫理観に支配された独特な「ファミリー」の世界であったといえよう。

こうして、彼らは、既成の公権力や法の権威がおよばない領域を各地でつくりあげていった。しかし、ヨコのつながりがあるわけではなかった。ローカルな秘密結社的な小組織にすぎなかった。ところが、一八八二年の選挙権の拡大や一九一三年における成年男子全員に対する選挙権の付与を契機として、選挙時の票のとりまとめをとおして次第に政治家との間で「相互依存関係」が成立するようになった。そして、第一次大戦の頃には、ヴィート・カッショ・フェッロ（一八六二〜一九三二年）、あるいはドン・カロという異名をとるカロージェロ・ヴィッツィーニ（一八七七〜一九五四年）のような大ボスが出現している。ただ、第二次大戦後と比べると、彼らのビジネスに対する介入は、微々たるものにすぎなかった。

「農村マフィア」といわれた時代のマフィアは、ほぼ以上のようなある種の「共同体的な性格」をもっていたと考えられる。

産業革命の恩恵から取り残された人々にとって、救いの道は海外への移民であった

一八九六年から一九一四年にかけて、イタリアでも産業革命が起こった。しかし、後進資本主義国にありがちなアンバランスな経済構造を伴うものであった。イタリアの場合、そのアンバランスさは、南北間の著しい経済格差という形であらわれた。すなわち、イタリアの各地にまんべんなく近代的な大工場や大農場が形成されたわけではなかった。急速な経済発展は、イタリア北部にある「工業三角形」地域、つまりミラノ、トリノ、ジェノヴァという三つの大都市とその周辺部に限定されたからである。また、産業革命によって、イタリア資本主義が確立したといっても、その時代の生産力は、それほどパワフルなものではなかった。そのため、シチリアを含めたイタリア南部では、粗放的な穀作と牧羊を中心に営まれてきた農業経営が改善されることはなかった。近代的な大工業が新たに移植されることもなかった。その結果、「南部問題」という言葉に示されるように、イタリア南部は、貧しい地域のまま残された。

貧困に苦しめられ、近代化の波から大きくとり残された南部の人々に開かれた一つの脱出手段は、海外への移民であった。多くのイタリア人は、アメリカやアルゼンチンなどの国々に移民となって流出していった。そして、そうした移民のうち、アメリカにわたったマフィア的な行動規範を有したシチリア人の影響のもと、アメリカ・マフ

ィアの基礎をつくりあげた人々が登場するのであった。シチリアの地方的な現象にすぎなかったマフィアが、いまや移民の流れに乗って国際的な広がりをもつようになるのであった。

2　マフィアはアメリカで巨大な犯罪組織になった

モーリ知事がマフィアに対して行った凄惨な弾圧

順調に勢力を伸ばしてきたマフィアが最初に出会った困難。それは、一九二四年五月に起きた。すでに二二年一〇月の「ローマ進軍」によって政権の座を獲得していたベニート・ムッソリーニ（一八八三年〜一九四五年）が、パレルモの近郊にあるピアーナ・デイ・グレーチの町を訪問したことを契機として始まった。というのは、マフィアのボスであると同時に、そこの町長を務めるドン・チッチョ・クッチャの「尊大な態度」に腹をたてた独裁者ムッソリーニが、チェーザレ・モーリ（一八八〇〜一九四二年）に命じて、本格的なマフィア退治を実施したからである。

「鉄の知事」という異名をもったモーリは、マフィアを国家の敵とみなして、徹底的に弾圧した。犯罪をおかしたマフィアをかたっぱしから検挙し、残酷な拷問によって自白を強要し、牢獄に入れた。クッチャも例外ではなかった。また、若い頃にアメリカにわたり、無数の犯罪をおかし、そのためになんども投獄の危機に直面したにもかかわらず、目撃者があらわれなかったために、のがれ続けてきたヴィート・カッショ・フェッロも、逮捕された。このようにして、二七年五月、ムッソリーニは、マフィア退治は完了したと宣言するに至ったのである。

一連の弾圧によって、マフィアが、かなりの打撃を受けたことを否定するのはむずかしい。しかし、徹底的な弾圧にもかかわらず、マフィアは、根絶されなかった。抜け目のない上級のメンバーは、うまくファシスト党に入党したり、アメリカに移住したりして、モーリの追及をのがれることに成功した。ムッソリーニが根絶できなかった毒の芽は、のちに新しい条件のもとで再び開花するのであった。

「マーノ・ネーラ」から「コーサ・ノストラ」へ

近代化の恩恵からみはなされた貧しい多くのイタリア人が新天地を求めてアメリカなどの海外諸国に向かったことは、さきに指摘したとおりである。しかし、彼らの運命は、それぞれの受け入れ国においてもけっして安泰ではなかった。

なかでも、ワスプ（WASP）によって支配されるアメリカ社会においては、英語をほとんど理解しない彼らのような「新移民」の待遇は非常に悪かった。ワスプとは、ホワイト（白人）、アングロ・サクソン系、プロテスタントのことである。法律も、彼らに味方してはくれなかった。したがって、少数派として虐げられた南部イタリアの出身者のなかから、移民としては「先輩格」にあたるアイルランド人やユダヤ人が行ったように、相互に助けあいながら自己防衛をはかる犯罪組織が形成されるようになったのは、ある意味では自然のなりゆきであった。

そのようにして、ニューヨークの通称「リトル・イタリー」のスラム街において、「マーノ・ネーラ」（「黒い手」の意味）と称される犯罪組織がうまれた。アメリカにおけるマフィアの誕生である。彼らは、「所場代・保護料」の要求のみならず、闇賭博、闇馬券、売春婦の「保護」などへと活動分野を広げていった。麻薬については、まだビジネスの対象外であった。

アメリカ・マフィアがアイルランド系やユダヤ系のギャングを圧倒して興隆の基礎を築きあげたのは、皮肉なことに、一九一九年に制定された禁酒法によってであった。清教徒（ピューリタン）主義の敬虔《けいけん》さのあらわれともいうべきこの法律は、アルコール飲料の製造・輸入・販売を禁止するものであった。ところが、飲酒の楽しみという長年の習慣を変えることはむずかしく、密造酒がはびこることとなった。マフィアは、禁酒時代（一九二〇～三三年）にあって、ウィスキーの密輸・密造や賭博によって多くの富を蓄積したのである。血で血を洗うギャング同士の殺し合いのなかで生き残り、二九年二月一四日の聖ヴァレンタイン・デーの大虐殺の当事者としても有名になったのが、シカゴの暗黒街の支配者アル・カポネ（一八九九～一九四七年）である。彼の両親がシチリアではなくナポリ出身であったため、シチリア系のマフィアには属さなかったものの、マフィアに関するイメージ形成にカポネが大きな役割を演じていることは、たしかである。

ただ、マフィア史上最も重要な人物はといえば、やはりラッキー・ルチャーノ（本名サルヴァトーレ・ルカーニア、一八九七～一九六二年）というべきだろう。彼は、三一年に、なんでも殺し合いで決着をつけようとし、狭い地縁主義的性格によって時代遅れとなりつつあった旧世代のボスたちを始末し、ムダな殺し合いを避け、組織の近代化・活性化をはかったのである。それによって、従来の「マーノ・ネーラ」を新たに「コーサ・ノストラ」と呼ばれる全米のマフィア組織をたばねる組織に改組する立役者となった。コーサ・ノストラは、「われわれのこと」「俺たち男の問題」という意味である。また、彼は、バグジーこと、ベンジャミン・シーゲル（一九〇六～四七年）に依頼して、ラスベガスでのカジノ建設に着手した男としても知られている。バグジーは、ハリウッドに娯楽産業を築き、映画会社に対して大きな影響力をもった人物でもある。二〇～三〇年代にあって、フランク・シナトラ（一九一五～九八年）に代表されるようなイタリア系アメリカ人の芸能人・歌手にとって、マフィアは有力な後ろ盾だったのである。

このように、いったんシチリアから「輸出」されたマフィアは、アメリカで成長し、本家本元の「農村マフィア」とは異なった特徴を備えることになった。そして、アメリカで成立したいわゆる「都市型のマフィア」が、今度は、第二次大戦末期にシチリアに「逆輸入」されることになるのであった。そうした事実自体に興味がそそられるが、その導入のプロセスにも、これまた驚くべきオペレーションが関わっていたのである。というのは、連合軍によるシチリア上陸作戦に際してマフィアの援助が行われ、それを一つの契機としてシチリア・マフィアの再興が達成されたからである。しかも、そのオペレーションのコーディネーター役を務めたのは、ラッキー・ルチャーノその人であった。

3　第二次大戦後、シチリア・マフィアも変貌した

アメリカの支援のもとマフィアは再び息を吹き返した

一九四三年七月の連合軍、特にアメリカ軍によるシチリア上陸作戦が成功した背景に、アメリカ海軍情報部の要請に基づいて行われたアメリカとイタリア両国のマフィアの協力があったことは、いまでは広く知られている。刑務所に服役中のラッキー・ルチャーノとシチリアにいたマフィアの大ボス、カロージェロ・ヴィッツィーニとの連携プレーが功を奏したのである。

アメリカ軍とマフィアの協力体制は、上陸作戦の完了とともに終わったわけではなかった。なぜならば、上陸作戦に協力したヴィッツィーニやジュゼッペ・ジェンコ・ルッソをはじめとする多くのボスたちが、反ファシズムという基準によって、連合軍の占領下で各地の町長に任命されたし、駐留軍の司令官もまた、マフィアの力を借りて占領政策を進めたからである。その結果、ムッソリーニのマフィア撲滅作戦による打撃から立ち直ったばかりではなく、マフィアのボスたちは、いまや町長という統治者となり、地方政界からさらには中央政界の一部にも深く浸透していった。

そのうえ、戦後の混乱下にあったシチリア、なかでもパレルモは、マフィアにとって格好の活動舞台であった。

とりわけ、「建築ブーム」に伴う建設業の発展は、マフィアによって支えられていたといわれている。

また、アメリカ帰りの犯罪者がもたらしたアメリカ流のやり方が浸透していくなかで、シチリア・マフィアの性格が少しずつ変化していったことを見落としてはならない。つまり、①マフィアの存在基盤の農村から都市への移行、②その暴力的犯罪集団への転化、③かつての「名誉を重んじる男」たちの集団という性格の希薄化がそれである。その結果、各地で伝統的な農村マフィアとアメリカ流の「新興マフィア」との間の抗争事件が、引き起こされるようになった。ただ、そうした新興マフィアがマフィアの主流になるためには、農村マフィアの典型的な大ボスであったヴィッツィーニの一九五四年の死去に端的に示されるように、「世代交代」が進行することが必要であった。と同時に、マフィアを取り巻くイタリア社会・経済のあり方が大きく変化していくことがなによりも不可欠であった。

高度成長に伴って、マフィアはいかなる変貌をとげたのか

戦後の混乱が一段落した時期、一九五〇年代から六〇年代にかけて、多くの先進工業国は、程度の差はあれ高い経済成長率の伸びを記録した。イタリアも、例外ではない。五三年から六三年にかけてしばしば「奇跡」と称された高度成長を経験している。そして、高度成長に伴う可処分所得の向上やビジネスチャンスの拡大によって、マフィアも、その性格を大きく変えていった。そうした性格の変化は、次の二点にまとめることができる。

第一に、すでにアメリカ・マフィアの影響下で始動していた傾向、つまりシチリアの農村に基礎をおいた農村マフィアからイタリアでは新しい型ともいえる「都市マフィア」への移行が現実のものになった。その根底には、二つの事情があった。一つ目は、伝統的な農村マフィアの経済的基盤であったラティフォンドが解体過程に入り、農村の経済的地位が大きく後退したことである。それを促進したのは、五〇年から始まった農地改革による打撃、お

よび北部の工業地帯を中心として展開された高度成長に伴う「農村からの人口の流出」→「労働力の喪失」である。二つ目は、高度成長の過程で進行した都市化現象、および五〇年に開始された南部開発政策の波及効果で生じた「建設ブーム」が、マフィアをしてパレルモをはじめとする都市に引きつけるきっかけとなったことである。

第二に、上記の点と関連して、マフィアの活動が、シチリアの中心都市であるパレルモはもちろんのこと、シチリア西部・中央部という伝統的な地域的枠組みを越えて、それまでほとんど展開されなかったミラノやローマなどの大都市にも広がっていった。それらの都市では、ゆすりやたかりなどの犯罪行為が日常化するようになった。マフィアの活動の大都市への拡大の背景には、高度成長に伴って生じた工業地帯や行政機関をかかえる都市に向けてのシチリア人をはじめとする南部イタリア人の大量の人口移動という現象があった。

麻薬ビジネスを本格化させたマフィア

一九五〇年代には、マフィアにとって、麻薬は、依然として決定的に重要な収入源としてみなされてはいなかった。麻薬のトラブルに巻き込まれて政府や警察の反感を買いたくはなかったし、麻薬を求める社会的ニーズも、まだそれほど大きなものではなかったからである。

高度成長が行きづまった六〇年代後半、イタリア経済は深刻な危機をむかえることになるが、そのころ流行したビジネスは「人質誘拐」であった。また、七〇年代中葉までには、「おおがかりなタバコの密輸」によって、マフィアのふところは、かなり豊かになっていたといえる。ちなみに、シルヴィオ・ピエルサンティは、アメリカ・マフィアとは異なって、イタリア・マフィアは、いまでも売春と賭博には手を染めていないと述べている。

ところが、七〇年代が進行するにつれて、麻薬ビジネスのウエイトが高まっていくことになった。背景としては、高度成長による可処分所得の向上、七〇年代におけるさまざまな解放運動の展開やヒッピーブームによる向精神薬の使用の増大があった。さらに、めまぐるしい社会の変化や常に何かに急き立てられるような圧迫感やストレスを感じながらの生活が恒常化していることも、麻薬に対するニーズを拡大させたのである。

そうした流れを受けて、七〇年代後半以降になると、マルセイユに代わって、新たにシチリアが世界の麻薬の中継基地となった。トルコや中東のアヘンを精製したヘロインの密輸を独占していたフランス人主導の「フレンチ・コネクション」からイタリア・マフィア主導のいわゆる「ピザ・コネクション」への転換である。

以後、マフィアの活動のなかで、麻薬の占める比重がきわめて高くなっていった。ただ、麻薬ビジネスへの本格参入は、以下のような点で組織の動向を大きく左右するものとなった。

一点目として、麻薬ビジネスには、麻薬を加工する者、世界中に運ぶ者、税関の内部検査を回避させる者、末端で販売する者、不法に受け取ったお金をロンダリングで、「普通のお金」に換える者といったように、外部者との協力やグローバルな規模でのネットワークが不可欠となる。どうしても、組織内のメンバーだけでは完結しえないしくみが必要になる。その分、ビジネス全体に対する組織の統率性が薄められやすくなった。

二点目として、麻薬の取引きで得た利益は、いったん銀行に預けられ、いわば「洗浄」されたのちに、合法的な事業や投資に回されるようになった。なかには企業家に転身した者もいた。そのため、非合法活動と合法活動の境界線が不明確になったのである。

三点目として、麻薬ビジネスの利益率が非常に高いことから、マフィアのファミリー間で、あるいは同じファミリー内部で、豊かな資金の獲得をめぐって血なまぐさい抗争事件が多発するようになった。

四点目として、麻薬ビジネスの拡大は、政府や世論の非難や反撃を引き起こし、それを取り締まる側との抗争を激化させた。その結果、取締りにあたる警察の要人、判事、国会議員などに対しても、容赦のない攻撃が加えられるようになった。かつては、捜査官を殺せば、捜査当局による反撃が厳しくなるという理由で、手を出さなかったのが、巨額の麻薬収入に目がくらんで、暴力依存の体質が強められた。

その種の職業人にマフィアが直接手を下すことは、従来はそれほど多くはなかった。ところが、いまでは日常的に行われるようになった。マフィア対策の中心的推進者の一人で、八二年に制定された「反マフィア法」の原案作成者でもあった共産党のピーオ・ラ・トッレ下院議員の殺害（八二年四月）や、極左のテロ・グループ「赤い旅団」の創始者を逮捕したことで大きな功績をあげ、マフィア対策の最高責任者となったカルロ・アルベルト・ダッラ・キエーザ将軍の殺害（同年九月）は、その代表例であろう。もっとも、そうした権力への挑戦がいっそう前面にあらわれるようになってくると、国家による取締り、世論の批判・抗議がより厳しくなる。自分で自分の首をしめるという結果を招く可能性がないわけではない。

五点目として、暴力志向の強化は、かつてマフィアの伝統であった「沈黙の掟」さえも軽視してしまう風潮をうみだした。その結果生じたのが、内部告発である。アメリカにあっては、六三年にコーサ・ノストラの幹部であったジョー・ヴァラキが、当局側にねがえり、アメリカ上院の犯罪調査小委員会で証言している。イタリアでは、八四年七月に、トンマーゾ・ブシェッタというマフィアのボスが、警察に協力して、マフィアの内幕を暴露している。それらの事実は、マフィアがかつてのような「名誉を重んじる男」たちの集団ではなく、いまやカネによってのみ動く殺人者集団に完全に変質したことを象徴的に示している。

ブシェッタの証言を一つの契機として、八六年二月には、ルチャーノ・リッジョや、ミケーレ・グレーコ、ピッポ・カロなど、組織の中核にいた大ボスたちを含む四七四人（のちに四七六人になる）を被告とする「マフィア大裁判」が開始された。そして、九二年一月に、日本の最高裁判所に当たる破毀院《はきいん》での判決では、一九名のボスが終身刑を言い渡された。合わせて、二二六五年の刑期となったのである。

たしかにマフィア大裁判は、イタリア・マフィアにとって大きな打撃になった。しかし、九三年以降、内部告発や外部からの侵入者を防ぐために、組織のスリム化が図られている。最高幹部会による指令も行われている。イタリア・マフィアは、しぶとく生き続けている。ちなみに、二〇〇〇年一一月のイタリア商業総連盟の報告では、イタリア・マフィアの収益は、同国のGDPの約一五％に相当する八三四〇億ユーロに達している。マフィアが所有する資産はイタリア全資産の六～七％に当たるそうである。

4　アメリカ・マフィアも変化しつつある

アメリカ・マフィアの変貌

最後になったが、第二次大戦後のアメリカ・マフィアの動向についても、簡単に触れておきたい。一九六〇～七〇年代に、マフィアの「傾向的衰退」が指摘されたことがある。その背景としては、①かつてのボスたちが死んでしまったり、投獄されたりして、もはや大きな影響力を行使できなくなったこと（＝「組織の老化」）、②彼らの息子たちの多くが、かたぎの生活をおくるようになったこと、③イタリア系アメリカ人は、いまではほぼ完全にアメリカ社会のなかに同化し、かつてのように差別されなくなったので、イタリア系アメリカ人の組織としてのマフィアはもはや独自の存在理由をもてなくなったこと、④黒人やプエルトリコ人などの新興グループが台頭してきたこと、⑤利益の多い麻薬に深く関与することによって、自らの首を締めてしまう危険に直面したこと、つまり麻薬に対する国家の取締りが強化され、大きな打撃を受けたことなどがあげられよう。

しかし、かつてのような全盛時代とはいえないものの、ニューヨークの五大ファミリーに示されるように、依然としてイタリア系マフィアは存在し、最高幹部会も健在である。いまでも、麻薬、売春、ゆすり、詐欺、高利貸し、ポルノ、それに伝統的な労働組合の支配、そして、近年の活動としては、株価操作による株がらみのビジネスなども大きな収入源になっている。

マフィアによって一つの完成形態が示された組織犯罪そのものは、依然として健在なのである。「アメリカ最大の産業」とさえいわれている。彼らが獲得する富も膨大な額に達している。組織犯罪の主要な利益の源泉となる麻薬（ヘロイン、コカイン、マリファナなど）、賭博、売春などが減少しているとはけっして考えられない。ちなみに、一九九六年にアメリカ麻薬取締局が発表した数値によると、世界最大級の麻薬の消費地である同国の麻薬使用者は、コカインが九〇〇万人、ヘロインが一〇〇万人、マリファナに至っては二〇〇〇万人に達している。

さらに、イタリアやアメリカ以外にも視野を広げると、メキシコの麻薬カルテル、コロンビアの麻薬組織、ロシア系マフィア、中国の黒社会といった世界中の犯罪組織が、麻薬を代表格とする地下経済をめぐる莫大な富をめぐってうごめいている姿に直面することになるのである。

第Ⅳ部

現代社会でなにが起こっているのか

南太平洋の島国ツバル．地球温暖化がもたらす海面上昇によって水没の危機にある（毎日新聞社提供）

各章の位置づけ

第Ⅰ部から第Ⅲ部にかけての叙述は、いわば歴史・経済史に相当する部分である。それに対して、第Ⅳ部は、現代社会をめぐる問題を扱っている。通常、歴史・経済史に関する本には、現在の話はあまりでてこない。にもかかわらず、ここで現在進行中の課題を扱うのはなぜか。その理由は、三つある。一つ目は、現在は、まさに過去の集大成であり、それを映す「鏡」だといえることである。つまり、歴史の流れを再確認するためには、どうしても現在をみておく必要があると、わたし自身が考えているためである。二つ目は、歴史を学ぶ目的の一つに、未来にも思いをめぐらすことがあり、そのためには、現時点での到達点、つまり過去との断絶面と連続面をおさえておくことが不可欠と考えていることである。三つ目は、人類史における「第三の革命」と位置づけた科学技術・情報革命に関しては、本書の全体像との関連で、どうしてもおさえておく必要があることとである。

ただ、そうはいっても、現在の問題を総合的かつ体系的に扱うことは非常にむずかしい。どうしても、断片的になってしまいがちになる。ここでは、現代社会の到達点の一端を探る意味で、三つの重要なテーマにアクセスしてみたい。

第13章では、人類史における「第一の革命」である農業革命、「第二の革命」である産業革命のあとに続く「第三の革命」である科学技術・情報革命の現状を述べている。いま進められている科学技術の研究開発は、これまでのものとどのような違いがあるのか、あるいは今後の動向にどのようにつながっていくのかを明らかにしている。

第14章では、科学技術・情報革命をバックにして展開されている世界経済の動向をいくつかの局面から浮き彫りにしている。冷戦体制崩壊後の一九九〇年代から現在に至るまでのアメリカ・ヨーロッパ・日本といった先進国および途上国・体制移行国における経済動向のおおまかな特徴や、今後の世界経済の方向性についても言及している。

第15章では、地球規模での環境破壊の実態を紹介している。従来、人々は、自然というものを人類の必要性や経済発展のためにかぎりなく、しかも「タダ」で利用できるものとばかり思っていた。不用なものをどんどん捨てても、どこかへ消えて行ってしまうように思いこんでいた。企業も、安全性を軽視して利潤を追求するのはごくあたりまえのことのように考えていた。そうした過去のツケが現在、環境破壊という形で顕在化している様子を知ることになるだろう。

第13章

科学技術・情報革命はいまも進行中

●本章のねらい

本章のテーマは、本書で人類史における「第三の革命」と位置づけた科学技術・情報革命である。高度成長の土台となった科学技術の発展は、「豊かな社会」を実現させただけではない。近い将来、宇宙・地球・生命の起源や進化についてのシナリオの大筋を描きだせるところまできている。ただ、科学技術・情報革命には、二つの面が共存している。一方で、二一世紀型の新たな時代を準備するものではあるが、他方で、人類と自然の関係のあり方に新しい問題を提起しつつある。具体的にいえば、自然界に存在しなかったものをつくりだすとともに、それが人間の存在さえコントロールしかねない危うさをうみだしている。「人類の自然への介入」「自然の改造」「従来の物理的法則とは異なった原理」という表現からも、そうした危うさの一端を類推することができるだろう。

そこで、まず、昨今の科学技術の発達をめぐるいくつかの考え方を紹介したあと、科学技術・情報革命の今後の動向を探る意味で、①ＩＴ、②バイオテクノロジー、③ナノテクノロジー、④燃料電池という、それぞれが絡み合った四つの重要な科学技術に焦点を合わせて、研究・開発の現状を確認し、近未来への展望をまとめておきたい。

1 科学技術・情報革命とは

高度成長期から今日に至る科学技術の発達を識者はどのようにみているのか

アメリカでうまれた大量生産方式がヨーロッパや日本でも定着した一九五〇〜六〇年代以降、経済発展だけではなく、科学技術の発達にも、めざましいものがあった。アメリカ、ヨーロッパ、日本などの資本主義工業国において、従来みられなかった新しい波がおしよせている。コンピューターの広汎な使用、原子力・ジェット機・産業用ロボット・オフィスオートメーションなどの活用、エレクトロニクス・宇宙産業・遺伝子産業といった新しい産業部門の登場などである。いずれも、六〇年代から八〇年代にかけて顕在化したもので、科学技術・情報革命という名称に値する進捗《しんちょく》ぶりである。

現在も進行中のそうした大きな変化については、多くの論者が注目するところとなっている。それを「第三の波」と名づけた前述のトフラー以外にも、「新時代」の到来を主張する論者が多くいる。たとえば、経済のソフト化とともに進行した変化を「知価革命」と呼んだ堺屋太一は、「知価」、つまりデザイン性、ブランド・イメージ、高級な技術、特殊な機能といった「知恵」の値打ちが経済成長と企業利益の主要な源泉になる「知価社会」の到来を予言している。人類文明の諸段階を「自然社会」、「農業社会」、「工業社会」と区分した中村雄二郎は、その後の「ポスト工業化社会」（脱産業社会）あるいは情報化社会はいずれも過渡的なものとし、新しい段階として、「情報ネットワーク社会」をとなえている。論者によって内容的にはかなりのへだたりがあるものの、総じて六〇〜七〇年代以降に「産業社会」から「脱産業社会」もしくは「高度情報社会」に向けての大きな転換があったことは、共通の認識となっている。

では、現在の科学技術や情報をめぐる動きは、どのようなものなのか。それは、いわば「二〇世紀型のテクノロジー」とは、どういった点で異なっているのか。また、「人類の自然への介入」や「自然の改造」といった要素が見え隠れしながら、研究開発が進められているといわれているのは、どういった点においてなのか。そういったことにも目配りをしながら、具体的な考察に入りたい。

2　IT

情報革命からIT革命へと言葉は変わったが、その実態は?

日本で「情報（化）社会」という言葉が広く使用されるようになったのは、一九六九年ごろである。その内実は、コンピューター化によって、情報の入手が簡単になり、人々が事務的労働から解放されるといったイメージでとらえられていた。また、情報化社会の発展は、商業、金融業、製造業のコンピューター化とソフトウエア製造のような情報産業の成長によって特徴づけられると考えられていたようである。その後、「情報革命」という言葉も盛んに使われ、世の中が大きく変わると予測された。しかし、エレクトロニクス産業の飛躍的な発展が達成されたものの、予想されたことのほとんどは、未だ実現されてはいない。

そのような状況に大きな変化がもたらされたのは、九〇年代に入ってからインターネットが定着し、パソコンの利用が本格化し、今度は「IT革命」という言葉が登場するようになったころである。IT革命の出発点は、ひとり一人がパソコンを持ち、お互いがインターネットによってつながっている状況がつくられたことである。

かつての情報革命は不発に終わったが、IT革命はいかなるインパクトをもちえるのであろうか。二〇〇〇年春ころにアメリカの「ITバブル」が崩壊するまでは、ITによってさまざまな問題が解決され、バラ色の未来が待っているように考える楽観論がよくみられたが、その後は、もう少し冷静な分析がなされているように思われる。

多種多様な見解が表明されるなか、ＩＴ革命の過大な期待に対して警鐘を鳴らし、その「虚妄《きょもう》ぶり」を描いた森谷正規の考え方は、大変興味深い。彼はいう。もちろん、これからもＩＴの利用は伸びていくが、産業としては期待されたほどに大きなものではない。たとえば、日本、アメリカ、ヨーロッパにおいてこれまで三〇〜四〇年間にわたり、産業の主柱となってきた自動車産業と比較してみると、ＩＴ産業に、それはありえない。というのは、ＩＴ機器と乗用車には根本的な相違点があるからである。乗用車は大型化し、豪華になり、価格は上昇するのだが、ＩＴ機器は、性能、機能は向上しながらも、小型になって価格が下がり続けるからである。だから、急速に普及しても、市場はそれほど大きくはならない、と。それに対して、吉川元忠は、次のように考えている。ＩＴ革命の原動力はあくまでも情報・サービス部門なので、それがモノづくりに与える波及効果は、比較的小規模なものに限られ、短期的な影響力はそれほど大きくはない。しかし、これから長期にわたって、社会経済のあり方に多面的な影響を与えていく。これまでのような活字印刷を媒介とする情報の伝達ではなく、電子的手段により増幅され、即座に広い世界に伝達されていく。ＩＴ革命の成果が現れるのは、むしろこれからのことである。

ＩＴ革命後に到来することになる「ネット社会」の未来像について一つの方向性を示し続けている西垣通にしたがって、二一世紀前半の三〇〜五〇年くらいの期間に進行するＩＴ革命の内容をさらに追求すると、単方向のマスメディアから脱却し、双方向のネットワーク・メディアへと転換し、「地球規模のメディア・ビッグバンに伴う生活革命」が達成されていく。決め手となるのは、マイクロプロセッサー、インターネット、光ファイバー、衛星放送といった、デジタル技術であるが、その内実は、家族・企業・国家という既成の枠組みをも大きく変容させる可能性と広がりをもっている。ＩＴ革命後のネット社会では、一部のエリートではなく、普通の人々も、自在に情報を蓄え、編集し、交信しあうことが可能になる。

コラム はじめて物語❽ ケータイ

持ち運べて、移動しながらでも話ができる。一昔前なら、夢物語にすぎなかったが、携帯電話の出現によって、それが実現している。いまでは、あなたに最も身近なＩＴ機器の一つになっているのではなかろうか。しかし、そうなるまでには、いろいろな経緯があった。

携帯できる電話の日本でのルーツをさぐると、一九五三年に日本電信電話公社（電電公社）がサービスを始めた船舶電話にたどりつく。そして、地上での移動電話が実用化されたのが、七九年にサービスが開始された自動車電話である。ところが、自動車電話は、大きなコストを伴ったので、利用者も限られていた。それが携帯電話として普及するには、「電話事業の自由化」を待たなければならなかった。それが本格化したのは、八五年に電電公社が民営化してＮＴＴとなり、それ以降、複数の電話会社が次々に創設されたことによる。八七年に比較的手軽な携帯電話が登場するものの、重さはまだ約九〇〇グラムもあった。

携帯電話の市場が一気に拡大したのは、九四年にその「売り切り制」がスタートしたことである。それ以前の端末機は、すべて電話会社からのレンタルであった。爆発的に売れたのは、レンタル料の負担がなくなり、一度買うと自分のものになったからにほかならない。ゼロ円の端末を売り出すなどの乱売合戦も、行われるようになった。次なる進化は、九九年にｉモード、つまり携帯電話でインターネットに接続できるサービスが登場したことである。それは、携帯電話で電子メールのやり取りが本格化する契機となった。無線通信の技術を応用した移動式電話は、以上のような経緯を経て、老若男女《ろうにゃくなんにょ》、だれもが手ばなせなくなるほど、生活に密着した「ケータイ」に進化していったのである。そして、①パソコンとは異なるアドレスによる携帯メール、②親指一本で素早いメールの送信、③絵文字の多用といった、日本に独自な「ケータイ文化」を形成しつつある。

ただ、パケット定額制の導入以後、かたときもケータイを手ばなせなくなったり、電源をオフにすると不安になったりする、いわゆる「ケータイ依存症」が子どもや青少年の間で問題化しつつある。ケータイ中毒にならないためには、オフにする時間を設けるなどして、自己規制することが必要になるだろう。

（松葉 仁『ケータイのなかの欲望』文藝春秋（新書）、二〇〇二年を参照）

また、「ユービキタス・コンピューティング」（「どこでもコンピューター」の意味）のモデルを最初に唱えた坂村健は、「身の回りのものに制御用の小型コンピュータ・チップがどんどん入っていって、それが次のステップとしてネットワークでつながれ、協調・妥協しながら人々の生活を黒子《くろこ》のように支える」状態を想定している。

3　バイオテクノロジー

バイオテクノロジーによっても「自然の改造」がスタートする

バイオテクノロジーとは、バイオロジー（生物学）とテクノロジー（技術）を組み合わせた言葉で、生物の生命活動のしくみを解明し、工業的に利用しようとする技術のことである。バイオテクノロジーを活用して、医療・食糧・環境などの分野で有用な物質の開発・生産に関わる産業のことを「バイオインダストリー」と呼んでいる。その技術が産業的に期待を集めるようになったのは、一九八〇年代初頭以降のことである。生物を利用する技術としては、古くから醸造や品種改良などがあったが、遺伝子組み替え技術や細胞工学的手法を中心とする新しい技術がクローズアップされたのである。ただ、ビジネスという視点でみれば、その成果はまだ限定的であった。たとえば、遺伝子組み換え作物が本格的に普及し始めたのは、九〇年代後半以降のことである。ところが、二〇〇〇年にヒトの全遺伝子情報を意味するヒトゲノムが解読されたことを受けて、多くの情報が提供されるようになってからというものの、遺伝子ビジネスに対する注目度が急上昇したのである。

遺伝子組み換え技術が最も大きな直接的影響力を発揮しつつあるのは、医療・製薬および食品生産の現場においてである。医療に関しては、①従来の医療では果たせなかった遺伝性疾患や難治《なんち》性疾患の治療への応用、②ピンポイント的に薬の効果を働かせる「ゲノム創薬」と組み合わせ、個人ごとに最適化された医療を施すという「オーダーメード医療」、③治療医学から予防医学への転換、④老化のスピードの減速といったさまざまな「可能性と夢」が提示されている。もう一つの食品については、アメリカで、遺伝子組み換え農産物の商業化が九六年に認可され、大豆やトウモロコシの新種が登場している。

「人間が人工的に進化を操作する」遺伝子組み換え技術は、地球規模での環境破壊とは様相を異にするが、「人類の自然への介入」もしくは「自然の改造」という点では、共通する要素をもっている。柳川弘志は、「人間が人工的に進化を操作する」と表現している。そのため、将来起こりうる結果をすべて科学的に予測できないことに由来する不安がもちあがっている。今後は、倫理面と安全面での明確な指針と情報公開が強く求められていくだろう。

4　ナノテクノロジー

生物の精緻な生存メカニズムがナノテクノロジーをうみだした

二〇世紀は、ジェット機、大型タンカー、超高層ビルなど、巨大技術をうみだした。それに対して、二一世紀における技術発展の一つの方向は、ミクロン（一〇〇〇分の一ミリ）から、さらに微細なナノレベルの「分子を組み立てた機械」、ナノマシーンの開発である。ナノとは、一〇億分の一を示す単位。一ナノメートルは、原子を一〇個ならべた長さに相当する。あまりにも小さいので、ピンとこないかもしれないが、一メートルと一ナノメートルを比較すると、ちょうど地球とピンポン玉ぐらいの比率になるそうである。ナノテクノロジー（ナノテク）とは、特定の分野の技術ではなく、ごく微小な世界における高度な技術の総称である。原子や分子を自由に配列することによって、「自然界には存在しない物質を創造する技術」なのである。一九五九年に、アメリカの物理学者であるリチャード・ファインマン（一九一八〜八八年）が基本原理を提唱したのが始まりである。

では、ナノテクノロジーは、いったいどのような発想に依拠して開発されているのであろうか。端的に言えば、それは、原子や分子の「自己組織化能力」、言葉を換えれば、自然界にある植物や動物のもっている優れたメカニズムの活用である。植物の体内にある葉緑体が太陽の光エネルギーで酸素を大量生産するように、自然の原理原則を応用し、原子や分子の並べ方に工夫を施せば、自己組織化能力によって、望みの物質をつくることができる。それが、ナノテクノロジーの発想なのである。それは、これまでの機械を支配した摩擦や慣性といった物理法則とは異なった原理が働く世界である。やがて、従来の機械では越えられなかった物理的制約が軽々と突破されていくようになるだろう。

ナノテクノロジーによって、信じられないようなことも可能に

では、具体的にどういった応用が可能になるのであろうか。

ナノテクの代表的な材料技術として、一九九一年にＮＥＣの主席研究員飯島澄男が発見したカーボンナノチューブがある。簡単にいえば、鉄より十倍も丈夫で、綿より軽くて弾力性に富んだ新材料ということになる。髪の毛三本分の太さで、小型自動車を宙づりにできるパワーを発揮することができる。また、二〇～三〇年は劣化しないプラスチックの製造も可能になる。情報技術では、カーボンナノチューブを半導体材料として使った小型の高性能コンピューターができるだろう。医療の分野では、①ガン細胞だけを破壊する、副作用ゼロのピンポイント医療、②すでに実用化されている眼内レンズ、心臓の人工弁、ペースメーカーに加えて、人工器官のいっそうの発達、③人工器官の発達によって、人工細胞、人工神経、人工感覚器、人工脳などもつくられるようになると、人間のサイボーグ化による「不老不死」の実現などが考えられる。環境分野での応用でも、人工光合成やグリーンエネルギーとしての水素の貯蔵や生産など、多彩である。そのなかで、最も注目すべきは、人工光合成である。葉緑素を

つくっている原子や分子の自己組織化能力によって、エネルギーをたいして使わずに行われているこの光合成と同じしくみをつくることができれば、温暖化対策としても役立つ。また、太陽電池としても利用できる。なにしろ、光合成は、太陽光からのエネルギーの変換率が一〇〇％に近いといわれているのだから。

5 燃料電池

燃料電池が水素エネルギー社会への道を切り開く

未来社会における究極のエネルギーの有力候補として、水素が想定されている。それを可能にするのが、水素を燃料にして発電する「小型燃料電池」である。それは、効率が高く、排気ガスを出さない。水素の燃焼時に熱・電気エネルギーを発生させるが、燃えると水になるだけである。文字通りクリーンな発電技術なのである。石油・石炭・天然ガスのような化石燃料中心のエネルギー供給源を、将来的に枯渇する心配のない再生可能なエネルギーに変えていくことができる。今後、新興国や途上国において、モータリゼーションが進行するときに懸念される大気汚染やガソリン需要の急増に対処するためにも、後述する温暖化防止やエネルギー消費の削減にとっても、燃料電池を搭載した自動車の普及が大きな切り札になると期待されている。しかも、水素は燃焼すると水になるので、水不足に悩む地域では、水素エネルギーを利用したあとにうみだされる水を活用できるというメリットもある。

現時点では、水素の安全性、水素インフラの整備、機器の設置コストといった点での課題が残されてはいるものの、こうした問題が解決されれば、望ましいエネルギーとして水素の重要性が戦略的にも認知され、「水素エネルギー社会」への実現に向けての道筋がつくられていくものと考えられる。日本では、二〇〇九年度から、まずは一般家庭用の燃料電池が市販され、本格的な普及に向けて動き出す。

第14章 経済のグローバル化のなかで

●本章のねらい

一九九〇年代以降の世界経済を読み解くとき、最大の特徴はなにかというと、市場経済による世界経済の「一元化」というプロセスを伴った「経済のグローバル化」ではないだろうか。

経済活動の範囲は、元来、けっして国境に制約されるものではない。が、それでも、経済政策の推進主体は、基本的に国家であった。しかし、海外旅行、貿易、対外投資、多国籍企業などの形をとった、ヒト、モノ、サービス、カネの国際的な移動の増大は、経済のグローバル化をもたらしたのである。

背景としてあげられる要因は、①オイル・ショック以降の経済構造の変化、②物資や旅客を大量に輸送する交通・運輸手段の発展、③規制緩和、④金融の自由化、⑤IT革命の帰結としての通信コストの低廉化、⑥多国籍企業のめざましい発展——たとえば、『フォーチュン』誌による二〇〇〇年の世界ランキングで一位から五位に位置づけられたゼネラル・モーターズ、ウォルマート、エクソン、フォード、ダイムラー・クライスラーの売上高は、いずれも一社で、インドネシアや香港の経済力をしのいでいる。サハラ以南のアフリカ諸国のGDPの総計に匹敵するほどである——、⑦冷戦構造の解体に伴い、市場経済を採用する国が急増したことなどである。

グローバリゼーションの深化は、一方で富の拡大を示すものの、他方では、西川潤も触れているように、南北問題、国内における所得格差の拡大、独占や投機、環境破壊、失業といった「市場の失敗」現象もグローバルな規模で引き起こしている。しかも、国際的な資金移動の動きがあまりにも大きくなりすぎ、どの国も独力では制御できないほどになりつつある。そして、食糧、水、エネルギー、資源をめぐる国家間・企業間でのグローバルな規模での争奪戦も、今後ますます熾烈なものになっていくことが予想されている。

本章では、東西冷戦の終結からスタートし、次に、覇権国アメリカの動向を概観したあと、ヨーロッパや途上国、さらには新興国の動きにも注目してみたい。

1　冷戦の終結とそのインパクト

ソ連経済の伸び悩み

米ソ対立を解消させた条件として、最も重要な意味をもったのは、ソビエト連邦および東欧諸国における経済発展の伸び悩みと、それに伴う国民生活の困窮であった。

社会主義の特徴は、資本や土地といった基本的な生産手段の私的所有を廃止する点にあった。農場は国有農場、企業は国有企業になるのが通常の形であった。また、資源の配分は、市場の調整機構にゆだねられるのではなく、すべて政府の計画に基づいた指令によって行われるというものであった。

社会主義ブロックの頂点に君臨したソ連の経済状況を例にとると、たしかに第二次大戦直後から一九六〇年代くらいまでは、将来に期待をもたせる実績をあげている。六一年、ニキータ・S・フルシチョフ（一八九四～一九七一年）は、八〇年には基本的に共産主義への移行が完了するだろうと宣言し、経済運営にも自信のほどをみせた。ところが、政策決定における中央集権化の弊害もあって、次第に経済成長の減速が恒常化していった。住居の割当て、食糧の分配、幼稚園、病院、外国旅行など、どんなサービスでも受けようとすれば、長い行列をつくることが当たり前になっていった。さらに、七五年を過ぎたころから、経済状態が悪化。八〇年代に入ったころには、国民全体が労働意欲を失った状態に陥っていたといわれている。

理由としては、いろいろな点が考えられる。第一に、戦後の荒廃からの復興に当たっては、国家主導の経済運営・計画経済が効果的であり、一時的には成功を収めたとはいえ、そのレベルを持続させるには、生産者に対する適切なインセンティブに欠けていた。第二に、アメリカに対抗するために常に膨大な軍事費を投入し、重化学工業を優先的に発展させることを余儀なくされたソ連は、結果的に国民に対するモノやサービスの供給を軽視する傾向をうんだ。ＩＣＢＭ（大陸間弾道ミサイル）や宇宙開発に伴う「冷戦対策費」は、ソ連の首を絞めるほどに大きな負担となっていた。第三に、官僚制度の硬直化や非能率も著しかった。第四に、経済運営を効率性の面からチェックするメカニズムがいっさいなかった。

前述したように、先進資本主義諸国は、五〇～六〇年代に高度成長を経験したあとも、それなりの経済成長と技術発展を実現させた。そのため、東西両陣営間の経済格差が顕在化した。その対比のなかで、ソ連経済の停滞がよりはっきりしたものになっていった。

社会主義再生を夢見たゴルバチョフが結果的にソ連邦の解体をうながした

一九八五年三月、五四歳のミハイル・ゴルバチョフ（一九三一～）が書記長に選出されたのは、そのような状況下であった。彼は、積極的な投資の推進、科学技術の振興、禁酒令に代表されるような労働者規律の引き締め、人事の刷新、行政改革などを皮切りに、企業活動の大幅な自由化を含む、「ペレストロイカ（立て直し）」と称される大胆な改革を実施しようとした。他方、経済システムの改善のためには行政面での改革も必要だということで、「グラスノスチ（情報公開）」が実施された。

ゴルバチョフの最大の功績は、米ソ間の軍拡路線を転換し、事実上、冷戦を終結させる道を切り開いたことである。核ミサイルの保有を制限し、軍事コストを抑え、その分、貴重な資源を経済改革にまわすという考え方であった。

もっとも、ゴルバチョフの意図は、あくまでも「社会主義」の建て直し、体制内改革であった。民主的な改革が進めば、ソ連はよい社会になるはずであると考えていたようである。しかし、グラスノスチは、いったんスタートすると、体制を立て直すための手段としてだけでは終わらなかった。一般大衆の共産党に対する不信感がうみだされた。不信の対象は、やがて「社会主義体制」そのものにも向けられていった。当初、比較的穏健であった経済改革も、のちには加速化された。九〇年一〇月には、「市場経済への移行に代わる対案はない」ことが、公的にも確認された。

しかし、そのような画期的ともいうべき制度変更が急速に行われたことは、人々の生活にも大きな混乱を生じさせた。従来のしくみに修正が加えられただけで、新たなシステムが十分に整備されなかった。必需品の不足は恒常化し、モノを求める人々の延々と続く行列がいたるところでみられた。日常生活の麻痺状態は、九〇年前後にはピークに達していた。オイル・ショック直後の日本でみられたように、品薄になったトイレット・ペーパーを奪い合うようにして買い求めた「トイレット・ペーパー騒動」と同様の現象が、さまざまな品物についても繰り返し引き起こされた。セルゲイ・ブラギンスキーらが述べたように、当のソ連国民が「こうしたなかで人がどうやって生きていけるか不思議なくらい」と驚くほどの混乱ぶりであった。

八九年における「東欧革命」の始まりは、五月のオーストリアとハンガリー国境における鉄条網と警報装置の撤去という、「鉄のカーテン」にあけられた小さな穴であった。それが、東ドイツ住民のハンガリー、さらには西側諸国への事実上の移動を容認する契機となった。また、ポーランドで、九月に戦後初の非共産党主導の政権が誕生した。それらを契機に、民主化と自由化の波は、ほかの東欧諸国にも拡大していった。そして、六一年八月に東西ベルリンの境界線に築かれ、東西対立のシンボルにもなっていた「ベルリンの壁」が、八九年一一月についに崩壊したのである。

「ベルリンの壁」は、冷戦構造の解体を象徴するものであったが、構造解体の核は、なんといってもソ連それ自体の崩壊である。それは、ゴルバチョフではなく、ボリス・エリツィン大統領（在任一九九一～九九年）のもとで、九一年一二月、議会制民主主義と市場経済に基づく、新しいロシア連邦の成立という形で達成された。

ソ連・東欧ブロックの解体は、上述したような動きのなかで実現した。経済的停滞に加えて、八〇年代以降に顕在化する「政治の民主化」と「経済の自由化」の流れに抗しきれなくなったために生じたものと考えられている。また、それまで外国に関する十分な情報から遮断されたなかで暮らしていた東側の人々が、衛星を介したテレビ映像によって、西側の豊かな生活を目の当たりにしたこと、そして、ベルリンの壁が崩壊する様子がやはりテレビの画像を通じて、東側を含む全世界に中継されたことも、崩壊を促進させた要因として、しばしば指摘されるとおりである。

冷戦終結のインパクト＝市場経済の人口が二七億人からなんと五五億人へ

冷戦構造が解体した結果生じた現象として、次の三点をあげることができる。

第一に、各地でさまざま対立・抗争が勃発している。当初、米ソ間での核戦争の脅威がなくなり、核軍縮が進展し、イデオロギー対立という呪縛から解放された新しい平和の時代が到来するという予感が各地でみられた。しかし、実際には、もしも冷戦が続いていて、米ソのにらみが効いていれば、起こりえないはずのものも含めて、紛争が急増している。東欧諸国やロシアでは、ソ連や共産党といった、権威として機能していたものがなくなったため、民族的感情が噴出している。チェチェンでは、紛争・武力衝突・テロ事件が相次いでいる。ユーゴスラヴィア連邦は解体した。アフリカでは、社会主義政権崩壊に伴い無政府状態に陥ったソマリアをはじめ、ルワンダ、ブルンジ、ザイール、アンゴラなど、いたるところで内戦が起こり、多数の死者や難民が発生している。アジアでは、一九七九年にイラクの大統領になったサダム・フセイン（一九三七〜二〇〇六年）がクウェートに侵攻したことによって、九一年に引き起こされた湾岸戦争、インドとパキスタンの間での武力衝突、イスラエルとアラブ諸国との対立など、民族や宗教と絡み合った対立が頻繁《ひんぱん》に起こっている。

第二に、いわゆる「グローバル資本主義」の誕生がある。多くの社会主義国が存在した冷戦時代にあっては、資本主義もしくは市場経済といっても、その影響力はアメリカ、ヨーロッパ、日本などアジアの一部などに限られていた。ところが、いまやロシアや東ヨーロッパ諸国をはじめ、中国やベトナムまでもがそれを採用したことで、世界の圧倒的部分が市場経済の世界に包摂されていった。その衝撃の大きさは、なんといっても、マーケットの急激な拡大によって示される。竹中平蔵の言葉を借りると、冷戦体制下で資本主義陣営と考えられていた国々の人口はだいたい二七億人であったのが、その解消によっておよそ五五億人に倍増したことになるわけである。驚くべきことである。

そして、あらたに市場経済の仲間入りをした国々で生産される工業製品も、世界市場に投入されるようになった。そうした国々の人件費は、おおむね低い。そのため、世界経済はデフレ基調になり、コストの削減をめざした国際的な企業間競争がいっそう激化していくことになった。

このように経済のグローバル化が進展すると、一国の経済政策が効果を上げにくくなってしまう。具体例で示すと、これまでは、景気が悪くなると、政府や中央銀行は金利を引き下げ、銀行から借りた場合の利子負担を少なくすることによって、景気の回復を支援する政策が行われてきた。しかし、いまや金利が下がると、金利が高い国におカネが流出し、国内の景気回復に貢献しにくくなっている。その典型例が、九一年のバブル崩壊後の日本とアメリカの関係のなかに示されている。日本の低金利政策のもとで、低金利に嫌気がさしたおカネは日本国内に留まらず、アメリカに流出し、アメリカの好景気に一役買ったというしくみがそれである。

第三に、資本主義世界のなかでも、唯一の「超大国」になったアメリカが秩序の担い手としていっそうの存在感を世界に誇示するようになった。ソ連という敵がいなくなってからのアメリカは、冷戦が終わったのは「資本主義の勝利」であることを確信し、ますます自信過剰に陥ったといえるだろう。そして、そのような考えを経済面で支えたのが、九〇年代のアメリカ経済が活況を呈したという事実である。この点については、節を改めて検討しよう。

2　超大国アメリカの光と影

ひとり勝ちしたアメリカの論理が世界をかけめぐる

各企業が大胆なリストラを行ったものの、一九八〇年代のレーガン大統領の時代から進められた規制緩和、金融の自由化、企業の海外投資の促進などが効を奏して、新しいビジネスがうまれた。それが、リストラされた人の受け皿になり、全体として失業率も低下した。他方、アメリカ企業が社員に対して「ストック・オプション」という制度を適用し、社員のヤル気をアップさせたことも忘れてはならないだろう。成績のよい社員に対しては好きなときに特別に安い価格で自社株を購入できるという権利を与えるのである。企業の業績が上がり、株価が上昇したとき、この権利を行使すれば、差額がもうかるしくみである。

また、軍事需要から民間需要への転換が進行し、軍事関係の多くの技術者が民間企業に転出したことや、インターネットの基礎技術が民生部門にも行き渡り、情報・通信部門でのイノベーションが促進されたことなどをベースに、先端部門でアメリカの優位性が確立された。

吉川元忠が触れているように、インターネットのようなグローバルなネットワークは、分散していた市場を統合していく。その際、ネットワークの母国であり、先頭を走るアメリカは、世界標準を設定することで非常に有利な立場に立つことができる。しかも、先行者としてのメリットを最大限生かせるのは、アメリカ系の企業ということになる。また、通信傍受網の「エシュロン」などを使って、電話・無線の盗聴、インターネットの傍受を行い、世界中の情報収集にも余念がない。実際のところ、アメリカはインターネットビジネス収入の八五％、ネット株時価総額の九五％を占めているといわれている。その根底には、世界にアメリカン・システムを推し進めるための手段・装置としてインターネットのネットワークを位置づけるという、アメリカの長期戦略が見え隠れしている。低迷を続ける九〇年代の世界経済のなかで、アメリカ一国が「勝ち組」になったとさえいわれたのである。

また、九〇年代以降の世界経済の諸相をみごとにまとめている大野健一によれば、唯一の中心国となったアメリカは、ＩＴ革命と資産市場の活況に支えられながら、アメリカ型の「市場経済」と「民主主義」と「国際統合」を全世界に浸透させようと活発な動きをみせた。要求される項目を具体的にみていくと、人権、民主主義、選挙制度、少数民族政策から始まって、所有権、契約制度、商法、会社法、外資法、知的所有権、会計制度、企業統治、情報開示、統計、貿易自由化、資本開放など、ありとあらゆる領域が含まれている。普遍的な理念を装いながら、ヨーロッパや日本などの先進国のみならず、九〇年代以降に計画経済から脱して市場経済を築きつつある「体制移行国」や工業化の達成度が低い途上国にまで、遠慮なくアメリカの論理を押し付けている。その受容を支援し、ときには強制するのが、国際連合、ＷＴＯ、ＩＭＦ、世界銀行といった国際機関であり、ＡＰＥＣ（アジア太平洋経済協力会議）、ＮＡＦＴＡ（北米自由貿易協定）といった地域協力体なのである。というのも、開発援助を受けるときや、国際機関に加盟する際の前提条件として、そうした諸条件が課せられるからである。しかも、当該国の現実や発展段階の相違などが十分に考慮されることなく、画一的に求められる。そうした動きの背景には、当然のことながら、ある種の考え方が横たわっている。それは、現在のアメリカ政府の主流やＩＭＦなどの一致した見解である。途上国の経済をもっと自由化し、市場原理が機能する領域を広げれば、途上国の経済も鍛えられて強くなり、人々の所得も増えていくという考え方にほかならない。

もちろん、そうしたアメリカの圧力は、以前から存在したが、九〇年代以降、加速化し、より性急でかつ包括的なものになっている。その理由はなにか。冷戦時代ならば、各国はアメリカが押しつけてくるシステムが気に入らなければ、敵対する陣営に逃げ込めばよかった。ソ連の存在は、工業社会への過程が市場経済だけではなく、計画経済に基づくもう一つの選択肢があることを示していた。そうした選択肢があったため、アメリカとしてもあまり露骨な態度がとれなかった。しかし、冷戦体制がほぼ解体したいま、アメリカは他国に対して自由気ままに振舞えるようになった。かつては、まだ資本主義か社会主義かという選択肢があった。ところが、いまでは、市場経済を前提に、そのうえでどういった政策をとるのかという選択になってしまっている。

悩み多きアメリカが抱える問題の深刻さ

そのようなアメリカに問題がないのかといえば、けっしてそうではない。一九九〇年代、巨額の財政赤字と経常収支の赤字という「双子の赤字」という問題を抱えながらも、アメリカ経済は繁栄を謳歌《おうか》した。その経営手法が、「グローバル・スタンダード」として評価されることもあった。ところが、そのプロセスのなかで、より少ない人員でより多くの収益を求めるという経営者の意識が高まった。と同時に、経営効率と合理化を求める企業の合併が一般化し、経営効率優先と「株価至上主義」が前面に出るようになってきている。「おカネがすべて」とさえいいうるようなそうした動きを演出したのは、ウォール街という言葉に集約されるアメリカの金融資本である。デリバティブといった、いわゆる「金融技術」の発達によって、神谷秀樹の言葉を借りれば、「努力して売上げを伸ばして手にする利益」よりも、「目先の利益」をこよなく愛する風潮がつくられていったのである。経営者の関心は株主への配当と自分への高額報酬だけというのでは、いったいだれが長期的なビジョンを考え、顧客や社会のニーズにあった商品・技術開発などを行うのであろうか。後述するサブプライムローン（低所得者向けの住宅ローン。金融機関の主な貸出先をプライムというのに対して、二次的な貸出先をサブプライムという）に端を発する問題も、そのような流れの延長線に位置づけられるものなのである。

たしかに、経営者の報酬は鰻《うなぎ》のぼりに上昇した。ところが、アメリカの繁栄を支えるホワイト・カラーにとっては、八〇年代以降、まさに受難の時代が続いている。かつては「一時解雇」と考えられていた「レイオフ」が、事実上の「解雇」に変質している。目標の達成度を示す「成果」で賃金や昇進などの処遇が決められる「成果主義」が一般化するなかで、過重な目標を設定することからくる、長時間労働と心身のストレスが大きくなっている。ジル・A・フレイザーの言葉を借りれば、「仕事は増やすが、人は減らす」という傾向もある。給料や手当てが減っただけではない。余暇や福利厚生（医療保険、年金、長期休暇、祝日、利益配分制度など）も縮小している。

それに加えて、情報技術の普及に伴う携帯電話・ノート型パソコン、Eメールの一般化は、夜も週末も通勤中も休暇旅行中も、労働者に対して二四時間待機の状態を余儀なくさせている。かつて、家庭とは完全に休息の場であった。いまでは「オフィス＝仕事の場・空間」と「家庭＝休息の場＝個人の空間」との境界線が曖昧になりつつある。その結果、仕事へのアクセスが容易になり、顧客や同僚やオフィスとの連絡が得やすくなった反面、家族に注がれる時間とエネルギーは確実に減少している。ビジネスの加速化に伴い、働きすぎ、ジョブストレスが増幅されている。

事実、アメリカの経営者の大半は、従業員が仕事に費やす時間が多ければそれだけ会社はよりよい状態になるという固定観念を捨てきれていない。ヨーロッパ諸国で経験しているように、たとえ週四〇時間労働になっても、企業は必ずしも労働時間の減少に相当する業績の落ち込みを経験せずにすむだろうと考えられているにもかかわらずである。ちなみに、ＩＬＯ（国際労働機構）のエコノミスト、ローレンス・Ｊ・ジョンソンが九九年九月に実施した調査結果では、主要国の年間労働時間は、スウェーデン一五〇〇時間、フランス一六〇〇時間、イギリス一七〇〇時間に対して、トップのアメリカは二〇〇〇時間となっている。

もっとも、アメリカ人は、こと消費に関しては、けっして禁欲的ではない。むしろ、彼らは「今を楽しむ」ための借金はいとわない。春山昇華が指摘するように、将来に備えて消費を抑制し、貯蓄に励むというわけではないのである。ただ、そのように消費大国アメリカがありとあらゆるモノを買ってくれたおかげで、「アメリカの輸入力＝諸外国の輸出力」がパワーアップし、世界経済の円滑な運営が可能になっていたといえるのである。というのも、モノづくりのウエイトが低下しつつあるので、消費というと、外国からの輸入に依存せざるをえなくなっているからである。

アメリカの論理を押し付けられる側からみると

アメリカの論理は以上のようなものであるが、それを押し付けられる側からみると、グローバリゼーション＝現代化といわれるほどには、ことは単純ではない。再度、大野健一の見解を紹介する形で、そのあたりの事情を整理しておきたい。「グローバリゼーションとは強力な異質物の侵入であり、これまで保たれていた社会の均衡とそれを守る防御壁が突き崩され、システム変容のエネルギーを外部から否応なしに注入されることを意味している。この力をうまく利用し導くことができれば、その社会は新たな生命を得て躍動の時代を迎えることができる。だがもし対応に失敗すれば、外来物と基層社会は敵対関係に陥り、経済停滞、金融危機、社会分裂、環境破壊、文化の断絶、外国による経済支配、アイデンティティの喪失といった、きわめて危険な事態に陥るリスクをはらんでいる。しかも現在の世界には、国際統合をせずに当面は鎖国を守るという政策オプションはもはや現実的なものとして残されてはいない」。

すでに先進国で開発された技術や制度を模倣・活用してキャッチアップすることが可能になるといったプラス面があることを否定しているわけではない。しかし、「先進工業国でさえ競争的かつ不安定と感じている今日の世界経済に、産業も制度も政策も未熟なまま飛び込もうとしている途上国・移行国」にとっては、上述のようなリスクを伴いながら国際統合を進めること、さらにいえば、「市場経済の創造という国内課題に加えて、国際統合圧力の適切な管理」を円滑に行うことは、文字通り国家の存立をかけた壮大なチャレンジなのである。

ただ、現実には、多くの途上国・移行国がいまだに経済的自立を達成できないでいる。にもかかわらず、さらに国際統合の流れのなかに参入していくのは、けっして簡単なことではない。その理由をまとめてみると、次の三点があげられる。第一に、伝統的に継承されてきた文化の破壊、モノカルチャー、従属的貿易構造、人為的国境、民族対立、内戦といったように、「植民地時代の負の遺産」が多く残されている。第二に、産業・商業資本の未成熟、市場形成や国際統合をコントロールできる政府スタッフの能力不足など、市場経済化を円滑に推進していける条件が不足している。そもそも、国際統合以前に、まだ一次産品しか輸出できず、市場経済を創造していくことさえままならない国が多いのである。第三に、途上国が飛び込もうとしている九〇年代以降の世界経済には、巨額で不安定な資金フロー、超大国の利己主義的な圧力、IT革命に伴う世界的な産業再編成といった不安定な条件・環境が目白押しになっている。しかも、途上国に市場経済の原理を押し付け、混乱を引き起こした上で、現地企業を買収して市場の独占を図るという先進国の資本が虎視眈々《こしたんたん》と途上国のマーケットをねらっている。

3 ヨーロッパとロシアの動向

ヨーロッパの対応は、アメリカとは一線を画している

アメリカ的論理が強制されるなか、経済的に余裕のない途上国の対応とは異なって、国際的な地位も高く、競争力もあるヨーロッパ諸国の態度は、それぞれの国がもっている歴史的遺産を前提にして、その共生をめざそうというものである。つまり、同じく資本主義といっても、市場原理の貫徹を重視するアメリカと、福祉を充実させて社会の安定を重視するヨーロッパとでは、きわめて大きな違いがある。

国による違いを内包するとはいえ、ヨーロッパ各国の考え方の特徴は、次の通りである。大前提として、市場経済がある。この点は、変わらない。通信・航空・電力などの分野における規制緩和には、メリットも多いが、市場原理を社会のあらゆる領域に無制限に適用すると、社会不安が増大し、治安の悪化を防ぐのに莫大なコストがかかる。市場原理だけで政策を運営しようとすると、投資者に直接のリターンをもたらさない社会的諸基盤には投資が行われない。このため、公共交通手段は荒廃し、公教育の水準が低下する。企業の利潤の極大化だけを唯一の目標にしなくても、相当の競争力があり、比較的平等で、所得水準が高く、安定した資本主義社会をつくっていくことは十分可能である。ＥＵの拡大は、ヨーロッパ型資本主義をより多くの国々に広げ、世界に普及させる機会となる。要は、市場原理を無制限に適用するのではなく、柔軟に活用することである。

日本では、アメリカ追随の考え方が政財官の主流を占めているが、むしろヨーロッパから学ぶべきものの方が多いように思われる。具体的には、市場原理に関する考え方のほかにも、①アメリカ式の「グローバル・スタンダード」に抗して、国や地域の固有な価値観を守っていこうとする心情、②ファーストフードに対するスローフー

ドの考え方、③後述するように、ＥＵが全体として「持続可能な発展」を重要な政策の柱にしている点などである。

九三年に発足したＥＵ（欧州連合）は、九五年一月に一五カ国体制に移行したあと、二〇〇二年一月からは、単一通貨ユーロの現金流通をスタートさせ、経済・通貨、安全保障などの面での一体性を強めている。ＥＵの参加国のうち、イギリス、デンマーク、スウェーデンの三カ国はユーロへの参加を見合わせたので、ユーロはドイツ、フランス、イタリア、ベルギー、オランダ、ルクセンブルク、スペイン、アイルランド、オーストリア、ポルトガル、フィンランド、ギリシアの国々で発足している。いまでは、ユーロの管理は、加盟国の中央銀行ではなく、ヨーロッパ中央銀行という単一の中央銀行にゆだねられている。

ヨーロッパ統合への第一歩は、五八年のＥＥＣ（ヨーロッパ経済共同体）の発足であった。それ以来、協力できる分野を徐々に拡大し、ヒト・モノ・サービスの自由な流通を経て、ついに通貨の統一を果たしたわけである。為替の変動に伴うリスクの回避や両替の手数料の解消が、共通の通貨によって、一挙に解決されたことになる。本来、通貨の発行権は、国家の重要な主権であるが、各国がそれを放棄し、ＥＵという組織に移したことは、大きな意味をもっている。超大国アメリカに対抗するための基軸通貨づくりという意図だけではない。国家の権力を少しずつＥＵに移行し、いわば「ヨーロッパ連邦」という将来の目標に向けて前進したことを意味している。

さらに、〇四年五月には、「ＥＵ二五カ国体制」への拡大が実現している。新たにＥＵに加盟したのは、エストニア、ラトビア、リトアニア、ポーランド、ハンガリー、チェコ、スロバキア、スロベニアといった旧社会主義国に、地中海に浮かぶ島国であるマルタとキプロスを加えた一〇カ国である。これで、四億五〇〇〇万人の人口を擁する「欧州連合」が名実ともに発足したことになる。ＧＤＰでは、日本の二倍以上になる。

その後、〇七年にルーマニアとブルガリアを加えて、二七カ国となったＥＵにとって、大きな懸案事項になっている課題に、トルコの加盟問題がある。もしトルコが加盟すれば、ヨーロッパ諸国が歴史的に共有してきた「キリスト教」や「ギリシア語・ラテン語」を起源とする言語・文化というアイデンティティが壊れてしまう。また、現在七〇〇〇万人強のトルコの人口は一〇年代にドイツを追い抜くことになり、トルコが加盟国の中で、最も人口の多い国になる。ＥＵもまた、試練の時を迎えることになるだろう。

市場経済に移ったものの、ロシアの苦悩は続く

ソ連が崩壊したあと、連邦を構成する一五の共和国が独立国として機能し始めた。ソ連の対外的な権利・義務を引き継いだロシア共和国では、エリツィン大統領のもとで、急速な市場経済への移行が進められた。国有企業の私有化、価格の自由化も導入された。しかし、かつてのソ連型の国家指令的な国有企業中心の経済運営が撤廃されたわけではなかった。むしろ、そうした「ソビエト経済」の部分（計画経済的な要素）を残したまま、資本主義制度にしたがって運営される「公式経済＝市場経済」の部分が新たに導入された。さらに、「公共性」の概念が未成熟であることから生じる公共財の私的な濫用や脱税といったルール違反を伴う「非公式経済」の部分が混在することとなった。その結果、いわば三つの部分が複雑に絡み合った経済システムが形成されたのである。個人も企業も、「ソビエト経済」に属しながらも、「非公式経済」にも関与する。「公式経済」に飛び込みながら、「非公式経済」にも関わる。そんな具合なのである。

そもそも、市場経済への移行は、「ほぼ一〇年間にもわたる大混乱」（杉浦史和）の始まりであった。激しいインフレ、貧富の差の拡大、生活水準の大幅な低下、失業率の上昇、マフィアが牛耳る地下経済の発達、賃金や年金の遅配・未払いといった経済的苦境に加えて、ロシアからの独立を求めるチェチェン共和国との戦争が続いた。特に一九九八年には、飛びぬけた高金利をエサにしてそれまで乱発を続けていた国債の事実上のデフォルト（支払不

能）宣言で、ロシアの国際的信用は極度に低下した。混乱からの回復が始まったのは、ウラジミール・プーチン大統領（在任二〇〇〇〜〇八年）が改革を進めるに至ってからのことである。

4　途上国の動きにも注目！

「豊かな北」と「貧しい南」のコントラスト

社会主義国、先進資本主義国とくれば、あなたも、次に検討されるのが途上国ではと思うのではなかろうか。というのも、東西問題とならんで、戦後の世界経済が直面し続けたもう一つの問題に、南北問題があるからである。それは、先進工業国と、工業化に取り残され、貧困を余儀なくされている途上国との経済格差を示す言葉である。前者が主に北半球に、後者が主に南半球にあることから、そのように呼ばれている。

南の途上国の多くは、第二次大戦後に政治的独立を果たしたものの、経済的にはなかなか自立しえない状況がいまなお続いていることになる。一九九八年における南北の違いを比べてみると、人口に占める南北の比率は、およそ八対二である。それに対して、GDPでは、逆に二対八になっている。それを一人当たりに換算すると、南の人々のそれは、北のわずか一四分の一にすぎない。加えて、医療・電気・水道・教育など、人々の受ける社会的サービスを加味すれば、実際の南北格差はさらに著しいものになる。

南北格差自体は、すでに産業革命前後から存在していたが、南北問題という言葉で意識されるようになったのは、一九五九年に、イギリスのロイド銀行会長のO・フランクスがある講演会で初めて使用したことに端を発している。つまり、戦後の復興をほぼ終えた西側諸国が、新興の独立諸国の離反や社会主義化をくいとめ、形成しつつあった新しい世界秩序の枠内に取り込んでいくためには、それらの国々の経済発展を促進・支援する必要性が認識され始めたという事情があった。その後、南の諸国が経済成長を達成するためには、保護主義のもとで自国の工業化を推進し、一次産品の輸出に依存する「モノカルチャー型」の経済構造を変革しなければならないことや、それを実現するためにも南の諸国の連帯が不可欠であることなどが提起された。さまざまな模索が行われた。それでも、長い歳月の間に固定化された経済構造は簡単には解消されていなかったといえるだろう。

南北問題から「南南問題」へ

南北格差は依然として克服されてはいないが、一九七〇年代に入って、南のなかに新しい動きが出てきたことも事実である。一つ目は、資源ナショナリズムの高揚である。北の先進国の経済にとって不可欠な天然資源の保有を武器に、国家の主権平等、国際協力、天然資源に対する恒久主権、多国籍企業活動への規制、途上国に不利な交易条件の改善、途上国への資金援助や技術移転といったように、北の諸国に対してさまざまな要求を突きつける南の国々が出現したのである。この資源ナショナリズムが最も典型的な形であらわれたのが、「石油輸出国機構（ＯＰＥＣ）」による石油戦略の発現である。オイル・ショックは、まさにその帰結であった。大幅な原油価格の引き上げによって生じた産油国の莫大な「オイル・マネー」は、産油国の工業化の資金として活用されただけではない。国際金融市場に流入し、「ユーロ・ダラー市場」の規模を急速に拡大させた。ただ、資源ナショナリズムの高揚は、世界的なスタグフレーションのなかで、石油以外の第一次産品の価格を低落させ、それに依存せざるをえない途上国の交易条件の悪化と貿易収支の大幅な赤字化をもたらした。つまり、経済状況をさらに悪化させるという側面をもっていたことも、忘れてはならないだろう。

七〇年代に現出した二つ目の流れは、世界的な不況局面のもと、南の諸国のなかから「輸出志向型の工業化」を推進し、工業製品の輸出を急増させた「新興工業諸国（ＮＩＣｓ）」が登場したことである。具体的には、韓国、台湾、香港、シンガポール、メキシコ、ブラジル、アルゼンチン、ウルグアイ、スペイン、ポルトガル、ギリシア、ユーゴスラヴィア、トルコである。

もっとも、八〇年代に入ると、ＮＩＣｓの内部で成長率に格差が生じ始めた。人口規模が比較的小さい韓国、台湾、シンガポール、香港のいわゆる「四小龍」は、日本や欧米諸国の企業による海外からの投資をベースにして、その後もほぼ順調に工業化を推進していった。一方、ラテン・アメリカのＮＩＣｓは、過剰な借り入れによって債務危機に陥った。東欧のＮＩＣｓは、工業製品の輸出よりも、観光や出稼ぎ労働者の送金に依存する経済構造に変わっていった。また、台湾や香港を独立した「国家」と呼ぶのは適切ではないという配慮が加わり、八八年のトロント・サミット以降、「新興工業経済地域（ＮＩＥｓ）」という用語が用いられるようになった。

ともあれ、韓国、台湾、香港、シンガポールがエレクトロニクスなどの分野で高度な技術を軸にして工業化に成功したことは、東南アジア諸国などにも大きな勇気を与えた。その後の動きを森谷正規にしたがってフォローすると、最初に追随したのはマレーシアであった。八一年に首相に就任したモハマド・マハティール（在任一九八一～二〇〇三年）が「ルック・イースト」を掲げ、日本や四小龍をモデルにして大胆な工業基本計画を立て、輸出志向の工業化をめざした。タイも、八〇年代に入ると、外資の誘致に積極的な政策を立て、輸出産業の育成を図った。インドネシアでは、石油と天然ガスを産するので、それに依存する経済であったが、八〇年代前半から輸出志向型の工業化をめざした。フィリピンでは、フェルディナンド・マルコス大統領（在任一九六五～八六年）政権下の腐敗やベニグノ・アキノ（一九三二～八三年）暗殺といった政治的な不安定によってやや遅れたが、八〇年代の終わりごろから工業化が進み始めた。

さらに、九〇年代になると、ベトナム戦争の打撃から立ち直ったベトナムが、「ドイモイ」（刷新）政策によって猛烈に走り始めた。七八年の改革開放後の中国は、経済特区を設け、外資導入を推進し、農村に立地する郷鎮企業を奨励した。そうしたプロセスを経て、九二年に鄧小平（一九〇四〜九七年）が南部の経済開発地域を視察したあとに出した「南巡講話」を契機に、外資の導入がさらに進んだ。国営企業の改革が実施され、高度成長を果たしている。また、インドでは、九一年から経済自由化政策が採用され、外資導入が自由化された。

そうしたアジアの工業化の背景としては、①先進国においてはハイテク量産工業製品の市場がすでに飽和状態に達しているのに対して、それらの諸国には膨大な潜在的市場が存在すること、②日本の場合は、八五年以降の激しい円高によって、低い労働コストを求めて否が応でもアジアに生産拠点を移さざるをえなくなってきたこと、③先進国で苦心の末に開発された技術が、アジア各国に進出した先進国の企業の技術者によって一生懸命に教え込まれていったこと、④すでにできあがった技術であるがゆえに、技術自体には優劣がつけがたく、むしろ経済発展が遅れている後発国のほうが、労働コストが安いために、有利な立場に立てることなどがある。いまでは先発、後発入り乱れての激しい競争が展開されている。生産設備の過剰と供給過剰の状態が絶えず続いている。その結果、製品の価格も低くおさえられている。そうしたアジアの急成長は、九七年七月、タイ・バーツの低落を契機に足踏み状態に陥ったが、その後は徐々に回復している。

以上のように、莫大な石油収入を蓄積したＯＰＥＣと工業化に成功したＮＩＥｓの登場は、南の内部における経済格差を拡大させ、新たに「南南問題」という問題を発生させた。換言すれば、今度は南の国々の間での不均等発展、すなわち上述のような新興工業地域とアフリカ諸国に代表されるような最貧国への両極化が進行したのである。

国連開発計画の報告によると、九八年の時点で、世界人口の約五分の一に相当する一二億の人々は、一日当たり一ドル以下での生活費で暮らす「絶対的貧困」の状態にある。また、平均のエネルギー摂取水準が健康を維持し、軽い活動をするために必要なカロリーに満たない人口を「栄養不足人口」と呼んでいるが、国連食糧農業機関（ＦＡＯ）の推計によれば、途上国の栄養不足人口は、九億人台を突破していた七〇年代のレベルからみれば少ないものの、一九九九〜二〇〇一年で、七億九七九〇人となっている。旧ソ連・東欧諸国などを含めた世界の栄養不足人口は、八億四二〇〇万人である。なかでも、人口爆発に食糧供給が追いつかないアフリカ諸国の事情は深刻である。それに輪をかけるように、九〇年代に入ってから、アフリカでは、エイズ（後天性免疫不全症候群）が猛威を振るっている。

そうした途上国における貧困、栄養・食糧不足、エイズなどの諸問題は、いまなお深刻な様相を呈し、精神的な荒廃をうみだしている。ただ、貧しさにもかかわらず、急速な経済発展をスタートさせつつある途上国にあっては、旺盛なバイタリティを発散している光景にも遭遇する。ふたたび、森谷の言葉を借りよう。タイやベトナムでは、大都市も地方都市も、街には大勢の人が、いつもたむろしている。混沌と猥雑《わいざつ》。古くて汚れた街並みと散在するケバケバしい色の建物の共存。傷だらけのバイクとピカピカのバイクの並行。裸足で走り回る子どもたち。貧しくても、屈託のない笑顔。旺盛なやじ馬根性。バイタリティに満ちた表情。素朴な表情。自分たちの夢が描けるのであろうか、目が輝いている。

中国の経済力って、「世界第二位」なの？

アジアの工業化については、すでに触れた。ここでは、アジアの将来を見通すうえで、きわめて重要な地位を占めている二つの大国について検討しておきたい。「二一世紀はアジアの時代」。しばしば聞く言葉である。二一世紀のアジアを考える場合、なんといっても、一三億人の人口を擁する中国と、二〇〇〇年に一〇億人を突破したインドのもつ意味は大きい。購買力平価で調整した実質総ＧＤＰでは、中国はすでにアメリカに次いで世界第二位、インドは第四位を占めている。〇七年における中国のＧＤＰは、ドイツを抜き、アメリカ、日本に次いで三位に位置づけられている。

一九七八年に「改革開放政策」が打ち出されてからというものの、高度成長を続けている中国。特に、鄧小平が九二年に「計画経済イコール社会主義」という、それまでの経済原則を大きく修正し、「社会主義市場経済」という考え方を定着させた。政治体制として「社会主義」を維持するものの、経済体制としては、市場経済を導入するというものである。その後、二〇〇〇年に、GDPで初めて一兆ドルを超え、世界七位になった中国は、安価で良質な「メイド・イン・チャイナ」を世界市場に溢れさせ、新しい「世界の工場」としての地位を築き上げつつある。九〇年代の「メイド・イン・チャイナ」には、まだ「安かろう悪かろう」というイメージが残っていたが、いまでは、かなりの程度、払拭《ふっしょく》されつつある。さらに、〇一年一二月にWTOに加盟したことで、今後は、世界の「市場」としても機能していくことが予想されている。なにしろ、世界人口の約五分の一、一三億人という中国の人口規模は限りなく巨大なのである。そのうえ、中国本土に居住する中国人のほかにも、およそ一億人といわれる海外に在住する中国人の影響力も大きい。というのも、東南アジアの国々で、先進国の企業との合弁相手となる現地企業の多くは、華僑もしくはその二世、三世に当たる「華人」によって経営されているからである。タイやシンガポールの上場企業では八割、インドネシアでは七割、マレーシアでは六割、フィリピンでは五割が華人の所有になっている。

二一世紀に入ったころから、「世界の工場」と称されるようになりつつある中国が日本の産業にとって重大な脅威になるといった考え方が、ささやかれたことがある。「中国脅威論」の背景には、次のような不安感が横たわっていたように思われる。①中国の製造業は、広大な農村地帯から大量に供給される安価で勤勉な労働力と、数多くの大学の卒業生や海外留学からの帰国組からなる豊富な知的労働力という「武器」を備えていること、②かなりの技術水準が実現されつつあること、③日本国内から工場が次々に中国に移って行くと、「産業の空洞化」が進行し、日本のモノづくりが危機に陥ってしまうことといった考えが、それである。しかし、大切な点は、いたずらに感情論を先行させることなく、中国の製造業の強さと弱さをきちんと理解することではなかろうか。

中国経済の強い点と弱い点

中国は、東南アジアの国々とは異なって、第二次大戦後の「自力更生」主義によって、各種の産業を自前で発達させている。多くの産業において、一応の基盤となる技術力を有している。人工衛星を飛ばせる先端技術もある。なにしろ一三億人という無尽蔵ともいえる広大な国内市場が存在し、そうした国内市場向けの各種の産業が展開している。それに加えて、繊維、電機、パソコン、情報産業のある部分、とりわけ電機産業のうち大量生産製品においては、日米欧の企業とならぶレベルの「自前の技術」を有し、世界市場でも太刀打ちできる域に到達している。したがって、海爾（ハイアール）、TCL、格蘭仕（ギャランツ）といった中国のトップクラスの家電メーカーなどのテレビ、エアコン、冷蔵庫、電子レンジといった分野での低価格の大量生産に関しては、日本メーカーはもはや中国には対抗することができない状況にある。しかも、成熟した製品のみならず、超大画面の薄型テレビであるPDP（プラズマ・ディスプレー・パネル）、液晶プロジェクター、デジタルカメラといった、日本企業が開発したばかりの画期的な新製品や、先端的な部品もまた、相次いで中国での生産が開始されている。

中国において急速な製造業の発展が実現しているのは、主に上海を中心とする長江デルタや香港・広州を中心とする珠江デルタの周辺地域である。そこでは、巨大な産業集積が形成され、世界でも最大級のコンテナ港・空港が整備され、それらを軸にしてグローバルな物流のネットワークが形成されている。さらには、「中国のシリコンバレー」ともいわれている北京市西北部の海淀区を中心とする中関村には、ハイテクの集散地にふさわしいおびただしい数のベンチャー企業が存在し、情報機器・ソフトの研究開発と企業化が行われている。また、土地が公有であるために、大規模な建設計画が容易に実施できるというメリットもある。

いずれにせよ、発展が急激な分だけ、中国の強さはいっそう輝かしいものにみえる。

たしかに、二〇〇〇年における一人当たりのGDPは八五五ドルで、一九六〇年代前半の日本の水準に近い。しかし、世界銀行が各国の購買力平価を考慮した一人当たりのGDPを発表しているが、中国の場合、為替レート換算の四・七倍というレベルになっている。逆に、日本のそれは〇・八倍である。日中比較では、為替レート換算の六倍ほどになることを考慮する必要があるだろう。

たしかに、計画経済から市場経済への急速な移行で、多くの矛盾が生じている。解決すべき多くの問題があることもまた、事実である。農村には、人口の七割に相当する九億人が暮らしているが、一億五〇〇〇万人近い余剰労働力が滞留している。「九億人の死活」を左右する農業は、中国経済の最大のアキレス腱になっている。経済発展が外資に依存しているという要素がかなり強い。財政難に陥った地方政府、役人の腐敗・汚職といった条件下で、重税にあえぐ農民たちの姿が浮き彫りにされている。一方、すでに国土の陸地面積の約一八％が砂漠になっているという問題もある。西北部では、毎年ほぼ東京都の面積に匹敵する二四六〇平方キロの砂漠化が進行し、深刻な水不足や水質汚染も将来に暗い影を落としている。社会主義という建前にもかかわらず、都市と農村との格差、沿岸部と内陸部と格差、個人間の収入格差が拡大している。社会保障制度が未整備の段階で、すでに「高齢化」社会に突入し、年金にあてられる資金繰りに苦しんでいる。

そのような問題を抱えながらも、巨大なパワーを発揮しているのが中国である。その経済力の中身をよく観察すると、海外市場向けの工業製品の多くは、どちらかといえば、パソコンのように標準化された部品を寄せ集めて組み立てるもの、部品がシンプルで作業員に格別の技能を必要としないもの、電子・機械・光学・材料・ソフトといった、いわば産業としても総合的な蓄積があまり要求されないものなどに限られていることがわかる。

それに対して、〇二年に「マイカー元年」を迎えたといわれている自動車（特に乗用車）をはじめ、鉄鋼、重電、半導体製造装置、NC（数値制御）工作機械といった、部品の数がきわめて多く、技術開発や技能における長年の蓄積が不可欠で、総合的な技術力を必要とする分野では、依然として日米欧のレベルから立ち遅れている。したがって、製品の品質にはそれほどこだわらない、国内市場向けの生産ならまだしも、外資の力を借りずに自前の技術だけで、海外市場に製品を供給していくには、機は熟していないと考えざるをえない。もちろん、長期的にみれば、そうした分野でも、キャッチアップがなされていく可能性が大きいのであるが。

中国との関係のなかで、日本製造業の進むべき道が浮き彫りにされる

中国経済に関して少し詳しく説明したのは、単にその重要性を強調するためだけではない。日本の製造業が歩むべき道が明確になっていくように思われるからでもある。

日本の電機・エレクトロニクス産業は、これまで高品質・高性能・低価格の製品を大量に生産し、世界市場に供給してきた。今後、大量生産のかなりの部分は中国にゆだねるしかないのではなかろうか。では、日本の製造業が歩むべき道とは、どのようなものなのであろうか。

大量生産は中国に任せるということであれば、森谷が指摘するように、なによりも高い付加価値の製品と高度な部品を志向することが肝要である。具体的にいえば、①自動車では、高級車のみならず、環境に好ましいハイブリッドカーや燃料電池自動車などの次世代車で勝負すること、②発電プラントでいえば、発電効率の高いガスタービンと蒸気タービンの複合発電や廃熱を活用するコジェネレーションや燃料電池をベースにした小型の施設を重視すること、③造船では、液化天然ガス船、高速船、大型客船などに絞っていくこと、④廃棄物に関しては、ガス化溶融炉や固形燃料化プラントといった、中国でも今後ますます重要視されていくことが予想される廃棄物処理装置や解体処理技術の開発を重視すること、⑤総じていえば、省エネ・代替エネルギーの活用・環境破壊の防止・

廃棄物の処理など、広く環境問題の解決に役立つ技術をはじめ、交通事故や渋滞を防止・軽減する技術、防災、医療、福祉、文化などの社会的サービスを向上させるための技術を開発することが要請されているのである。

そうした方策を追究することは、単に健全なる日中間の「共生」の道を切り開くだけではない。先進国としての日本のあるべき将来の姿と重ね合わせることができる。さらにいえば、東アジアがアメリカ、ＥＵとならぶ世界経済の重要な一角を占めるためには、日中韓を軸とするＦＴＡ（自由貿易協定）を構築することが望まれており、それへの展望のなかに、日本の将来の歩むべき道が示されているように思われることを付記しておきたい。

「ＩＴ大国」をめざそうとするインドの壮大なる実験

イギリスによる植民地支配もあって、長い間停滞のなかにあったが、昨今、ＩＴ革命の進行とともに脚光を浴びているのが、インドである。ＩＴ先進国アメリカの心臓部に当たるシリコンバレーの技術者の多くが、インド人であるというだけではない。インド南部の「ハイテクセンター」であるベンガルール（バンガロール）には、従来からの軍事技術や科学技術の集積都市というイメージを超えて、世界中の大手ＩＴ企業が進出し、多数のベンチャー企業が次々と設立されている。インドは、先進国、とりわけアメリカのＩＴ産業からのソフトウエアの開発委託やメンテナンスを軸にした、アメリカ向けのソフトウエアを輸出の切り札にして、「ＩＴ大国」の道を歩み始めている。

アメリカの国家情報会議（ＮＩＣ）は、二〇〇五年に公表した報告書で、二〇二〇年までにインドのＧＤＰはヨーロッパに匹敵する規模になると予測している。また、国連の推計によると、インドの人口は、三〇年前後に一四億人になり、中国を抜いて世界一の人口大国に踊りでる。おまけに、高齢化が進む中国とは異なって、働き盛りの二〇～五九歳の層が大きく膨らんでいる。

では、インドでIT産業が発展した原因はなにかと問われれば、次のような点があげられる。

① 数千年もの昔、抽象度の高い哲学がうまれ、「ゼロ」の発見を軸にした記数法が確立したという文化的伝統
② 植民地時代に定着した「英語」という共通言語の存在
③ 小学校終了時までに、「十九×十九」まで暗記させるという、二ケタ数字の掛け算教育（実際に、インド人は、指の先・二つの関節・付け根で器用に数を数える）
④ IT関連の高等教育機関は全土で四〇〇以上もあり、毎年約一五万人の技術者を輩出
⑤ 一九九九年にIT省が創設されるなど、国を挙げてのIT産業へのサポートが効を奏していること
⑥ 工業化に必要なインフラという点では、港湾や道路の整備といった莫大な投資を不可欠とするが、ソフトウエア産業のインフラは通信と一定程度の電力設備があれば、事足りること

まとめれば、英語に堪能で、数学的思考にたけ、しかも国際的にみれば賃金の安い良質の若手ソフトウエア技術者が豊富に存在していることになる。

元来、NIEsやASEAN（東南アジア諸国連合）諸国における成長パターンは、おおむね次のようなプロセスを踏んで達成されてきた。まずは国内の消費財の生産からスタートする→低価格を武器に労働集約的な工業製品を輸出財に育てるなかで、工業技術を蓄積する→耐久消費財の生産を促したあと、サービス産業の比重を高めていく→国内基盤がある程度整備されると、先進国から資本と技術を受け入れる→労働集約型から技術・知識集約型の産業へと、徐々にかつ段階を経て発展させていく。この成長パターンは、日本が先頭に立ち、NIEs、さらにはASEAN諸国がその軌跡をたどったが、雁の集団が飛ぶ形に模して「雁行《がんこう》形態」と呼ばれている。

インドでも、停滞から脱出すべく、農工のバランスをとりながら、いかなる開発政策を採用するのかをめぐって、さまざまな試行錯誤が行われた。しかし、九一年にデフォルト寸前にまで追い込まれたインド経済を立て直すため

に、ＩＭＦ・世界銀行から総額二八億ドル弱の融資との引き換えに経済自由化が導入されるまで、インドでは、経済成長率を犠牲にしてでも、あらゆる工業製品を自国で生産することが志向されていた。外資誘致も、積極的には実施されなかった。その結果、「サンダルから人工衛星まで」と呼ばれるほど、広範囲の工業製品を国内で調達できたが、国際的競争力はきわめて低かった。現在でも、就業人口の三分の一は農業従事者である。ＧＤＰの約三割は、第一次産業によって占められている。三億人以上の人々が貧困に苦しんでいる。

そうした経緯を経て、ＩＴ産業振興を意識した政策が徐々に明確化されていったのは、九〇年代後半になってからのことである。インドが、アジア諸国が歩んだいわば古典的な発展パターンをたどるのではなく、九〇年代に深化したグローバル化とＩＴ化という世界経済に直結するソフトウエアをベースにして経済全体を底上げする起爆剤として位置づける戦略を掲げた点は、大変興味深い。というのも、かつての植民地時代に、資本主義国の原料・食糧供給地として位置づけられ、久しく貧困に甘んじていたインドが、ＩＴ革命が進行するなか、今度は家電製品や電話機といった工業製品をいわば「原料」として活用し、それにソフトウエアという「コンテンツ」を上乗せし、付加価値をつけて新しいビジネスを展開するという戦略を打ち出したからである。また、伊藤洋一が述べているように、ＩＴ産業の出現は、たとえカーストの最下層の出身者であっても、能力を発揮すれば活躍できるビジネスの場を創造したからでもある。いずれにせよ、インドが新しい経済発展のパターンを提示できるかどうかを示す「壮大な実験」を本格化させたことはたしかである。

5　新しい潮流も

BRICsの台頭と食糧・原油価格の高騰

一九九〇年代における市場経済のグローバル化のなかで、デフレ基調が持続したことは、先にふれた通りである。ところが、二一世紀になると、世界経済を特徴づける新たな動きが浮上してきている。今後ますます重要性を増していくと考えられる動向でもあるので、簡単に言及しておきたい。

一つの潮流は、二〇〇〇年以降に顕在化し始めたBRICs（ブラジル、ロシア、インド、中国）をはじめとする有力新興国における経済発展、モータリゼーション、食生活の欧米化（植物性食品から動物性食品へのシフト）と、中産階級・富裕層の購買力の急伸がある。中国とインドの状況についてはすでに触れたが、四カ国の人口の総数はなんと二七億人に達するのである。なかでも、アメリカのメリルリンチ社などがまとめた調査にしたがえば、金融資産が一〇〇万ドル（約一億円）を超える富裕層の数は、二〇〇六年の時点で、約六八万四〇〇〇人に達している。その内訳は、ブラジル約一二万人、ロシア約一一万九〇〇〇人、インド約一〇万人、中国約三四万五〇〇〇人となっている。門倉貴史は、四カ国の消費マーケットがすでに〇六年に日本のそれを追い越したことを指摘しているが、今後も富裕層や中産階級の増加による消費マーケットは、想像を絶するほどの大きさになることが予想される。ちなみに、国連の推計では、BRICsの人口は、五〇年には現在よりも六億人も多い三三億人になる見通しである。

もう一つの潮流は、「FFインフレ」という言葉にも示されるように、燃料（＝fuel）と食糧（＝food）の高騰によるインフレの顕在化である。〇六年から〇八年にかけて顕在化した食糧価格の高騰の原因としては、①新興国の経済発展による著しい需要の拡大、②農産物を原料とするバイオ燃料の生産、③穀物輸出国における干ばつや台風による被害、④投機資金の流入といったことが取りざたされている。最後の投機資金について、若干補足しておくと、〇七年夏以降、サブプライム危機で揺らぐ株式市場から、穀物などの商品市場に資金の一部を移す動きが加速したことがあげられる。両者の規模は大きく違う。数千兆円の株式・債券市場に比べ、穀物市場なら数兆円で、最も生産量の多い米国産トウモロコシ一年分を買い占められる計算になる。世界の主要穀物価格は、シカゴ商品取引所の先物市場で決まる。〇八年四月二二日現在の先物買いのうち、コムギ四一％、トウモロコシ二二％、大豆二四％を、ファンドマネーの主力とされる「インデックスファンド」が保有しているのである（『朝日新聞』二〇〇八年五月五日）。インデックスファンドとは、金融情報大手ダウ・ジョーンズなどが公表する商品市況指数（インデックス）に連動して運用される資金の総称である。なお、新興国における需要の拡大およびその成長に伴う将来の需給逼迫《ひっぱく》をにらんだ投機マネーの流入という、穀物価格を高騰させている構図は、そのままそっくり原油価格の高騰にも当てはまることを記しておきたい。〇五年に一バレル五〇ドル台だった原油価格は、〇八年初頭に一〇〇ドルを越え、同年七月には一四七ドルの史上最高値をつけたあと、下降に転じている。原油価格にしろ、食糧価格にしろ、振幅を伴うものの、一〇年から二〇年、あるいはもう少し長いトレンドでみると、高値で推移する流れは今後も続いていくと考えられている。

サブプライムローン・ショックのインパクトは、まさに地球的規模であった！

最後にサブプライム問題について言及しておこう。二〇〇〇年の「ＩＴバブル」崩壊以降、上昇し続けていたアメリカの住宅価格は、〇六年夏に下落に転じた。いわゆる「住宅バブル」の崩壊であるが、それとともにサブプライムを中心に住宅ローンの焦付《こげつ》きが急増した。その結果、〇七年には、住宅金融に関わっていた多くの金融機関の株価の暴落や経営破綻が生じた。サブプライムローン・ショックの発現である。そして、それは、アメリカ国内にとどまらず、世界中を巻き込んでいった。本来は非常に危なっかしいと思わざるをえない住宅ローンが「仕組み債」と呼ばれる金融商品に加工されて、世界中の投資家にばらまかれていたからである。〇八年になると、さらに政府系有力住宅金融機関二行の経営危機、巨大投資銀行リーマン・ブラザースの経営破綻、メリルリンチの商業銀行バンク・オブ・アメリカへの吸収合併、世界最大級の保険会社ＡＩＧの危機などに象徴的に示されるように、アメリカ金融市場の混乱から世界的な金融危機へと拡大した。アメリカにおける過剰ともいえる消費行動が世界経済を牽引《けんいん》していたことを考慮すると、同国の不況が世界的な景気悪化を加速させるという負の連鎖をもたらし、「世界同時不況」につながりつつあるといえる。ただ、きっかけとなった住宅ローンの返済不能に陥る人はますます増えることが予想されるので、今後どのような広がりをみせるのか、いつごろまで続くのかといった点については、〇九年初頭の時点では確定的なことがいえる状況ではない。

それでも、モノづくりとリンクしない、おカネがすべてという金融資本主義は破綻したといえるのではないだろうか。そして、生態系にも配慮しつつ、経済の原点ともいうべきモノづくりを軸においた経済と、おカネ万能主義ではなく、共生や生きがいに価値をおく社会への転換が求められているのではなかろうか。サブプライムローン・ショックが人類に暗示した教訓がそこにある。

第15章 人類の危機に対する警告とはなにか

●本章のねらい

高度成長によって、「豊かな社会」が実現したことは、すでに触れたとおりである。しかし、その代償もまた、大きなものであった。第一に、豊かで便利な生活を維持するために、膨大な化石燃料が使用された。その結果、二酸化炭素などの温室効果ガスが放出され、温暖化という現象があらわれ始めた。第二に、先進国においては、農薬・食品添加物・重金属・放射性物質といった、自然には存在しないものを含めて多くの有害物質が出現した。自然の浄化能力をはるかに越えたものとなり、公害や環境汚染が全面的にあらわれるようになった。これまで大量生産と大量消費ばかりに目が向けられ、その帰結として生じる大量廃棄については、ほとんど注目されなかったが、そのツケが出始めたのである。ただ、高度成長期までにみられた公害の多くは、被害が局地的であった。どちらかといえば「目にみえるもの」、つまり原因と結果がかなりはっきりとしたものであった。ところが、現在進行中の環境破壊は、もはや特定の地域・国レベルの問題ではなく、地球全体に影響を及ぼすものとなっている。したがってまた、因果関係の実証がむずかしく、長い時間をかけて、目にみえないうちにジワジワと自然環境をおかしていくような性格をもっている。影響が確認されたときには、すでに手遅れになっているかもしれないところに、真の恐ろしさがあるといえる。第三に、途上国や移行国と呼ばれる国々においては、広い範囲にわたって、森林破壊が急速に進行しつつある。

そのようにして、森・大気・水・土壌にとどまらず、われわれ自身の身体のなかにまで、汚染が進行している。汚染の対象は、地球という惑星全体におよんできたのである。もちろん、自然の生態系や人体には、ある「限界」に達するまでは、被害を受けても表面化することなく、修復していくという自己調節能力がそなわっている。しかし、どのあたりが「限界」かということは、現段階ではほとんどわかっていない。今後のなりゆきを科学的に予測することも、実はかなりむずかしいのである。

今の時点でいえることは、次の三点である。第一に、人類が実際の影響を十分に予知し、監視する手段をもたないうちに、不用意にも地球全体を包摂する壮大な生態学的実験を開始してしまったこと、第二に、事態の進行がいったん「限界」を越えると、もはや後戻りができず、破局の道をたどらざるをえないように思われること、第三に、われわれの生活環境が、文字どおり危機的な状況にまで悪化してしまったのは、人類の七〇〇万年にもおよぶ歴史のなかでは、ほんの一瞬ともいえるこの五〇年ほどの間の出来事にすぎないことである。

本章では、第一に、人類が直面するそうした環境破壊を大きな危機感をもって受け止めているいくつかの考え方を紹介し、第二に、破壊の現状を具体的な四つのテーマにそくして検討したあと、第三に、どのように考え、行動すればよいのかについても言及したい。

1　人類の危機に対して、多くの警告がなされている

「人類は八〇年で滅亡する」という警告もある

人類の危機に対する警告が初めて大々的に公表されたのは、民間の有識者の集まりであるローマ・クラブが一九七二年にまとめた報告書『成長の限界』においてである。そこでの結論は、「世界人口、工業化、汚染、食糧生産、

および資源の使用の現在の成長率が不変のまま続くならば、来るべき一〇〇年以内に地球上の成長は限界点に到達するだろう」というものであった。ローマ・クラブの第二次報告書『限界を超えて』でも、「このまま放置すれば」、二〇二〇年ごろから人類破局の前兆があらわれることが指摘されている。

八四年版を皮切りに毎年『地球白書』を出版し、環境問題についての主導的なシンクタンク（研究者集団）となっているワールドウォッチ研究所も、地球的規模での環境破壊の実態を克明に描き、危機感を訴えている。国連環境計画（UNEP）が九九年にまとめた『地球環境概況2000』においても、「温暖化対策はもう手遅れの可能性が高く、熱帯雨林の破壊や水不足も深刻」だと指摘されている。九二年にリオデジャネイロで開催された「地球サミット」から十年目を機に、〇二年にヨハネスブルグで開かれた「環境サミット」に向けて作成された国連事務総長の報告書では、「リオでの目標に向けた歩みは期待されたよりも遅く、環境保全の取り組みは不十分である。いくつかの分野では十年前よりも悪化している」と表明されている。

人類が直面する危機感をきわめて鮮明に打ち出している論者に、『人類は80年で滅亡する』というショッキングな本を刊行している西澤潤一と上野勛黄がいる。両者の見解を要約すれば、以下のようになる。大気中の二酸化炭素濃度の上昇が現状のまま進むと、一五〇年後には、三％水準にまで到達する。それは、人間を徐々に窒息死させるレベルである。しかし、北極や南極の永久凍土の下や海洋底で安定した状態に保たれているメタンハイドレート（メタンガスと水の化合物）が温暖化あるいは資源採掘によって崩壊するような事態が生ずると、メタンと二酸化炭素がくだす「人類への死刑執行」はずっと早まって、八〇年後の二〇八〇年ごろになってしまう。

まるで人類の未来に関する悲観論のオン・パレードである。西澤や上野だけではない。二一世紀が人類にとっての「最後の世紀」になるかもしれないと考えている人は必ずしもまれではない。また、松井孝典と安田喜憲は、人類が生き残っていくためには、欲望を抑制する哲学を確立させ、市場経済を否定するぐらいの覚悟が要ると説いている。ジョン・ベラミー・フォスターも、生産と自然の私有化を否定する以外に危機から脱出する道はないと主張している。

しかし、有力な考え方は「持続可能な発展」は可能としている

ところが、環境主義者の主流的な見解は、必ずしも悲観的なものではない。『成長の限界』の立場も、技術の発展が成長の限界を無限に克服し続けることができることを信じる「技術的楽観主義者」の考え方とは一線を画するとはいえ、基本的にはこうした成長の趨勢《すうせい》に修正を加え、「将来長期にわたって持続可能な生態学的ならびに経済的な安定性を打ち立てることは可能である」という立場に立っている。特に、一九八七年の「国連環境と開発に関する世界委員会（ブルントラント委員会）」報告で提唱され、国連総会でも承認された「持続可能な発展」という考え方が、広く受け入れられている。いまでは先進国でも途上国でも、共通にめざすべき目標として認知されている。九二年にリオデジャネイロで開催された地球サミットでも、「環境保全と経済成長を二律背反と考えず、技術力の向上や経済性の向上を通じて環境負荷の低減を図ること」、つまり「持続可能な開発」を進めることが提起されている。「持続可能な発展のための世界経済人評議会」（WBCSD）によると、「持続可能な発展」の意味するところは、環境効率（エコ・エフィシェンシー）の向上を図り、代替不可能な資源を枯渇することなく、生態系を破壊することもなく、世界の大きな社会的不均衡の軽減に資する経済成長の達成であるということに集約される。一言でいうと、「未来の世代の必要を満たす能力を損なうことなく、現在の必要を満たすような開発」となる。

ワールドウォッチ研究所の考え方も、「持続可能な発展」は可能であるという立場に立っている。国際的に高い評価を受けているシュミット・ブレークが主宰する「ファクター10クラブ」の見解も、「資源生産性の向上」などによって、「持続可能な発展」の道筋を示している。資源の生産性が何倍かになれば、それだけ利用される資源の

量が減っていくからである。

また、廃棄物対策として、三つのRが大切であるとしばしば指摘される。できるだけ廃棄物を出さない（リデュース）、どうしても廃棄物になる場合は再利用する（リユース）、さらに再生利用を進める（リサイクル）ことによって、資源を循環させて有効に使おうという考え方である。それは、これまでのような廃棄物の処理を考えずに、大量にモノを生産・消費していた「消費型経済システム」から「循環型経済システム」への転換を意味している。循環型経済システムの原則とは、企業が生産した製品は、自らが責任をもって回収・処理を行い、リサイクルしなければならないというものである。

地球が直面している危機の認識の度合いや「持続可能な社会」への道筋をどのように設定するのかという点については違いがあるが、「持続可能な発展」をめざすという点では、主流派の見解はおおむね一致しているように思われる。

たしかに、科学技術の発達はめざましい。燃費のよいハイブリッドカーはすでに販売されている。太陽光・風力・バイオマスなど、地球環境の最大の汚染原因となっている化石燃料に代わるべき代替エネルギー源の開発も行われている。環境防除技術の開発も進められている。環境税が導入された国も増えている。しかし、現在の状況が改善されないままで進行すれば、遠からず人類にとって破局的な事態がありうるという現実は本質的にはそれほど変わっていないように思われる。では、いったい地球環境の現在から未来に向けての動向とは、いかなるものなのであろうか。具体的な問題にそくして、まずこの点からみていこう。

2 地球の温暖化

温暖化が進むと、いったいどうなるの？

地球規模の環境破壊として第一にあげられるのは、地球の温暖化である。その現象は、二酸化炭素（炭酸ガス）、メタン、フロンといった、地球から放出される熱を吸収する「温室効果」の性質を有した温室効果ガスが大気中に占める濃度が急上昇することによって生じる。温室効果ガスのうち、六六〜七三％と最も大きなウエイトを占めるのが、二酸化炭素である。

地球を取り巻く大気のうち、七八・一％が窒素、二〇・九％が酸素によって占められている。それに対して、二酸化炭素は、一九九九年の時点でわずか〇・〇三六八四％、つまり三六八・四ｐｐｍ（ｐｐｍは一〇〇万分の一の単位）にすぎない。しかしながら、産業革命以前の濃度は二八〇ｐｐｍであったので、それから三二％近く増加したことになる。

二酸化炭素濃度の上昇が目立ち始めたのは、一九六五年以降のことである。八〇年代に入ると、その増加速度がますます高まっていった。その背景には、石炭のみならず、石油や天然ガスといった化石燃料の大量燃焼がいっそう進展したことや、二酸化炭素を大量に吸収する森林の破壊が急激に進んだことがある。便利な生活を支えるエネルギーの活用が原因なのである。また、温室効果が二酸化炭素の数千から一万倍にもおよぶフロンや、二〇倍にもなるメタンの影響も甚大である。フロンについては後述するが、メタンは、水洗トイレの普及に伴う下水処理、合成洗剤の使用、ゴミの埋立てによって発生する。永久凍土が溶解すると、凍土中のメタンが大気中に放出されることが予想されている。

いったん大気中に放出された二酸化炭素は、光合成の反応面積を増やさないかぎり、二〇〇年でも三〇〇年でも大気圏に留まってしまう。大気中の二酸化炭素濃度は、二一〇〇年には七〇〇ｐｐｍになると予測されている。そうすれば、いったいどのような現象が生じるのであろうか。海洋や森林がどの程度二酸化炭素を吸収するのかといった点で、まだ不確定な要素が多いものの、世界気象機関（ＷＭＯ）と国連環境計画によって組織された「気候変動に関する政府間パネル（ＩＰＣＣ）」が九五年一一月にまとめた第二次報告書にしたがえば、二一〇〇年には地球の平均気温は約二度（一～三・五度）上昇し、地球上の海面は平均五〇センチ（一五～九五センチ）上昇すると予測されている。

地球の平均気温は、過去一万年間、摂氏一五度前後に保たれている。温室効果というと、マイナス面ばかり目につくが、その効果がなければ、地表の温度はマイナス一八度に下がってしまう。かりに、摂氏一五度が二～三度上がると、極地周辺では一〇度以上も温度があがるといわれている。北極には大陸がなく、海に漂う氷の上に存在しているので、北極の氷が解けても水位は上がらない。主に南極の氷、極地の凍土層、高山の雪などが解けて、海面が上昇するということになる。そうなると、大洋に浮かぶ小さな島国は、国全体が沈没してしまう可能性が高い。健康面では、マラリアやデング熱などの伝染病の患者が増えることが考えられる。さらには、温暖化に伴う食糧価格の上昇、巨大な台風・ハリケーンの発生、多雨・洪水・干ばつといった異常気象、水をめぐる紛争などは、とりわけ途上国の人々に破局的な事態を引き起こし、膨大な「環境難民」をうみだすことになるともいわれている。

すでに、一九八七年に、インド洋の島国モルジブのマウムーン・アブドゥル・ガユーム大統領（在任一九七八～二〇〇八年）が、国連総会の場で、「海面が一メートルでも上昇すれば、台風が来た時にはわが国は生き残るのはむずかしい」と、海面上昇の脅威について演説している。南太平洋に浮かぶ平均標高一・五メートルの島国ツバルは、二〇〇一年春にＩＰＣＣが公表した二一〇〇年までに「最大八八センチ」の上昇という予測を受けて、〇二年に、全国民（一万一〇〇〇人）を移住させる計画を作成している。日本でも、海面が五〇センチ上昇すると、砂浜の約七〇％が消失するといわれている。

温暖化対策も始まっている

そうした状況に対する対策として考えられるのは、二酸化炭素をはじめとする温室効果ガスの排出を抑制することや、二酸化炭素を出さない電力ということで、太陽光や風力といったものを使って発電する、いわゆる「グリーン電力」への転換などである。

二酸化炭素の削減という点で大きな意義を有したのは、一九九七年一二月に京都で開催された「地球温暖化防止京都会議」である。正式名を「気候変動に関する国際連合枠組条約第三回締結国会議（略称COP3）」という。この会議の意義は、三橋規宏によれば、①「無限で劣化しない地球」という前提に立った「二〇世紀文明との決別を宣言した二〇世紀最初で、そして最後の国際会議」であったこと、②国益や企業益ではなく、「人間が生存していくための自然環境を健全な形で次の世代に残していくことを優先させる思想」である「地球益」という視点が意識された最初の国際会議であったこと、③さまざまな活動を展開している環境NGOが報道機関と並んでブースを構え、各国の代表と議論をしたり、積極的な働きかけを行ったりしたことである。その帰結として、二〇〇八年から一二年までの間に先進国全体の温室効果ガスの排出量を、一九九〇年比で五・二％削減するという内容の京都議定書が採択された。途上国は参加していないが、日本六％、アメリカ七％、欧州連合（EU）八％という法的拘束力を有する国別削減目標も掲げられた。また、先進国間で温室効果ガスの排出枠を売買する「排出量取引」、先進国が共同で削減策を実施した場合には削減分を関係した国で分け合う「共同実施」、先進国が途上国で排出削減事業を実施して、削減分の一部を途上国から譲り受ける「クリーン開発メカニズム」、九〇年以降の植林による二酸化炭素の吸収量をカウントすることなどの措置が盛り込まれた。

最大の排出国であるアメリカのジョージ・ブッシュ大統領（在任二〇〇一～〇九年）が前政権の合意をひるがえして離脱したのは、〇一年三月のことである。加えて、排出量二位の中国、五位のインドなどの「新興国・途上国」には削減義務がないことを考慮すると、削減義務の対象は、世界の全排出量の三割程度にとどまっている。二酸化炭素の濃度をいまのレベルで安定化させるには、五〇～七〇％の削減が不可欠とするＩＰＣＣの警告に照らし合わせると、非常に不十分なものでしかない。それでも、〇五年二月に発効した京都議定書に対する期待は大きい。その時点で批准したのは、一四一カ国・地域である。その後、「ポスト京都」の枠組みをめざして、〇七年一二月に開催されたＣＯＰ13においては、「第二約束期間」となる一三年以降の温暖化対策の枠組み交渉の進め方をまとめた行程表が合意された。〇八年四月から、京都議定書の「第一約束期間」が始まっている。ただ、〇八年一二月にポーランドで開かれたＣＯＰ14は、先進国と新興国・途上国の利害対立があらわになり、進展のないまま閉幕した。世界的な経済危機のために、「温暖化防止どころではない」という空気が漂っていたことも事実である。もちろん、「ここで不況を理由に温室効果ガス削減の歩みを鈍らせてしまうと、地球規模の災厄が避けられなくなる」という危機感が失われているわけではないが。求められているのは、「温暖化防止をいかに経済の回復につなげるかに目を向け」るような発想の転換といえるだろう（『朝日新聞』〇八年一二月七日、一三日夕刊）。

ともあれ、二酸化炭素を出さない暮らしが求められる時代が本格化している。すでに多くの国で炭素税（環境税）を導入するなど、環境対策が定着しつつあるヨーロッパ諸国の積極性、省エネ意識の低いアメリカの消極性というコントラストが浮かび上がる。ＩＰＣＣの見解では、京都議定書の削減目標ではまだまだ不十分で、いっそうの削減が必要になると指摘されている。したがって、ＥＵは、「地球環境２０１０」という報告書を作成し、温室効果ガスを二〇年までに四〇％削減し、長期的には七〇％の削減を目標とすることを表明している。そして、具体的な政策を導入し、ドイツは一六％、イギリスは九％と削減を実行している。

3 オゾン層の破壊

便利なものにはトゲがある。その名はフロン

地上から約一〇キロ上空までは、対流圏と呼ばれる。オゾン層があるのは、その上の一〇～五〇キロに存在する成層圏である。オゾン層は、太陽から地球に降り注ぐ太陽光のうち、有害な紫外線の地表面への到達量を大幅に減らす働きをしている。地球規模での環境破壊として二番目に指摘されるのは、そのオゾン層がフッ素と塩素からなる化合物であるフロンによって破壊されていることである。

フロンは、もともと自然界にはなかった化学物質である。一九三〇年代初めに、大手化学会社のデュポン社から「フレオン」というネーミングで市販されたこのガスには、無毒、無味無臭、不燃という特徴があった。そのため、二〇世紀文明の創造に実に多大な貢献をしたといっても過言ではない。具体的には、①冷却媒体（冷蔵庫やエアコン）、②発泡剤（クルマ・電車・航空機のシートになっているポリウレタン樹脂）、③エアゾールの噴射剤、④精密洗浄用溶剤（エレクトロニクス産業や精密機械産業で使用される部品の洗浄用の溶剤）など、すべてフロンのおかげなのである。

ところが、われわれが生活する対流圏ではまったく問題を起こさないのに、成層圏まで達すると、オゾン層を破壊する。そのことが、七四年に発表されたアメリカ・カリフォルニア大学のシャーウンド・ローランドとマリオ・モリーナ（九五年ノーベル化学賞受賞）の論文で明らかにされたのである。その点を証明するかのように、すでに南極や北極の上空では、オゾンの量が著しく少なくなり、穴が開いたような状態になるオゾンホールが形成されてい

る。そのことを八二年に発見したのは、南極の昭和基地で観測をしていた日本人観測隊員である。その後、オゾンホールは恒常的に確認されるようになっており、その面積も毎年拡大傾向にある。たとえば、九八年に南極上空で確認されたオゾンホールは、南極大陸のおよそ二倍に達している。

紫外線には、DNAを傷つける作用がある。特に、波長一九〇〜二八〇ナノメートルの短波長紫外線がそうである。したがって、オゾンが減少すると、皮膚ガンや白内障の増加、免疫抑制などを招き、生態系にも大きな影響をもたらすことが懸念されている。事実、オーストラリア、アメリカ、カナダ、日本などでは、皮膚ガン患者が増加するという被害が出ており、紫外線を浴びないようにするさまざまな対策がとられている。もしオゾン層がなくなれば、四億年ほど前の、地上に生物が生存できなかった時代に遡《さかのぼ》ってしまう。

フロンに対する規制はスタートしたが……

オゾン層を破壊するフロンに関しては、すでに規制の方向がはっきりと示されている。一九八七年九月の「モントリオール議定書」では、「特定フロン（フロン一一、フロン一二、フロン一一三、フロン一一四、フロン一一五の五種類）を二〇〇〇年までに五〇％削減する」とされた。そして、八九年五月には「二〇〇〇年までに全廃する」となり、その後、「九五年までに全廃する」という具合に、いっそう強化されている。

それでも、大気中に放出されたフロンがオゾン層まで到達するのに、十年以上の長い歳月がかかるので、何十年にもわたって、フロンがオゾン層を傷つけていく。結果は未来にあらわれるのだ。最悪の状態になるのは、むしろ二〇二〇年ごろと考えられている。本格的な被害がでるのは、むしろこれからのことになる。ちなみに、オゾン層が回復するのは、五〇年ごろと予測されている。なお、特定フロンに代わって使用されている代替フロンには、温室効果が非常に大きいという、別の懸念材料が浮上している。

4 森林の破壊

森林の効用とは

環境破壊として三番目に検討するのは、森林破壊である。森林は、木材を生産するだけではなく、土壌をつくり、気候を穏やかにし、洪水を防ぎ、干ばつに備えて水を蓄え、多くの生物種のすみかになっている。二酸化炭素をとりいれ、蓄えることによって、大気中の二酸化炭素の量を安定させている。地球の温室効果をおさえる役割を果たしているのである。そのように多様な役割を演じている森が減少するわけである。その影響は深刻である。温帯や亜熱帯の森林面積はそれほど減少していないので、森林破壊という場合、ごく最近までは、端的にいって熱帯林の破壊を意味したと考えてよい。熱帯林が分布するのは、赤道を中心に、ほぼ北回帰線から南回帰線までの範囲である。成長が早く、代謝も活発で、しかも常緑であるため、その光合成量はきわめて大きい。一九六〇年には、依然として世界の全森林面積の五〇%近くを占めていた熱帯林は、八〇年には四四%に減少している。その後も、毎年二〇〇〇ヘクタール前後の森林が消滅し続けたといわれた。かつては、世界の森は「あと一〇〇年」で消える可能性が示唆されたことがあるが、最近では、「あと五〇年」とさえ指摘されることもある。二〇〇五年における世界の森林面積は、約三九億ヘクタールである。陸地面積の約三割を占めているが、二〇〇〇～〇五年には、年平均七三一万ヘクタールの規模で、森林が減少している。

森林破壊の影響もあって、地球上の生物は、過去とは比較にならないほどの驚くべきスピードで絶滅している。環境情報普及センターによると、一六〇〇～一九〇〇年の絶滅速度は一年に〇・二五種だったのが、一九〇〇～六〇年には一種、六〇～七五年には一〇〇〇種、七五年以降はなんと四万種と急増している。生物の多様な品種が新たに食糧や薬用成分になる可能性をはらんでいるがゆえに、それらの品種の減少は、未知の食糧や薬用成分の活用の可能性をそれだけ狭めていることを意味している。そもそも、森林は、生態系の根幹である。もしそれがなくなると、砂漠化が進行し、表土の流出や土壌の劣化が進むだけではない。人工的に光合成のしくみをつくりあげないかぎり、人類のみならず、陸上の生物がすべて滅びてしまうことになる。

なぜ森林が破壊されるのか？

熱帯雨林が減少する要因の一つは、新しい農地を確保するための焼き畑の実施である。一九六〇年頃までの焼き畑は、何年かの周期で環境を激変させない形で行われてきた。ところが、その後の焼き畑は、人口の急激な増加によって、森林の再生能力を無視したものに変わっている。産業革命が開始される前の一七〇〇年の世界人口は、わずか六億四〇〇〇万人であった。一〇〇年後の一八〇〇年でも八億九〇〇〇万人、二〇〇年後の一九〇〇年でも一六億五〇〇〇万人であった。しかし、二〇世紀後半の「人口爆発」によって、一九五〇年の人口（約二五億人）が二〇〇〇年には二倍以上の六一億人に達している（〇八年世界人口白書では、六七億四九七〇万人）。

また、熱帯雨林を抱える国々の燃料が薪や炭であるため、薪炭材を確保するための伐採が行われている。アマゾン流域では、アメリカへの牛肉輸出のために行われる牧場への転換が、伐採の大きな原因となっている。それに加えて、先進国サイドの建築材・パルプ材の需要を満たすための森林破壊がある。たとえば、世界一の木材輸入国である日本を引き合いに出すと、七〇年ごろまではフィリピン、七〇年代前半はインドネシア、その後はマレーシアというように、一つの国の熱帯森林資源を食いつぶしてはほかの国に移るという形で、東南アジアの熱帯雨林を破壊してきたという不名誉な実績がある。ところが、熱帯雨林への国際的な関心が高まったこともあって、その後は、ロシアやカナダの針葉樹の輸入を増加させている。シベリアでは、年間四〇〇万ヘクタールもの森林が伐採されている。その消失速度は、アマゾンの二倍である。そうすると、今度は、シベリアの森林伐採によって地表温度が上昇し、凍土（ツンドラ）が解け、メタンの放出で、温暖化が加速するという懸念が指摘されている。

それでは、いったいなぜ途上国の人々が自国の環境を破壊する森林伐採を続けるのであろうか。それは、かつて先進国の植民地政策によって、貧困が「固定化」され、現在でも日々の食糧の確保と債務の重圧から環境を犠牲にせざるをえない状態におかれているからである。

5　人工化学物質による遺伝子の破壊

「豊かな社会」をつくりあげた人工化学物質の脅威

四番目は、元来地球上には存在しなかった多くの人工化学物質が遺伝子を破壊するという問題である。現在の「豊かな社会」にあっては、農薬、食品添加物、医薬品、化粧品、工業用薬品、洗剤、洗浄剤、染料、発泡剤、冷媒などに留まらず、各種の工業製品、建材、家具、日用品、玩具など、さまざまな人工化学物質を素材にした製品が氾濫している。それらの大半は、環境中に放出されている。いずれも、人類が化学技術を応用してつくりだしたものであり、現在の「便利で快適な生活」には欠かせないものとなっている。その際、個々の物質の化学的安定性、柔軟性、耐摩擦性、耐腐食性、絶縁性などの多様な特性・利点のみが注目され、それらが環境にいかなる影響を与えるのかといった問題は考慮されることなく、開発・活用され続けたといえるだろう。具体例としては、以下のようなものがある。

① 強力な有機塩素系殺虫剤のＤＤＴ（ジクロロジフェニルトリクロロエタン）やＢＨＣ（ベンゼン・ヘキサクロライド）

②　トランスの絶縁体やノーカーボン紙などに広汎に使用されたＰＣＢ（多塩素化ビフェニル）
③　塩素を含むプラスチック類などの燃焼によって生じ、「人類がつくった最強の毒」という異名を有するダイオキシン
④　合成洗剤の使用などで発生するトリハロメタン
⑤　船底塗料や養殖漁業のいけす用の網に塗られる防汚《ぼうお》塗料に使用され、「海にまかれた毒」といわれている有機スズ
⑥　断熱性や吸音性に優れているので、建材として広く活用されたアスベスト

なかには、ある時期、われわれの生活に便益を提供したが、突然変異やガンを誘発する性質を有していることで、日本や先進国で使用禁止になったものも多く含まれている。

ＤＤＴやＢＨＣといった人工化学物質の弊害にいち早く警告を発したのは、一九六二年出版の、レイチェル・カーソンの古典的著作『沈黙の春』である。そこでは、合成殺虫剤や除草剤が、駆逐すべき対象となっていた「害虫」のなかに抵抗力を植えつけたばかりではなく、逆に無数のバクテリアがうごめくことによって肥沃度を維持している土壌を汚染し、農作物を汚染し、野生の生物を殺していることが述べられている。春になっても鳥のさえずりが聞こえないような事態を生み出し、ガン患者を増やしているという実情が明らかにされている。

市川定夫が指摘するように、そうした人工有機化学物質は、「大部分が極めて安定した物質であって環境中ではほとんど変化せず、しかも、生物がかつて遭遇したことがない物質であるだけに、それを体内で分解したり、積極的に排出したりする能力を生物がもっておらず、体内に蓄積して」、突然変異やガンを誘発する性質を有した物質として、長期にわたって影響を与え続ける。「深刻なのは、ガンが現れるのが誘因に曝されてから長年月ののちのことであり、突然変異も、のちの世代になって初めて現れることである。つまり、有害性の判明に長時間を要し、因果

関係の証明も困難になる。したがって、影響が認められたときには、すでに無数の人びとがこれら誘因に曝されてしまっており、長蛇の『被害予約者』を産み出してしまっていることになる」。

6 環境意識をもとう

四つのテーマに分けて、その現状を検討したが、それらの現実をどのように受け止めていけばよいのであろうか。環境問題を考える際、「地球にやさしい」とか「地球を守れ」といった言葉をよく聞かされる。言葉の響きはいいかもしれないが、誤解を生じやすい言葉である。環境が悪化しても、地球それ自体が、破壊されるわけではない。地球の側では、人間にやさしくしてもらう必要性を感じているわけではないだろう。悪化するのは、地球上の生物・人類の生活環境と、それを支える生態系なのである。

むしろ、環境を保全するということは、「自分に厳しく」ということを意味すると考えた方がよいだろう。「環境を守る」というのは、みんながそれなりに気くばりをしながら、日々の生活を行うことにほかならない。

もちろん、養老孟司が指摘しているように、自然をコントロールできるなど、不可能に近い。人体を含めた自然というシステムは、予測することができない。環境問題の難しさは、それがシステムの問題であることに尽きる。システムというのは、たくさんの要素が集まって、全体として安定したふるまいをするような存在である。したがって、生態系の重要性を認識して、人間もそのなかでしか生きていけないという厳粛な事実をしっかりと受け止める必要がある。自然環境を肌で学び、共生という感覚で付き合っていくしかないのだ。

環境問題の解決に当たって大切な点は、「地球規模で考えて、身近なところで行動しよう」という姿勢である。まずは、事実を知って、自分にできることから始めるというのはどうであろうか。手始めに、積極的に環境に配慮した商品を選択し、身近なところから環境問題を考え、取り組む消費者のことを意味する「グリーンコンシューマー（緑の消費者）」になるというのはどうであろうか。日本人がしばしば口にしてきた「もったいない」という精神も、重要な意味をもつだろう。

グリーンコンシューマー全国ネットワークによれば、グリーンコンシューマーが守るべき行動原則として、次の一〇項目があげられている。

①　必要なものを必要な量だけ買う
②　使い捨て商品ではなく、長く使えるものを選ぶ
③　包装はないものを優先し、次に最小限のもの、容器は再利用できるものを選ぶ
④　作るとき、使うとき、捨てるとき、資源とエネルギー消費の少ないものを選ぶ
⑤　化学物質による環境汚染と健康への影響の少ないものを選ぶ
⑥　自然と生物多様性を損なわないものを選ぶ
⑦　近くで生産・製造されたものを選ぶ
⑧　作る人に公平な分配が保証されるものを選ぶ
⑨　リサイクルされたもの、リサイクルシステムがあるものを選ぶ
⑩　環境問題に熱心に取り組み、環境情報を公開しているメーカーや店を選ぶ

環境問題を扱った多くの本が出版されており、それらのなかには、身近なところで取り組むべきことがたくさんあげられている。ほんの一例を次頁の表にまとめてみた。ほかにも、あなたができることをみつけて、試してほしい。ほんのちょっとしたことでも、つもり積もれば、大きな効果を発揮する。

そうした自分自身の身近なアクションを手がかりにして、それぞれの立場で、行政の力、企業の力、市民の力を

環境問題への取り組み

項　目	身近な具体例
エネルギー・水の節約	①節電・節ガス，省エネを実行する ②エアコンを使うときは，冷え過ぎ，温め過ぎを避ける ③洗濯物はまとめて一度に洗濯する ④使い終わった家電製品の主電源を切る ⑤マイカーの利用を減らし，できるかぎり公共交通を利用する ⑥駐停車中のエンジンのかけっぱなしをやめる
リサイクルの推進	①ゴミは必ず分別する（ゴミも宝物に生まれ変わることを認識する） ②古新聞をはじめとする紙類はリサイクルにだす ③ビンやアルミ缶も，リサイクルに ④再生紙を使う ⑤モノを捨てる前に，必ず修理やリサイクルが可能かどうかをチェックする（捨てればゴミになってしまうが，生かせば資源になる）
廃棄物の削減	①有害といわれている化学物質をできるだけ使わない ②買いすぎをしない ③食べる分だけ調理する．食べ残しをしない ④過剰な包装は断る ⑤裏の白い紙は，メモ用紙として使う ⑥ゴミの焼却場・清掃工場のしくみを知る
その他	①季節を感じながら，旬の食材を使う ②地元で取れる農産物を買う ③有機農法でつくられた農産物を買ってみる ④木を植える ⑤身近な草木・花・鳥の名前を覚える ⑥ときには星空をながめて，悠久なる時の流れを感じる ⑦ワシントン条約違反の製品を買わない ⑧フェアトレード（途上国の産品を公正な価格で購入し，生産者の自立を支援する）に関心をもつ

出し合い、総力を結集し、環境問題の解決に立ち向かおうとする意思こそが大切なのである。

　最後に、もう一つ補足すれば、未来の視点から現在をみてほしい。繰り返していうと、現在進行中の環境破壊の結果が判明するのは、すべて二〇年も三〇年も先の未来ということになるからだ。因果関係が判明するまで待ってから対策を講ずればよいなどと考えていては、取り返しがつかなくなってしまう危険がある。いまの時点で危ないと科学的に考えられていることについては、予防のためのアクションが不可欠なのである。

第V部

生きていく力

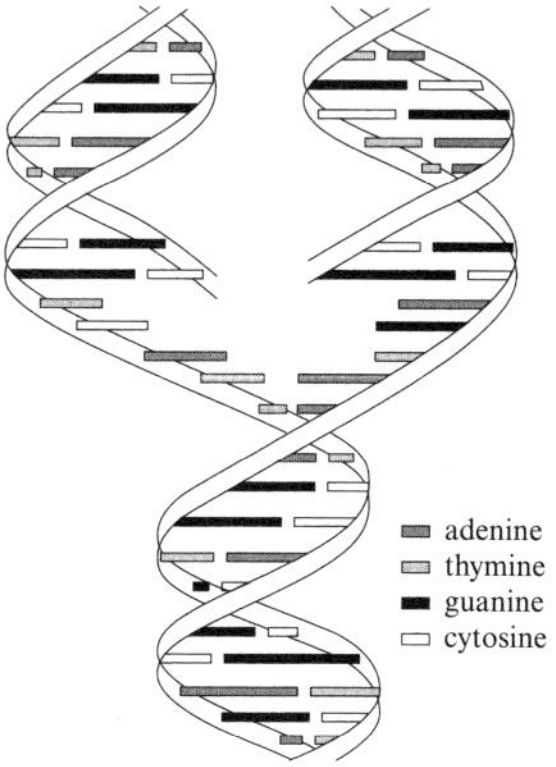

DNA の複製．ヒトの細胞数は約 60 兆個．その細胞の核のなかに収まる DNA には，「35 億年」の歴史が刻まれている．35 億年とは，あなたの遺伝子の「年齢」でもあるのだ

各章の位置づけ

人類史・経済史のおおまかな流れは、第Ⅰ部で紹介したとおりである。現在、あなたが生きている生活環境や経済システム、活用しているモノやサービスなど、すべてのことは、人類がこれまでにたどってきた歴史の遺産、社会的に共有できる遺産として、あなたの前に存在し続けている。

しかし、いまを生きる人々にとって与えられた環境・条件になっている歴史の遺産とは、けっして社会制度や経済システムといった「外的環境」にとどまるわけではない。人々の身体やこころといった「内的環境」もまた、過去の遺産を継承したものになっている。つまり、あなたの祖先がたどってきたことが、あなた自身のなかにもしっかりと投影されているのだ。そうした事実を認識するならば、人類の歴史とは、まさにあなたの生い立ち、こころの内実をフォローすることにほかならないといえるのではないだろうか。一言でいうと、「あなたが歴史と出会うとき」とは、「あなたがあなた自身と出会うとき」ということにもなる。

第Ⅴ部は、あなたの現在と未来を考える際に参考にしてほしい二つのテーマに焦点をあてている。そして、あなたのなかに備わっている「生きていく力」について述べようと考えている。

第16章では、ヨーロッパにおける近代史と個人の成長史という二つの視点から「個」というものがどのようにつくられていったのか、そして、それが「孤独」や「自由」とどのように関連するのかについて述べている。第17章では、進化や歴史といった過去の遺産が人間にどのようにインプットされているのかといった視点から、あなたに秘められた「能力」について検討している。あなたがもっている能力とは、いかなるもので、どのようにすればそれらの力を養なっていくことができるのかを、あなた自身にも再確認してほしいのである。能力というものを進化や歴史といったものから考えるのはなぜか。それは、天才と呼ばれる人も普通の人も本来的にはみんな同じ能力をもっているということを認識してほしいと願っているからである。

第16章 あなたが孤独だと思ったとき

●本章のねらい

いま、あなたが抱えている大きな悩み事の一つに、孤独という問題はないだろうか。「不安のるつぼ」と呼ばれる青年期にあって、それは最も深刻な悩みの一つになっているように思われる。こころを通い合わせることができる友人がいない。仲間がいても、結局は他人なのだと思ってしまう……。

そのような悩みに遭遇するとき、あなたは、孤独の原因をいったいなにに求めるのだろうか。それを各人の個人的な「気質」のせいにしてしまうケースもあるのではないだろうか。たとえば、「気が弱い」「口ベタ」「社交性に欠ける」といったように。しかし、よく考えてみると、「気が強くて社交的な人」も、同じように孤独に悩んでいるということは容易に理解できるだろう。

そもそも、孤独で悩むのは、各人の気質のためではない。それは、われわれのひとり一人が「個」として確立しているからなのである。そして、「個」というのは、なによりも近代社会の歴史的な産物、つまり、人類史における二番目の画期とされる産業革命以後に本格的に登場したものなのである。端的にいって、近代以前に生きた人たちは、現在のわれわれと同じような意味において、孤独という問題に悩まされることはなかったのではあるまいか。なぜならば、彼らは、自然のなかに埋没した生活をしていたし、農業革命以後は、共同体と呼ばれる人間集団のなかでしか、生存が許されなかったからである。そこでは、人々は、「所有意識」にとどまらず、「移動の自由」や

「職業選択の自由」といった「個」を前提とした行動・思考とはほとんど無縁であった。

また、人間の成長過程にそくしていえば、あなたがまだ、ほんの小さい子どもだったころ、つまり、まだ個人としての考え・意思・内面ができあがってはいなかったころ、はたして孤独感に悩むことがあっただろうか……。ところが、自分の意思が確立すると、他者との違いを意識したり、比較したり、うまく意思疎通ができなかったりといったことで孤立感に襲われてしまう。

では、現代人には不可避ともいえるこの問題に対処するには、どうすればよいのか。それには、まずは孤独なるものをよく知ることだろう。そこで、本章では、これまで学んできた経済史・歴史の知識を総動員して、この問題を考えてみたい。

1　近代社会以前の人々は自然・共同体の束縛のなかで生きた

人々には、自由がなかったが、安定感があった

第1章で述べたように、人類史の九九・九％に相当する期間は、狩猟採集時代であった。およそ一万年前の農業革命に至るまで、人々は、自然にいっさい手を加えることなく、もっぱら自然にあるものをそのままの形で利用することによって生活の糧を得ていた。文字通り、自然のなかに埋没して生きていたのである。

人類が自然の一部に手を加え、それを改造するなかで、「自分のもの」と「他人のもの」を区別する観念＝「所有意識」を初めて獲得したのは、農業社会の到来によってであった。ところが、「自分のもの」になるのは生活用具や農具などに限られており、農耕労働にとって最も大切な土地を占有する主体となったのは、個人ではなく、共同体と呼ばれる社会集団であった。

人々は、特定の共同体に属し、そこにしっかりと足場を築くことでしか生きていくことができなかった。共同体は、労働、建築、冠婚葬祭、病気、災害など、生活のあらゆる場面で相互扶助的な機能を果たした。競争が介入する余地はなかった。「移動の自由」も、「職業選択の自由」も存在しなかった。多くの掟・ルールがあり、それを破れば、ほかのメンバーから除《の》け者にされた。もちろん、自分自身の創意工夫を発揮する場面もなかった。自由で自立的な個人として成長することは不可能に近かった。すべてが伝統に従うだけの生活であった。

しかし、同時に、そのような環境のもとで、人々は、孤立感やそれにともなう不安・葛藤などで悩むことはなかった。個人の精神状態は、きわめて安定していた。彼らは、自由や理性や批判力には欠けるものの、いろいろな苦しみのなかでも、ある意味では非常に辛い孤独に苦しめられることはなかったのである。

そのように、前近代社会における人間は、自然および共同体と「結合」することによってのみ生存が可能であった。その結果、人々は、一方で、自由をもたなかったものの、他方で安定感をもつことができた。その点を明瞭に示す事例として、ヨーロッパ中世に関しては、まったく異なった二つの見解があることを指摘しておこう。一方で、個人的自由の欠如、迷信や無知の横行、身分制的な社会、カトリック教会への従属などに注目し、中世は「暗黒社会」であったとする考え方がある。その反面、共同体内部での連帯性や「あたたかい人間関係」を重視して、中世を賛美する考え方もある。そうした二つの見方が可能になる背景として、そこには近代的な意味での個人は存在しなかったという点があげられるのではなかろうか。

2 「個」の確立は近代社会の成立とともに

歴史における「個のめざめ」

ヨーロッパが近代に近づくなか、人々の「個」の獲得過程で大きな役割を果した出来事が二つあった。一つ目は宗教改革である。それは、従来のような教会や修道院といった社会制度・組織・集団を媒介とした信仰ではなく、聖書を媒介とした個人的信仰のあり方を重視する形で、教会や修道院の束縛から人々を解放した。二つ目は市民革命である。それは、絶対王政下のさまざまな特権を打破し、封建的な国家の支配から人々を脱却させた。そして、それらを前提として、産業革命は、生産の重心を農業から工業へと移行させた。工業社会が実現すると、もはや直接生産者＝農民を土地に拘束する必要性がなくなり、個人を共同体の支配から解放することが可能になった。

そのようにして、個人は、外的な権威や制度への従属から自らを解き放していった。次第に「個」というものが自覚されるようになった。いまや、人々は、なにをなすべきかを自分自身で考え、どの道を歩くかを自分で決断しなければならなくなったのである。

こうして、近代社会＝資本主義社会の確立とともに、人々は、それまで個人に安定感を与えていたと同時に彼らを束縛していた前近代社会の「絆」から自由になった。ただ、自由は、人々に対して、一方では独立心と合理的な精神を与えたものの、他方では個人を孤独におとしいれ、彼らに不安と無力感を与えたのである。近代社会の確立とともに、「個」の確立過程が完成したという場合、それは、二面的な要素をもった人格の完成という意味においてであった。

「わたしは思考する。ゆえにわたしは存在する」と述べたルネ・デカルト（一五九六～一六五〇年）に始まる「理性の哲学」とブレズ・パスカル（一六二三〜六二年）に始まる「実存主義的哲学」という近代哲学史の二つの潮流は、そうした近代人の二つの側面をそれぞれ深化させていったものであるとはいえないであろうか。

そのような問題を考える場合、大いに参考になるのは、孤独の問題を深く考察した社会心理学者エーリッヒ・フロムの著作『自由からの逃走』である。フロムは、その本で、ヨーロッパにおける近代社会の成立史のなかで「個」が形成されていくプロセスを明らかにしたうえで、個人の生涯のなかでも同じ個性化が進行することを明示している。

そこで、節を改めて、フロムの見解に依拠しつつ、人間の成長史のなかで、「個」というものがどのようにして形成されていくのか、さらに形成された結果、どのようなことが生じるのかを明らかにしていきたい。

3　自我のめざめによって誕生した「個」・自由の二面性

あなたの幼いころを思い出してみよう

個人の生涯にも、ヨーロッパ近代史でみられたものと同じような「個性化」・「自立化」の過程が認められる。子どもの誕生は、母親との生物学的分離を意味したとしても、その子どもがただちに自己を確立させるわけではない。むしろ、母親とは「一体」であって、けっして自由な存在ではない。ただ、乳児には、人間が生きていくにあたってそれなりに必要な「安定感」や「帰属感」があった。それは、フロムによって「第一次的絆」と名づけられたものである。子どもを母親と結びつけるそうした絆は、大昔の人々をその氏族や自然と結びつけた絆、あるいは中世の人間を教会や社会階級に結びつけた絆と同じ性質のものなのである。そのような絆からは、自由はうまれないが、その代わりに、安定感と帰属感が与えられた。

子どもが他人をそれと認め、ほほ笑んでそれにこたえるまでには、生後数カ月かかる。外界と自分とを混同しなくなるまでにはさらに数年かかる。その間、両親はもちろんのこと、周りにいる人はすべて、「自分の世界の一部」なのである。子どもは、自分の周りの世界に対しては、当然のことながら、多くの関心をもち始める。けれども、子どもの心には、自分の内部に向かう関心は、まだ成熟していない。その後、広い意味での教育を受けつつ、子どもは成長する。他人とのさまざまな接触をとおして、多くの知識を吸収し、やがて「自我のめざめ」を経験する。それは、ある日突然、自分の「個」＝「自分の世界」にめざめる瞬間である。すべての子どもが経験するとはいえ、ほとんどだれも覚えていない不思議な瞬間でもある。それは、自らをかえりみる力が身についたこと、自分が一つの確立された「個」として他人あるいは社会と対峙できるようになったことを意味している。

「創造」の世界と「孤独」の世界

自我のめざめを経験した子ども・青年は、それ以後常に二つの可能性をかかえこむことになる。一つの可能性＝方向性は、獲得した自我を発展させていく道である。あなたにも、新しい経験や知識、なにもかもが新鮮に感じられるときがあったのではないだろうか。それこそが、自由と独立の精神をより高めていく道なのである。あらゆる思考・学問・芸術・創造的世界の発展が可能となるのは、人々がそうした「能力」を身につけたためである。

しかし、自我のめざめは、同時に、それまで子どもが両親との間に築きあげていた安定感や帰属感を喪失させてしまう。そして、彼らは、初めて「孤独」と遭遇する。他人はけっして孤独感を解消してくれはしないと思い始めると、不安の連鎖が生じることさえある。しかも、自由を獲得することによって生じた「責任」の重圧も、けっして軽くはない。それゆえ、無力感にうちのめされ、不安感に満ちた人々の間で、選択の自由を放棄して、なんらかの絆によってある種の安定感を求めようという気持ちが強まってくる。せっかく獲得した個性を投げ捨て外界に完全に没入し、孤独と無力の感情を克服したいという衝動がうまれる。そこから生じるのが、逃避のメカニズム——それは、たとえば権威主義、画一主義、マゾヒズム、サディズム、ナチズムなどの形をとってあらわれる——、つまり「自由からの逃走」なのである。

たとえば、ある人が、あたかも人形やロボットのように、特定の権威や他人に対して全面的に自己をゆだねて、他人とまったく同じ行動様式をとり続けたとしよう。また、自分の考えをけっして表面にださないという行動をとったとしよう。その人は、たしかにいろいろな選択肢からさんざん悩んだ末に一つの道を選ぶというような苦労をすることがないかもしれない。その種の行為は、なるほど一時的にはたえがたい孤独と不安をやわらげてくれるかもしれない。けれども、それによって底に潜む問題が根本的に解決されるわけではない。そのような行為をしたところで、歴史という長いプロセスからうまれた個人の不安感・無力感が、本質的に消えさるわけではない。それどころか、自己の自由・意志・尊厳が失われてしまうのだ。むしろ、自分自身でなくなることも、完全に自己を放棄することも、われわれにはけっしてできないということをしっかりと銘記してはどうだろうか。

以上のような点を考えるならば、自由を獲得するということは、文字どおり二重の意味をもっていることがわかる。「積極的自由」が与えられる反面、常に「自由からの逃走」という可能性が生じるからである。そして、そうした二つの方向性がわれわれのこころのなかで、いつも、そしてどこでも存在し続けていること、それが現代の社会に生きる者のいわば「宿命」なのである。

その場合、誤解が生じることを避けるために一言つけ加えておこう。それは、そのような二つの方向性＝可能性は、けっして「人間のタイプ」を意味するものではないことだ。たとえば積極的に自由を謳歌する方向性・傾向が「明るい人間」で、それに対して、自由を放棄する方向性・傾向が「暗い人間」といったふうに示されることがある。しかし、わたし自身は、そうした傾向を固定的な人間のタイプとしては考えていない。そうではなくて、われわれすべてが、死ぬまで双方の方向性＝可能性をもち続けていくというのが、本質なのである。

孤独も、ちょっと違った目線でみると……

しかし、ここで考えてほしい。獲得された「自由」は、われわれに対して孤独という苦しみを与える反面、近代社会以前であれば、ごくかぎられた「天才」にしか許されなかった創造的・芸術的行為を行い、自立的な世界を構築する可能性をごくありふれた「普通の人々」に対しても与えてくれることを。いまの時代に生を受けたあなたは、ホメロスのように壮大な物語を書くこともできるし、ソクラテスのような偉大な哲学者をまねて哲学を論じることもできる。さらには、あなた自身の考えに従ってあなたの人生を設計していくことができるのである。なんとすばらしいことではなかろうか！

孤独で悩まされることがあればこそ、自分自身で考え、あなたの個性が発揮され、創造的な取り組みを可能にさせ、自由に生きていくことができるようになっているのだ。自由に生きる「能力」および「あらゆる創造の源泉」は、数百万年もかかって、人類が勝ち取った最大の成果の一部なのである。

孤独というものから生じる想像力のすばらしさおよび奥深い悩みと不安を歴史的に「共有」している点を認識することは、あなたが独立した人格をもった個人として自分自身および他者を尊重した人間観を確立するための大前提となるだろう。そして、そのような人間観を確立させた場合、その延長線上に浮かびあがってくる視点とは、とりもなおさずわれわれ人類が「類的な」性格をもって存在しているということではないだろうか。

以上のように考えることができれば、ちょっと違った目線で、自分自身を確かめることができるのではないだろうか。

第17章 あなたには豊かな能力がある

●本章のねらい

あなたには、自分に自信がもてないと思ってしまうときがないだろうか。たしかに、どのようなことでも、うまくやれた経験があれば、なんとなく自信がうまれるものである。しかし、実際に一人の人間が体験できることなど、たかが知れている。すべての言動に自信をもつことなど、およそ無理な注文ということになる。それゆえ、自信がもてないまま悩み続けることになる。

それでは、どうすればよいのか。結論をいうと、自分の能力を自分が経験してきたことだけで判断しないということに尽きるだろう。あなたのもっている能力というのは、あなた個人の経験からのみもたらされるものだけではない。あなたがうまれる前から、人類が長きにわたって引き継いできた過去の遺産がすべて、あなたのなかにインプットされているからである。

能力については、すでに前章でも触れた。ただ、それは、主に孤独という切り口から、能力を発揮する主体、つまり個人の形成史について考えたわけで、具体的な中身については十分に明らかにしていない。そこで、この最終章では、過去の遺産がどのような形で、あなたのなかに存在しているのか、能力の中身とはどのようなものなのかを真正面から考えてみたい。もっとも、過去という場合、視野を歴史時代に限定してしまうと、中途半端な理解に終わってしまう。したがって、本章では、人類の誕生に至るまでのいわゆる進化のプロセスも視野に入れて考察している。そして、最後に、あなたがもっている能力をどのようにして発揮すればよいのかについても言及している。

1 あなたには、すばらしい能力がある

能力って、なに

この本を手にしているあなた。あなたには、すばらしい能力がある。

能力を考えるとき、大切な点は、けっして近視眼的な見方をしないことだ。いま「自信の喪失」「意欲の低下」「学力低下」などについて盛んに論議されている。しかし、その多くは、数年前もしくは、せいぜい数十年前の状況との比較で議論されているにすぎない。考える視野をもっと広げてみてはどうか。数百年、数千年、数億年……といったようにである。浮世離れしているように思われる人が大勢いるかもしれないが、そのような観点で現在の諸問題をみていくならば、数年間や数十年間のタイム・スパンではみえてこないもの、人間の理解にとってより本質的なものがみえてくることがある。

能力とは、いったいどのようなものなのか。能力とは、読んで字のごとく「何々ができる」ということを意味している。理解力、創造力、行動力、適応力、集中力、忍耐力、決断力、包容力など、いろいろな力が含まれる。いうならば、社会のなかで「生きていく力」と考えることができる。したがって、かりに「勉強が嫌い」といった理由だけで、自分の能力に限界をつくってしまっているとしたら、それはまちがいである。自分自身の力にまったく自信がもてないまま、すべてをあきらめたまま、日々の生活を送っていたのでは、せっかくの人生をすてきなものにすることができない。

あなたは、生きていくために、さまざまな力を発揮している。「呼吸する」「食べる」「歩く」から始まって、「見

る・聞く・話す・書く・考える」といった行為を繰り返している。「生きていく力」の原点は、そうした、だれもがもっている力なのだ。それは、「人間のもっている生命力」そのものだ。この日常的な行為・力は、あまりにも当たり前なこととして受けとめられている。多くの人は、その大切さをそれほど意識しないですごしている。しかし、そうした日常的な行為・力の意味をもっと意識してみてはどうであろうか。なぜならば、そのように意識することの延長線上に、「生きていく力」をパワーアップするための秘訣《ひけつ》があるからである。

あなたの身体と脳には、なんともすばらしいパワーが

「生きていく力」を演出するのは、あなたの身体と脳である。それらを構成する細胞が遺伝子からの指令によってつくられ、働いていることを考えれば、一番の司令塔は、遺伝子であるともいえるだろう。

人間の身体は、およそ六〇兆の細胞から成り立っている。平均的な直径は数十ミクロンの細胞。このミクロの世界は、巨大な都市にも匹敵する壮大なシステムをもっている。各器官の機能の出来ばえもなかなかのものである。注目すべき点は、天才でもそうではない人でも、その力量はまったく変わらないということだ。体内の血管の長さを合計すれば、なんと一〇万キロメートル。地球を二周半する長さである。カール・セーガンによれば、人間の脳のなかには、世界でも最大級の図書館の蔵書数に匹敵する「二〇〇〇万冊の本に相当する情報」が詰まっているという。しかも、われわれは、脳の機能をすべて使っているわけではない。大島清によると、実際に活用しているのは、脳の神経細胞全体の二~三%程度でしかないそうである。

そうした身体と脳のなんとも不思議なパワーとメカニズムをつくりあげたのは、過去の遺産を形成する二つのプロセスである。一つ目として、地球上に生命が登場してから人類が誕生するまでの三五億年にもおよぶ進化のプロセスをあげることができる。二つ目は、紆余曲折の過程を経て、現在のありとあらゆるものをつくりあげてきた歴

史のプロセスである。

あなたには、進化および歴史という二つの要素のなかでつくりあげられたさまざまな力が刻み込まれているのだ。あなたの存在は、生命の誕生以来、三五億年もの時を超えてきたさまざまな出来事の集大成なのである。あなたは、この世に生を受けた瞬間から、生命誕生以来のすべての過去の遺産を自分のものとして生きていける存在。したがって、過去を知ることは、あなた自身がもっている力を理解することにつながっていく。経済史や歴史を学ぶ意味は、あなた自身の能力とそれを発揮する環境・条件を学ぶことでもあるのだ。

そうした事実を知ることによって、あなたの価値判断のスケールが広がり、生きていること自体のすばらしさが実感されると思うのは、わたしだけであろうか。

2　あなたに刻まれている「進化」

あなたの遺伝子の年齢は「三五億歳」

あなたがここにいるためには、さまざまな条件が成立していなければならない。まずは、あなたを取り巻いている「時間・空間・物質」。それらがつくられたのは、およそ一五〇億年前といわれる宇宙の誕生によってである。あなたを構成している「元素」は、宇宙にある無数の星の生死によって創造されている。あなたの故郷である地球の誕生は、四六億年前のことである。

あなたが「生きていく力」を発揮する場合、そのベースになるのは身体である。あなたの身体を成り立たせているすべての細胞の核のなかに、四六本の染色体がある。人間の染色体には、対をなす二二本の常《じょう》染色体と男女を決める二種類の性染色体がある。この二三本でワンセットになっている。このワンセットをゲノムと呼んでいる。

一つの細胞には、二セットのゲノムがある。それは、われわれは父親から一ゲノム、母親から一ゲノムをもらってうまれてくるからである。染色体のなかには、DNA（デオキシリボ核酸）という化学物質が長い鎖のようにつらなっている。DNAの上に、アデニン（A）、グアニン（G）、シトシン（C）、チミン（T）の四種類の塩基《えんき》が並んでいる。ヒトの設計図は、約三〇億の塩基、つまりは分子の文字で書かれている。三〇億のA、G、C、Tの組み合わせから成り立っているとイメージすればよいだろう。遺伝子学者の村上和雄にしたがえば、三〇億という文字を普通の字で書くと、一ページに千字ある千ページの本で約三〇〇〇冊分の量に相当するが、それがなんと一グラムの二〇〇〇億分の一という極微《ごくび》の空間に書き込まれている。つまり、人体とは、三〇億の情報が書き込まれたDNAのテープが約六〇兆も存在するという、驚異の世界なのである。DNA上に書かれた三〇億にもおよぶ文字列のうち、タンパク質をつくる指令をだしている部分だけを遺伝子と呼んでいる。その数は、約三万二〇〇〇個ほどである。

地球上には、多種多様な生物が存在するが、生物の構成単位である細胞の組立は、ほとんどすべての生物に共通している。そして、全生物がみんな同じ遺伝子の暗号を使っている。それは、地球上の全生物が共通の祖先をもっていることの証しでもある。最初の生命が三五億年ぐらい前に誕生したと考えられているので、あなたの年齢がかりに二〇歳だとしても、あなたの遺伝子の年齢は「三五億歳」といえなくもない。

「なぜ、あなたがいまここにいるのか」という問いに対する答えは、簡単である。それは、生命の起源以来、断絶することなく生き続けてきた遺伝子が、次々と子孫を残してきたからである。遺伝子を子孫に継承していくこと。それは、生命にとっての至上命令である。そして、そうした生命体の一つが「あなた」なのだ。

あらゆる生命をリンクする「生態系」のしくみ

「生存するためのメカニズム」の原点は、三五億年前に光合成することを始めたシアノバクテリアの誕生にまで行き着く。それは、地球上の生物が、太陽の光をエネルギー＝栄養物に換える方法を学んだときである。と同時に、あなたの祖先が宇宙空間としっかりと結びついた瞬間でもある。

人体のシステムは、非常に精巧につくられてはいるものの、けっして単独では働かない。それは、人間を取り巻く自然環境、すなわち、この世に存在するすべての生命が関わっている「生態系（エコシステム）」に包摂されており、それとの密接な関わりのなかでしか機能しない。しかも、生態系は「地球外の宇宙環境」、つまり太陽との密接な関係のなかで維持されている。

生態系の基礎は、「母なる森」である。森林は、水とともに、地球上に住むすべての動植物の生存を左右している。木の葉は、太陽の光を利用して光合成を行う。木は、大地から水を、大気から二酸化炭素を取り入れ、それらを栄養素に変える。木を含む緑色植物は、「生産者」といわれる。人類を含む動物は、動植物を食べて、その栄養素を活用する。その意味で、動物は「消費者」となる。さらに、動植物の遺体を分解して無機化する役割をみごとに演じる土壌中の微生物（菌類やバクテリアなど）は、「分解者」として位置づけられている。バクテリアもまた、生態系のなかで、しっかりとした役割をもっているのだ。このようにして物質の循環が行われる。それは、自然がつくりあげた実に巧妙なシステムにほかならない。生態系が最終的に現在のような形に整備されたのは、先に触れたように、四〜三億年前に形成されたオゾン層のおかげである。生物の陸上への進出が可能になり、広大な森林ができたのは、そのためである。

死を代償にして「個性」がうまれた

人間には、男性と女性がいる。では、なぜそうした区別があるのだろうか。順序だてて、説明しよう。

最初の生命の登場から多細胞生物が生まれるまで、長きにわたって存在し続けたのは、もっぱら一個の細胞がそのまま生物となる単細胞生物であった。単細胞生物の場合、一匹が二匹に分裂して、環境が許すかぎり無限に増えていくことは、よく知られている。そっくり同じ個体が、次々と増殖していく。そのため、オスとメスの違いや親と子の区別は存在しない。われわれの基準でいう「老化」や「寿命」というものがない、「不老不死」の世界である。

ところが、およそ一〇～八億年ぐらい前に、二つの個体のお互いの遺伝子を組み換えることを覚えた生物が登場する。雌雄《しゆう》の異なる細胞核の遺伝子を混ぜ合わせ、組み換えて新しいものをつくった方が環境変化に対するいっそう大きな適応力が生じるからである。「性」の始まりである。それによって、自分のコピーを延々とうみだすだけの無性生殖とは異なり、唯一無二《ゆいいつむに》の新しい「個性」、つまり多様性がうまれることになった。別個体の親の遺伝子情報が組み合わされると、子の世代には遺伝子情報の新たな組み合わせが伝えられ、新しい遺伝情報が集団内に急速に広がるようになったわけである。

しかし、それは、大きな代償を伴わざるをえなかった。なぜならば、そうした増殖方法をとり始めた生物は、もはや不老不死ではなくなってしまったからである。遺伝子同士が新しい個体をうみだすということは、古い個体の死を意味したのである。それは、老化とその果てに起こる個体の消滅＝死が生じた瞬間でもあった。

このようにして、親の個体の「死」を犠牲に、ＤＮＡをより健康なものに若返らせることで、種全体をより多様な方向に進化させていく道が選択された。あなたに「寿命」というものがあるのも、「かけがいのない存在」であるのも、そのためにほかならない。あなたがもっている「豊かな可能性」に限界があるとすれば、それは、いずれ死んでいかざるをえないという厳粛な事実そのものにある。

以上のように、「個性」の原点は、「性」の分化が始まり、多様な個体が誕生したことに由来する。ただし、その代償として、個体の「死（寿命）」が発生する。生物が死ぬのはなぜかという質問に対する答えが、そこにある。

二足直立によって、脳が発達した

あなたの祖先である「哺乳類」の進化が可能になるには、およそ六五〇〇万年前に、恐竜が死滅することが不可欠の前提であった。そして、あなたの祖先が「ヒト」になったのは、七〇〇万年ぐらい前の、サル類から四本足歩行するヒトへの進化によってである。それは、「脳」が本格的に発達する出発点でもあった。そして、二〇〜一五万年前に、あなたの直接の祖先ともいうべき現生人類がアフリカの地で誕生している。その間に、「言葉」や「思考」がつくられていくが、それは、人類に特有の「大脳新皮質」が発達する過程のなかでのことである。

ところで、人類が「声を出せる」ようになったのは、いつごろからであろうか。それは、「ＦＯＸＰ２」という「言語遺伝子」が脳の言語を操る部分の成長に密接に関係するようになった時期から推測することができるそうである。それによると、およそ二〇万年前以降のことではないかといわれている。

大きさだけを考えれば、ネアンデルタール人の脳は、ホモ・サピエンスに匹敵する。では、ネアンデルタール人が絶滅し、ホモ・サピエンスが生き残った理由はなにか。仮説の域をでるものではないが、言語能力に違いがあったことが一つの重要な要因ではないかと考えられている。あなたは、声帯で振動させた音を、喉の奥の部分で共鳴させ、舌で制御して声を発している。ところが、ネアンデルタール人の場合、喉頭の位置が高いため、気道が狭く、たとえ声帯で音を発しても、音を共鳴させるスペースを十分に確保できず、複雑な音、特にいくつかの母音が発音できなかったようである。言葉を使えるようになると、いつでも、どこでも、情報の伝達・交換が可能になる。のちに、世代を超えて、文化の伝達を可能にさせていく端緒《たんちょ》となった。

目の前には、くっきりとしたカラフルな世界が広がる

楽しいときには、微笑む。悲しいときには、泣く……。人間には、微妙なニュアンスの違いさえも察知して、実に多様な表情を演出する力が秘められている。ごく当たり前のことだと思われているかもしれないが、そうした複雑な表情をつくれるのは、動物のなかでも、ヒトや、「真猿類」に分化したサルの仲間だけに限られている。それは、顔の皮膚の脂肪の下に「表情筋」と呼ばれる複雑な筋肉があるからである。そして、こまやかな表情を読み取ることができるのは、それを識別できる高い視力と、表情でコミュニケーションをとることができる能力が発達したためである。

人間の視力を特徴づけるもう一つの点は、顔の正面に目が二つ並ぶことによって、対象を「立体視」できることである。ヒトの祖先に当たるサルが樹上空間を生活圏にするには、木や枝の上を自由に移動できることが不可欠であった。その際、隣の木・枝までの距離を正確に測ることが必要になる。立体視ができるようになった理由は、そのためと考えられている。

表情や距離の認識だけではない。目の前の風景をフルカラーで見ているのは、哺乳類のなかでも、サルの仲間だけである。イヌもネコもウシも、咲き誇る花々の赤色をまじえた鮮やかな情景をみることができない。それは、ほとんどの哺乳類には、赤・青・緑という「光の三原色」のうち、青と緑の二種類の色に反応する細胞しかそなわっていないためである。それに対して、三原色に反応する色細胞を有したヒトの場合、世の中の多様な色を識別できる。その数は、七〇〇万色にもおよんでいるそうである。

脳が演出するパワーと内面

人類の場合、ひとり一人の腕力はそれほど強いとはいえない。したがって、過酷な環境のなかで生き延びていくためには、家族や仲間をつくって団結することが必要であった。それにより、食糧がみつけやすくなった。敵からも襲われにくくなった。子孫が絶える危険も減った。群れをつくって協力し合うためには、「コミュニケーション能力」を高めることが不可欠であった。長い歳月を経て、コミュニケーションが密になると同時に、感情が豊かになり、脳の発達が促された。

つまり、人類は、偶然のなせるわざとはいえ、子孫さえ残ればよいという遺伝子とは別に、「自分こそが大事」「自分は自分」というアイデンティティをもたらす脳という新しい情報装置を本格的に進化させるための基礎を確立させたといえるだろう。高度な観念的世界や複雑な文化をもつようになったのは、遺伝子から「独立」した脳をもったためである。人類の「知的好奇心」もまた、進化の産物にほかならない。進化生物学者の佐倉統は述べている。「生き物が生きるのは、自分たちの遺伝子を残すため」なのであるが、人間にはもう一つの生きる意味がある。それは、広い意味での「文化」情報を次の世代に残すためである、と。ヒトとチンパンジーの違いは、遺伝子でみるとごくわずかでしかないが、脳の機能という点では、きわめて大きな差があるわけである。

しかし、人類誕生の時点で現代のわれわれと同様の思考が可能になったわけではない。むしろ、「ソフトの入っていないコンピューター＝ハードウエア」（桜井邦朋）が与えられただけであった。その後に展開される人類の歴史とは、脳というハードウエアにさまざまな「ソフトウエア」を詰め込んでいく過程と表現することもできるだろう。そして、そのように取り込まれていくソフトそのものが、歴史のなかで積み上げられ、人類にとって「はるかなる記憶」としてインプットされていく、あなたにとっての能力ということになる。ただ、脳が発達し、こころができると、サルやイヌでも感じる肉体的な苦痛に加えて、人々は、こころの悩みをもつようになったことも忘れるべきではないだろう。

ともあれ、生物は、水中から陸上へ、陸上から空中へといったように、次から次へと境界線を越えて進化をとげてきた。そして、人類の登場によって、その境界線は内的な世界である意識・思考にまで及んでいったといえるだろう。「ひとり一人に与えられた豊かな能力」は、そのようなプロセスを経てつくられ、蓄積されていったのである。

3　あなたに刻まれている「歴史」

個の形成→文字の出現→活版印刷の登場→初等教育の充実という流れ

進化の過程でつくられた能力は、歴史のなかでいっそう拡充されていった。このプロセスについては、すでに詳しく説明したので、ここではポイントのみを記しておきたい。

能力を考える場合、その担い手となる個人が形成されている必要がある。指摘すべき第一の点は、個の形成である。この点に関しては、すでに前章で述べたとおりである。

第二に、歴史時代をスタートさせる指標でもある文字の登場がある。それは、人類が考えていることを文字という記号で表す能力を獲得する契機でもある。しかし、文字は依然として、一部の特権階級のものであった。ヨーロッパでいえば、ラテン語の素養を必要とする書く力が、そうであった。中世では、文書の利用自体は増えていくものの、ヨーロッパ全土に絶大なる権力をふるったカール大帝ですら、字を書くことができなかったといわれている。ましてや、一般の人々には、文字など無縁のものであった。農業社会において、人口の圧倒的な部分を占める農民たちにとっては、読み書きは、必ずしも必要不可欠なものではなかった。つまり、工業社会が始まるまでは、多くの人々にとって、「生きていく力」のなかに、読み書きの能力はまだ入っていなかったということができる。

第三に、文字の普及に大きな貢献をしたのが、一五世紀中葉にドイツ人のヨハンネス・グーテンベルクが考案した活版印刷である。それは、製紙法の伝播と結びつき、印刷物を大いに普及させた。活版印刷とは、一文字ごとにつくられた活字を組み合わせて文章をつくり、印刷を終えると、バラバラにして、再使用する方法である。当時はまだ、字を書いたり読んだりできる者は、依然としてきわめて限定されたエリートであった。それでも、活字による印刷が普及すると、より多くの人々が文字の恩恵に浴するようになった。印刷のコストが引き下げられると、読み物が身近なものになっていった。書物や印刷物を通して、時空を越えた知識の急速な普及が可能になった。教育というサポートが不可欠の前提となるが、ごく普通の人々が読んだり書いたりすることができるという現象が一般化していく契機となった。活版印刷の歴史的意義を一言でまとめるならば、ひとつ一つの文字を「交換可能な部品」と位置づけることによって、機械による文字の「大量生産」への道を切り開いたことに尽きるだろう。そして、それは、あなたにとっても文字という「宝物」を活用して、内在的な能力を開花させるための「大事件」であったといえるだろう。

第四に、ごく普通の人々が読み書きできるようになるのに、大きな役割を果たしたものとして、一九世紀中葉以降の初等教育の実施がある。背景には、産業革命によって、企業社会が形成されると、読み書きの力が「生きていく力」の重要な一環を占めるようになったという事情がある。もし、あなたがほんの一五〇年ぐらい前、すなわち、初等教育が本格的に制度化される前に、地球上のどこかでうまれていたとしたら、おそらくはかなりの確率で、きちんとした文章など書けずに一生を終えたことだろう。その事実を知るだけでも、いま、あなたが考えていることを文章で表現できることのすばらしさを再確認できるのではないだろうか。

学ぶことの意義

以上のように、文字の出現→活版印刷の登場→初等教育の充実という流れをみてきたが、そのプロセスは、文字を通じて学ぶことが人生の一つの課題として認知され、制度化される過程でもあった。ただ、その過程は、学ぶ対象が文字によってつくられる世界に矮小化《わいしょうか》されるというリスクを伴うものであった。

ところで、人々はなにを学びの対象にしてきたのであろうか。人類が経験した最も長い時代は、狩猟採集時代であった。そこでは、生きるために、天候・地形・食べ物などについて、多くのことを学ぶ必要があった。その可否が生死を分けることもあった。知っているかどうかが、生きるか死ぬかという、より厳しい選択をもたらしたのである。伝統的社会において、人々は、猟を行い、穀物を栽培し、衣服をつくり、あるいは住居を建てた。生活するために必要なことのすべてが学びの対象であった。

ところが、分業が発達した現代社会においては、自分自身でコムギを栽培しなくても、衣服をつくらなくても、それらの生活必需品をお金で購入すれば、なんら困ることなく生活することができるようになった。他者の技能をあたかも自分のもののように活用できるようになった。結果として、全体のしくみがみえにくくなった分だけ、社会における自分自身の位置が確認しづらくなっている。しかし、かつてと同じく、生きるためには学ぶことが必要という命題は、いまなお生き続けている。もちろん、学ぶ場所は、学校にとどまるわけではないのであるが。

懸命に生きようと思えば、現実の動きやしくみを、まずは知る必要があるだろう。それは、単に主観的な気持ちや心情だけではなく、客観的な流れ・構造を知るなかで、自分自身の位置づけが再確認できるからである。グローバル社会は、世界の動向に加えて、各国・地域の歴史や文化に関する知識や理解が必要になる社会でもある。いまの時代にあっては、経済活動の高度なネットワークが高い相互依存性をつくりだしている。もしその一部が機能不全になると、システム全体の動きが止まってしまうリスクを伴っている。

いずれにせよ、大切なものがなにかということは、それを知ったうえで初めて判断できるわけである。知らなければ判断することもできない。あなたが「あなたの人生の主人公になれる時代」が到来したいま、きちんとした価値判断が必要になってくる。すべては、知ることによってしか克服できないように思われる。学ぶことの意義は、そこにある。

「豊かな社会」が出現すると、目標がみつかりにくくなる

資本主義が発達し、一九五〇～六〇年代の高度成長を経験した先進国では、「豊かな社会」が実現されている。多くの人々が、音楽鑑賞・映画鑑賞・スポーツ……などを趣味にする時代の到来である。料理・洗濯・掃除といった日常的な家事労働に生活時間のほとんどを費やしてしまうような事態から解放され、「時間の余裕」がうまれている。また、平均寿命が大きく伸び、八〇歳前後に到達したことで、考える時間が急激に増えている。

「豊かな社会」が実現すると、目標がみつかりにくくなる。「目標が見つからない。やりたいことがわからない」といった悩みが日常化する。それは、なぜだろうか。人類は、ほんの少し前までは、「おなかいっぱい食べたい」ということを目標にして生きてきた。それ以外の目標はあってないようなものであった。したがって、「おなかいっぱい食べる」ことができるようになったいま、目標がみつかりにくくなるのはあたりまえのことなのである。だから、目標がないことで、悲観したり、悩み続けたりすることはない。多くの人は、必ずしも具体的な目標をもってはいない。

日本の事例が示すように、全体がまだ貧しい時代にあっては、心のどこかに親よりもより豊かな生活をしたい、よい生活をしようという気持ちがあった。また、豊かになれば、幸せになれるという気持ちがあってか、ガムシャラに働くことが自己目的化していたところがあった。しかし、それなりに「豊かな社会」が実現したいま、少年や

青年たちにとって親よりも豊かな生活というのは、なかなか実現しにくいという現実がある。子どもの時から自分の部屋があり、テレビも、ゲームもあって、物質的には至れり尽せりの生活環境が整っている。そのような生活環境のなかから、新しいなにかを付け加えたり、特定の目標や課題を探し出したり、自己実現の道を探し当てたりすることは、けっしてたやすいことではない。生きていくこと、夢や目標をもつことに対する飢餓感が希薄になる傾向さえ認められる。「意欲の低下」と、しばしば指摘されているとおりである。

では、どうすればよいのだろうか。一言でいうと、「豊かな社会」の恩恵もまた大きいということを認識してはどうか。食うや食わずの時代には、自分のやりたいような人生を送ることはきわめて困難であった。食べることが最優先されるからである。ところが、ある程度の経済的な余裕がうまれたからこそ、「これをやりたい」「あれにチャレンジしたい」といった夢や目標を設定することができる。そのことから生じる迷いや不安はもちろんあるが、夢や目標がもっている重要性を抜きにしては、多くの人にとって自分の人生など考えられない状況がうまれつつあるともいえるだろう。ある意味では、「豊かな社会」が実現して、これまでとは違った形で、日本でもやっと「生きる意味」を本格的に考える時代になったのではないだろうか。

選択肢が広がると、どちらがよいのか選びにくくなる

「豊かな社会」では、目標がみつかりにくくなるだけではない。もう一つの悩みが生じる。それは選ぶことの「大変さ」である。繰り返しになるが、人類は、長きにわたって飢えと隣り合わせの生活を強いられてきた。人々にとって、選択の余地はきわめて狭かった。ましてや、自分の人生の長期的な設計など、想像さえできないことであった。ところが、「豊かな社会」では、経済的なゆとりができるため、選択の幅が大きくなる。選ぶための情報量も多くなり、一見すると、選びやすい環境が整っているように思える。ところが、実際には逆のことも起こって

しまう。選択肢が増え、情報が増えると、そのなかから最も適切なものを選ぶことは非常にむずかしい。

あなたは、飢えの心配が軽減されたものの、選択という本当に労苦を伴うことを常に行っていかなければならない「最初の世代」に属しているのかもしれないのだ。

たしかに、選ぶことはむずかしいことである。ただ、むずかしいからといって、選ぶことを避けることはできない。したがって、選ぶとき、よく考えてから決断しよう。それでもわからないときは、新しいことにチャレンジしてみよう。なによりも大事な点は、選ぶことの重圧だけを考えるのではなく、歴史というフィルターを通して、選べることのありがたさを肝《きも》に銘《めい》じることだ。もし、あなたが近代社会が形成される以前にうまれていたら、自由に選ぶことのありがたさなど、とても理解できなかったにちがいない。

4　あなたがもっている能力をどのようにして発揮すればよいのか

パワーアップするには

「力」とは、それを意識してこそ初めて発揮されるものである。したがって最も大切な点は、自分の「力・可能性」を自覚することである。そのようにこころを「初期設定」することからスタートし、パワーアップのためのトレーニングに進んでみよう。基本的な能力をパワーアップする方法・コツは次頁の表のとおりである。

そうした基本的な力さえ身につけておけば、あとはすべて応用編ということになる。その際に忘れてはならないのは、「○○しよう」という意思にほかならない。すべては、あなたの意思次第なのである。社会人に必要な力として、問題発見能力やアイディア力があるが、これなど、意思さえあれば、だれでも力をつけることができることの好例である。

能力アップのコツ

項　目	具体的な方法	なぜそうするのか
聞くとき	① 聞こうと思って聞く ② メモをとる	① 話を集中して聞くと，神経細胞が活発に働く ② 耳だけではなく，目や手の力も援用すると，記憶しやすくなる．ほとんどのことは，60秒以内に忘れてしまうが，そうすることによって，忘れにくくすることができる
話すとき	① 結論を先に述べ，あとで理由をいう ② 言いたいことをポイントに整理してから話す	① 聞き手に，心の準備をしてもらえる ② 思いついたまま話をしても，聞いている人はもちろんのこと，話している本人も途中でなにを話しているのかわからなくなってしまう
書くとき	① 小見出しをつける ② ポイントを整理する ③ 冒頭に「はじめに」，最後に「まとめ」をつける	① 全体の要点や結論の一部が明確になる．新聞･雑誌･本でも小見出しの力は大きい ② 話の流れ・ストーリーを明確にできる ③ 最初と最後がよければ，全体が引き締まる
読むとき	① メモ，ノートをとる．キーワード・専門用語を書きとめる ② マーカーやボールペンを使うとき，不明な点は赤，おもしろいと思ったところは青といったように，カラーの違いをうまく利用する ③ 著者の意見・論理を自分の言葉でまとめ直す．図表にしたり，矢印で因果関係を整理したりする	① 目だけではなく，手の力も使う．わからないキーワードは，自分でも調べる ② 自分なりのルールに基づいたカラー活用によって，自分のスタイルをつくることができる ③「読む」ということは，著者・書き手のいいたいことを理解することに尽きる

つまり、問題発見能力は、発見しようと思わなければ、けっして身につかないが、そう思いさえすれば、だれでもパワーアップできる力なのである。もしあなたが学生で、なにかアルバイトをしているならば、あなたのバイトの内容をメモしてみてはいかがだろうか。どんな仕事なのか、そこにどんな問題点があるのか、それを改善するにはどうすればよいのか、いろいろ考えてみよう。ちなみに、学生たちに「アルバイト先の問題点を発見し、改善点を探してきなさい」という課題を出すと、彼らは必ず問題点と改善点を探してくる。しかも、結構楽しみながらである。

新しいアイディアを考えだす力もまた、いま非常に重要視されている。創意工夫は、資本主義のダイナミズムであるだけではなく、個人レベルにあってもやりがいを確認するための一つの重要な要素になっているからだ。ただ、やみくもに考えてもなかなかよい考えはでてこない。たとえば、次頁にある「生きていく力❹」のように考えてみてはどうだろう。よい考えに出会うきっかけになるかもしれない。

アクションを起こそう

あなたがもっている豊かな能力を確認したうえで、アクションを起こそう。その際、あれやこれやとエネルギーを分散させないで、取り組むべき課題をみつけ、優先順位をつけたうえで、力を注ぐべき特定のテーマを追求しよう。

諸富祥彦が指摘しているように、心理カウンセラーには、以下のような声・疑問がぶつけられている。「なんのためにうまれたのかわからない」「人生って、どんな意味があるのかがみつからない」「したいことが見出せない」……。物質的に豊かになった日本にあって、欲しいものの多くは手に入ってしまう。実社会での経験のない若者たちにとっては、頑張っても頑張らなくても、人生はさほど変わらないように思えてしまう。一生懸命に働けばなにかが得られるという実感をもちにくくなっている現実が、そこにある。したがって、自分で自分の道・目標を探し、人生を切り開いていこうとする意思が希薄になる傾向がある。

そうした疑問や感情は、いずれもきわめて健全なものである。ただ、そうした観念的で漠然とした疑問や悩みに対して自分なりの答えを発見するのをじっと待っているだけでは、堂々めぐりになってしまう公算が高い。というのも、「これは意味がある」とか「大切なもの」とかを実感できるのは、なにかに必死に取り組んでいるプロセスのなかでのことだからである。そのような実感は、諸富の言葉を借用すれば、懸命に生きている最中に向こうからやってくるものなのである。あなたを必要とするなにか、あなたを必要とするだれかが、あなたに発見されるの待っている。目標とは、あらかじめ与えられるものではなく、出会うものなのである。

始める前から意味がないと思ってしまうと、何事も始まらない。とりあえず、好きなことでもなんでもよいので、行動してみてはどうか。そのなかで、意味が発見できる。アクションそのものの意味だけではなく、なすべきことや生きていることの意味が分かってくるのではなかろうか。なにかに一生懸命に打ち込むなかでしか、あなたの成長はありえないといえるだろう。

次のステップに進もう。アクションを起こそうとするとき、おそらくいくつかの選択肢が待ち受けているはずである。どの道をとるべきかで、いつも悩まされるだろう。その際、どの道を選べば、どのようなことが起こりうるのかをよく考えてみよう。アクションを起こす前には、慎重な判断と綿密な計画が不可欠である。しかし、どうしても判断がつかない場合は、新しい道を選択しよう。そうした態度を積み重ねていくと、視野が広がり、チャレンジ精神を身につけていくことになるだろう。かりに、失敗することがあっても、次の機会に生かせばよいのであって、なにも、「自分はダメ」と、あなた自身を全部否定する必要などまったくない。

コラム

生きていく力❹　アイディアの出し方

アイディアの出し方にも、ノウハウがある。それには、三つの方法がある。

① 問題点を発見し、それを改善するなかで、新しいアイディアを引き出す。ほんの少し意識を変えれば、問題点、不満、グチなども、すべて新しい発想の「生みの親」に通じていく

② 従来の常識を疑うなかで、新しいアイディアに遭遇する。特定のイメージで思い込んでいることに疑問をいだくことが出発点となる

③ 二つのものを寄せ集めることによって、新しい着想に出会う。ラジオとカセットからラジカセがうまれたように、複数の機能を組み合わせると、意外なものにたどりつく

（大下英治『小説　日本ビッグバン』祥伝社、一九九七年を参照）

脳を鍛える

人類に与えられた「能力・可能性」の源泉はいうまでもなく、われわれがもっている脳である。さまざまな刺激によって脳の神経回路が形成されていくが、それは、脳のハードウエアにあたる。しかし、どんなにハードウエアが優れていても、ソフトウエアがインストールされていなければ、脳というコンピューターは動かない。そこで、ソフトウエアの充実が必要になる。

ソフトウエアとは、「考える、計画する、判断する、想像する」といったプロセスを踏んで実現される機能である。脳のなかで、このソフトウエアを充実させるのは、大脳皮質、特に前頭葉、つまり、額の後ろ側にあるでっぱり部分に相当する。この前頭葉を磨くのが、言葉の学習にほかならない。その際、肝要な点は、幼児期に大いに遊ぶことである。豊富な体験をし、そのなかで言葉を身につけることである。若い世代にとっては、なによりも本を読む習慣をつけることが大切である。ちなみに、脳をいっぱい働かせるという点では、コンピューターゲームをするよりも、一桁の足し算のような単純な計算を行うほうが優れているそうである。人間の脳が急速に発達するのは九歳ぐらいまでがピークとなるが、脳の神経回路が十分に形成されていれば、その後の経験も、豊かな言葉でつかまえられる。前頭葉にソフトウエアとして取り込んでいくことができる。それが理性となり、感性となっていく。

脳科学者の川島隆太が指摘しているように、「自分は生まれつき頭が悪いから、勉強なんかしてもむだだ」とか、「自分の両親は頭がいいから、勉強なんかしなくてもだいじょうぶ」といった考えは、まったくの誤りである。要は、体を鍛える運動をやらなければ、弱々しい身体になってしまうことと同じである。十分に栄養と睡眠を取ったうえで、集中して、毎日毎日繰り返し物事を学習すれば、脳もたくましいものになっていくのである。

コラム　生きていく力❺　シューカツ

就職活動（シューカツ）を始める多くの学生たちが考える悩み事に、「自分に合った仕事・職業がなにか、わからない」というものがある。そうした悩みを訴える学生たちに対して、わたしは、誰しも悩むことではあるが、自分にあった仕事がわからないことは、けっして「不幸なこと」ではないと述べている。

かつての伝統的な社会であれば、人々は親の職業を継ぐのが普通のことであった。そのうえ、職業の数もきわめて少なかった。ところが、経済が発達し、分業が進むと、職業の多様化と専門化が進む。いまや、数え切れないほど多くの職業がある。そのなかから、自分にあった仕事・職業を選ぶことは、大変むずかしい。

そもそも、実際に職業についている人のなかで、果たして「これが天職だ」と思っている人がどれほどいるだろうか。だれも、自分に合った仕事などわかっていない。

ただ、自分にあった仕事・職業がみつからないことは、けっして不幸なことではないと指摘したが、立ち止まって考えているだけでは、先に進むことができない。アクションを起こす必要がある。自己実現のために仕事を探したいという学生たちの心情は理解できるが、自己実現も生活できての話なのではないだろうか。

では、どのような気持ちでアクションを起こせばよいのか。

あなたが、この種の悩みに直面するのは、多くの場合、就職活動を意識するようになるときなので、シューカツに際して念頭においてほしいことを三つのポイントにまとめておきたい。

① 「仕事をしなければ、生きていけない」という鉄則から出発すべきである

② 自己ＰＲが大切である。履歴書でもエントリー・シートでも、自分をＰＲするという視点で書いてほしい。それらを書くときは、まず「下書き」をすることから取り組むとよいだろう

③ 学生・社会人としての基礎的な力をトレーニングしておくことの重要性である。端的にいえば、「聞く・読む・書く」といった「読み書きソロバン・ＩＴ」、「マナー・常識」といった基本的な力さえ身につけていれば、どのような会社に入っても、しっかり仕事していくことができるのだ。仕事のおもしろさとは、むしろ仕事をするなかで発見し、鍛え上げていくものなのである。日々の仕事に創意工夫を加えることの楽しみを覚えさえすれば、やりがいの発見にたどりつくのではあるまいか

時の流れのなかにいまを位置づけよう

時の流れのなかで、あなたの「いま」を位置づけてみよう。「時の流れ」という場合、二つの意味がある。一つは過去との関係のなかで、あなた自身を考えることであろう。そして、もう一つは未来との関係のなかで、あなたを考えることである。

あなたがもし学生だとすると、子どもという立場であなた自身や家族のことを考えていることが多いだろう。しかし、あなたもやがて年をとり、二〇～三〇年後にはいまのあなたと同じくらいの年頃の子どもの親になっているかもしれない。そのようなとき、あなたは親として子どもに接しているだろう。親から子へと、世代を超えて継承されていく歴史のなかに身をおいていることだろう。あなたも、現在の姿だけではなく、ときには「未来の親」にあなた自身を重ねあわせてみつめてみてはどうだろう。

参考文献

この本の執筆にあたって、参考にした文献は、以下の通りである。対象となっている範囲・領域・時代は、きわめて多岐にわたっている。このリストに載せられた本から実に多くのことを学ばせてもらった。が、本書の性格上、きちんとした注をつけていない。活用させてもらったすべての本の著者たちには、この場を借りて感謝の意を伝えたい。

なかには、研究書・専門書も含まれているが、可能な限り、初めて学ぶ人にも読みやすい本という基準で選んでいる。複数の章にまたがって参考にした本も多数あるが、内容との関連性の度合いに応じて、最も適切と判断したところに記した。

総論的な文献、多くの章で活用した文献

1 荒井政治、竹岡敬温編『概説西洋経済史』有斐閣、一九八〇年
2 飯田 隆『図説 西洋経済史』日本経済評論社、二〇〇五年
3 石坂昭雄、船山榮一、宮野啓二、諸田 實『新版 西洋経済史』有斐閣、一九八五年
4 岡田泰男『経済史入門』慶應義塾大学出版会、一九九七年
5 川勝平太『経済史入門』日本経済新聞社、二〇〇三年
6 川勝平太編著『世界経済は危機を乗り越えるか』ウェッジ、二〇〇一年
7 謝 世輝『世界史の変革』吉川弘文館、一九八八年
8 関口尚志、梅津順一『欧米経済史』改訂版、放送大学教育振興会、一九九一年
9 ロバート・ハイルブローナー、ウィリアム・ミルバーグ／香内 力訳『経済社会の興亡』ピアソン・エデュケーション、二〇〇〇年
10 ウィリアム・バーンスタイン／徳川家広訳『「豊かさ」の誕生』日本経済新聞社、二〇〇六年
11 ジョン・ベラミー・フォスター／渡辺景子訳『破壊されゆく地球』こぶし書房、二〇〇一年
12 藤瀬浩司『欧米経済史』改訂新版 放送大学教育振興会、二〇〇四年

13 星野芳郎『技術と文明の歴史』岩波書店（ジュニア新書）、二〇〇〇年
14 クライブ・ポンティング／石 弘之、京都大学環境史研究会訳『緑の世界史』（全二巻）朝日新聞社、一九九四年
15 アンガス・マディソン／金森久雄監訳『経済統計で見る世界経済２０００年史』柏書房、二〇〇四年

第1章

1 飯沼二郎『風土と歴史』岩波書店（新書）、一九七〇年
2 石 弘之、安田喜憲、湯浅赳男『環境と文明の世界史』洋泉社（新書）、二〇〇一年
3 伊東俊太郎『文明の誕生』講談社（学術文庫）、一九八八年
4 伊東俊太郎、広重 徹、村上陽一郎『思想史のなかの科学』改訂新版、平凡社、二〇〇二年
5 今西錦司『人間社会の形成』日本放送出版協会、一九六六年
6 ニコラス・ウェイド／沼尻由起子訳『5万年前』イースト・プレス、二〇〇七年
7 ウィリアム・オールマン／堀 瑞絵訳『ネアンデルタールの悩み』青山出版社、一九九六年
8 河合信和『ヒトはどこからきたか』朝日新聞社、一九九一年
9 吉良竜夫『生態学からみた自然』河出書房新社（文庫）、一九八三年
10 マイケル・クック／千葉喜久枝訳『世界文明一万年の歴史』柏書房、二〇〇五年
11 鯖田豊之『肉食の思想』中央公論社（新書）、一九六六年
12 フィリップ・E・L・スミス／戸沢充則監訳・河合信和訳『農耕の起源と人類の歴史』有斐閣、一九八六年
13 瀬戸口烈司、木村しゅうじ『人が歩んだ５００万年の歴史』（全四巻）岩波書店、一九九五年
14 竹内 啓『科学技術・地球システム・人間』岩波書店、二〇〇一年
15 アルビン・トフラー／徳岡孝夫監訳『第三の波』中央公論社（文庫）、一九八二年
16 中尾佐助『現代文明ふたつの源流』朝日新聞社、一九七八年
17 西田正規『定住革命』新曜社、一九八六年
18 ローワン・フーパー／調所あきら訳『脳とセックスの生物学』新潮社、二〇〇四年
19 ジョン・ブロックマン編／高橋健次訳『２０００年間で最大の発明は何か』草思社、二〇〇〇年
20 宮崎正勝『鄭和の南海大遠征』中央公論社（新書）、一九九七年
21 安田喜憲『森林の荒廃と文明の盛衰』思索社、一九八八年
22 ユベール・リーヴズほか／木村恵一訳『世界でいちばん美しい物語』筑摩書房、一九九八年

23　リチャード・リーキー／馬場悠男訳『ヒトはいつから人間になったか』草思社、一九九六年
24　W・モンゴメリ・ワット／三木　亘訳『地中海世界のイスラム』筑摩書房（学芸文庫）、二〇〇八年

第2章
1　秋元英一『アメリカ経済の歴史　1942-1993』東京大学出版会、一九九五年
2　宇沢弘文『経済学の考え方』岩波書店（新書）、一九八九年
3　大塚久雄編著『西洋経済史』第二版、筑摩書房、一九七七年
4　大沼正則『科学の歴史』青木書店、一九七八年
5　奥野卓司『情報人類学』ジャストシステム、一九九三年
6　斎藤　哲、八林秀一、鎗田英三編『二〇世紀ドイツの光と影』芦書房、二〇〇五年
7　堺　憲一『日本経済のドラマ』東洋経済新報社、二〇〇一年
8　下川浩一『世界自動車産業の興亡』講談社（現代新書）、一九九二年
9　鈴木直次『アメリカ産業社会の盛衰』岩波書店（新書）、一九九五年
10　常松　洋『大衆消費社会の登場』山川出版社、一九九七年

第3章
1　阿部謹也『刑吏の社会史』中央公論社（新書）、一九七八年
2　阿部謹也『中世を旅する人びと』平凡社、一九七八年
3　阿部謹也『中世の窓から』朝日新聞社、一九八一年
4　大塚久雄、高橋幸八郎、松田智雄編著『西洋経済史講座　I』1～5、岩波書店、一九六〇年
5　イェー・アー・コスミンスキー／秦　玄龍訳『イギリス封建地代の展開』訳訂版、未来社、一九六〇年
6　斎藤正彦編『森と文化』東京大学出版会、一九八七年
7　鯖田豊之『肉食文化と米食文化』第二章、中央公論社（文庫）、一九八八年
8　甚野尚志、堀越宏一編『中世ヨーロッパを生きる』東京大学出版会、二〇〇四年
9　レイ・タナヒル／小野村正敏訳『食物と歴史』第四部、評論社、一九八〇年
10　アイリーン・パウア／三好洋子訳『中世に生きる人々』第一章、東京大学出版会、一九五四年
11　服部良久、南川高志、山辺規子編著『大学で学ぶ西洋史［古代・中世］』ミネルヴァ書房、二〇〇六年

12 R・H・ヒルトン、ハイマン・フェイガン／田中 浩、武居良明訳『イギリス農民戦争』未来社、一九六一年
13 福井憲彦『時間と習俗の社会史』新曜社、一九八六年
14 ハインリヒ・プレティヒャ／関 楠生訳『中世への旅 都市と庶民』白水社、二〇〇二年
15 堀越宏一『中世ヨーロッパの農村世界』山川出版社、一九九七年
16 堀米庸三編『西洋精神の探究』Ⅰ〜Ⅱ、日本放送出版協会、一九七六年

第4章

1 阿部謹也『中世の星の下で』筑摩書房（文庫）、一九八六年
2 阿部謹也『ハーメルンの笛吹き男』平凡社、一九七四年
3 井上泰男『都市の語る世界の歴史』そしえて、一九七八年
4 マックス・ウェーバー／黒正 巖、青山秀夫譯『一般社會經濟史要論』（全二巻）岩波書店、一九五四年〜五五年
5 大塚久雄、高橋幸八郎、松田智雄編著『西洋経済史講座 Ⅰ』6〜7、岩波書店、一九六〇年
6 ニコラ・オットカール／清水廣一郎、佐藤真典訳『中世の都市コムーネ』創文社、一九七二年
7 河原 温『中世ヨーロッパの都市世界』山川出版社、一九九六年
8 ジョン・ハーヴェー／森岡敬一郎訳『中世の職人 Ⅰ 職人の世界』原書房、一九八六年
9 著者不詳／藤代幸一訳『ティル・オイレンシュピーゲルの愉快ないたずら』法政大学出版局、一九七九年
10 堀米庸三編『西洋精神の探求』Ⅲ、日本放送出版協会、一九七六年
11 増田四郎『都市』筑摩書房、一九六八年
12 森本芳樹『西欧中世形成期の農村と都市』第八章、岩波書店、二〇〇五年

第5章

1 青木康征『コロンブス』中央公論社（新書）、一九八九年
2 浅田 實『東インド会社』講談社（現代新書）、一九八九年
3 有冨重尋『スペイン社会経済史概説』南雲堂深山社、一九六九年
4 飯塚一郎『大航海時代へのイベリア』中央公論社（新書）、一九八一年
5 石坂昭雄、壽永欣三郎、諸田 實、山下幸夫『商業史』第Ⅰ〜Ⅱ編、有斐閣、一九八〇年
6 伊藤章治『ジャガイモの世界史』中央公論新社（新書）、二〇〇八年

7　井上隆一郎『開放国家オランダ』第一〜二章、筑摩書房、一九八六年
8　ジョン・エスケメリング／石島晴夫編訳『カリブの海賊』誠文堂新光社、一九八三年
9　大塚久雄『近代欧州経済史序説』一九四四年（『大塚久雄著作集』第二巻、岩波書店、一九六九年）
10　塩野七生『海の都の物語　ヴェネツィア共和国の一千年』（全二巻）中央公論社、一九八〇〜八一年
11　科野孝蔵『オランダ東インド会社の歴史』同文舘出版、一九八八年
12　杉浦昭典『海賊キャプテン・ドレーク』中央公論社（新書）、一九八七年
13　永井三明『ヴェネツィアの歴史』刀水書房、二〇〇四年
14　永積　昭『オランダ東インド会社』近藤出版社、一九七一年
15　中丸　明『海の世界史』講談社（現代新書）、一九九九年
16　ウイリアム・H・プレスコット／石田外茂一、真木昌夫訳『ペルー征服』（全二巻）講談社（学術文庫）、一九八〇年
17　増田義郎『コロンブス』岩波書店（新書）、一九七九年
18　増田義郎『略奪の海　カリブ』岩波書店（新書）、一九八九年
19　J・マホウスキ／田辺　稔訳『海賊の社会史』白川書院、一九七五年
20　宮崎正勝『ザビエルの海　ポルトガル「海の帝国」と日本』原書房、二〇〇七年
21　森村宗冬『大航海時代』新紀元社、二〇〇三年

第6章

1　マックス・ウェーバー／梶山　力、大塚久雄訳『プロテスタンティズムの倫理と資本主義の精神』（全二巻）岩波書店（文庫）、一九五五年、一九六二年
2　大塚久雄『宗教改革と近代社会』一九四八年（『大塚久雄著作集』第八巻、岩波書店、一九六九年）
3　小泉　徹『宗教改革とその時代』山川出版社、一九九六年
4　高階秀爾『ルネッサンス夜話』平凡社、一九七九年
5　冨本健輔『ルターとカルヴァン』清水書院、一九七二年
6　永田諒一『宗教改革の真実』講談社（現代新書）、二〇〇四年
7　アミントレ・ファンファーニ／松浦　保訳『資本主義・社会性・参加』日本放送出版協会、一九七七年
8　ベンジャミン・フランクリン／松本慎一、西川正身訳『フランクリン自伝』岩波書店、一九八二年

第7章

1 T・S・アシュトン／中川敬一郎訳『産業革命』岩波書店（文庫）、一九七三年
2 荒井政治、内田星美、鳥羽欽一郎編『産業革命の技術』有斐閣、一九八一年
3 荒井政治、内田星美、鳥羽欽一郎編『産業革命の展開』有斐閣、一九八一年
4 荒井政治、内田星美、鳥羽欽一郎編『産業革命を生きた人びと』有斐閣、一九八一年
5 北 政巳『近代スコットランド社会経済史研究』補論第一章、同文舘出版、一九八五年
6 喜安 朗、川北 稔『大都会の誕生』有斐閣、一九八六年
7 J・G・クラウザー／鎮目恭夫訳『産業革命期の科学者たち』岩波書店、一九六四年
8 角山 栄『産業革命と民衆』新装版、河出書房新社、一九八〇年
9 角山 栄『産業革命の群像』清水書院、一九七一年
10 藤瀬浩司『資本主義世界の成立』ミネルヴァ書房、一九八〇年
11 湯沢 威編『イギリス経済史』有斐閣、一九九六年
12 W・W・ロストウ／木村健康、久保まち子、村上泰亮訳『経済成長の諸段階』増補版、ダイヤモンド社、一九七四年

第8章

1 荒井政治『レジャーの社会経済史』東洋経済新報社、一九八九年
2 フリードリヒ・エンゲルス／マルクス＝エンゲルス全集刊行委員会訳『イギリスにおける労働者階級の状態』（全二巻）大月書店（文庫）、一九七一年
3 小池 滋『島国の世紀』文藝春秋、一九八七年
4 小松芳喬『産業革命期の企業者像』早稲田大学出版部、一九七九年
5 立川昭二『病気の社会史』第五章、日本放送出版協会、一九七一年
6 角山 栄・川北 稔編『路地裏の大英帝国』平凡社、一九八二年
7 長島伸一『世紀末までの大英帝国』法政大学出版局、一九八七年
8 本城靖久『トーマス・クックの旅』講談社（現代新書）、一九九六年
9 ウィリアム・ジョゼフ・リーダー／小林 司、山田博久訳『英国生活物語』晶文社、一九八三年

第9章

1　エリック・ウィリアムズ／中山　毅訳『資本主義と奴隷制』理論社、一九八七年
2　岡田泰男、永田啓恭編『概説アメリカ経済史』第五章、有斐閣、一九八三年
3　奥村正二『シルクロードと綿』築地書館、一九八五年
4　川北　稔『砂糖の世界史』岩波書店（ジュニア新書）、一九九六年
5　川北　稔『洒落者たちのイギリス史』平凡社、一九八六年
6　猿谷　要『アメリカ黒人解放史』新装版、サイマル出版会、一九八一年
7　角山　栄『茶の世界史』中央公論社（新書）、一九八〇年
8　ヘンリー・ホブハウス／阿部三樹夫、森　仁史訳『歴史を変えた種』パーソナルメディア、一九八七年
9　本田創造『アメリカ黒人の歴史』岩波書店（新書）、一九六四年
10　R・メジャフェ／清水　透訳『ラテンアメリカと奴隷制』岩波書店、一九七九年
11　山根章弘『羊毛文化物語』講談社（学術文庫）、一九八九年
12　ジュリアス・レスター／木島　始、黄　寅秀訳『奴隷とは』岩波書店（新書）、一九七〇年

第10章

1　粟屋利江『イギリス支配とインド社会』山川出版社、一九九八年
2　小谷汪之『大地の子　インドの近代における抵抗と背理』東京大学出版会、一九八六年
3　加藤祐三『イギリスとアジア』岩波書店（新書）、一九八〇年
4　ブライアン・ガードナー／浜林正夫訳『イギリス東インド会社』リブロポート、一九八九年
5　タゴール暎子『私のなかのインド』筑摩書房、一九八六年
6　ビパン・チャンドラ／粟屋利江訳『近代インドの歴史』山川出版社、二〇〇一年
7　陳　舜臣『実録　アヘン戦争』中央公論社（新書）、一九七一年
8　鶴見良行『バナナと日本人』岩波書店（新書）、一九八二年
9　内藤雅雄、中村平治編『南アジアの歴史』有斐閣、第五～七章、二〇〇六年
10　長崎暢子『インド大反乱　一八五七年』中央公論社（新書）、一九八一年
11　西村孝夫『インド木綿工業史』未来社、一九六六年
12　堀田善衛『インドで考えたこと』岩波書店（新書）、一九五七年

13 山際素男『不可触民　もうひとつのインド』三一書房、一九八一年
14 山本達郎編『インド史』第三～五章、山川出版社、一九六〇年
15 吉岡昭彦『インドとイギリス』岩波書店（新書）、一九七五年

第11章

1 安藤良雄『日本資本主義の歩み』講談社（現代新書）、一九六七年
2 石井寛治『日本経済史』東京大学出版会、一九七六年
3 岩田みゆき『黒船がやってきた』吉川弘文館、二〇〇五年
4 大石嘉一郎『日本資本主義百年の歩み』東京大学出版会、二〇〇五年
5 大野健一『途上国ニッポンの歩み』有斐閣、二〇〇五年
6 大日方純夫『はじめて学ぶ日本近代史』上、大月書店、二〇〇二年
7 加藤祐三『黒船異変』岩波書店（新書）、一九八八年
8 芝原拓自『世界史のなかの明治維新』岩波書店（新書）、一九七七年
9 高橋幸八郎、永原慶二、大石嘉一郎編『日本近代史要説』東京大学出版会、一九八〇年
10 滝沢秀樹『繭と生糸の近代史』教育社（新書）、一九七九年
11 暉峻衆三編『日本農業史』第一～二章、有斐閣、一九八一年
12 長岡新吉『産業革命』教育社（新書）、一九七九年
13 中村政則『労働者と農民』（『日本の歴史』29）、小学館、一九七六年
14 イアン・ブルマ／小林朋則訳『近代日本の誕生』ランダムハウス講談社、二〇〇六年
15 細井和喜蔵『女工哀史』（大正一四年）岩波書店（文庫）、一九五四年
16 森川英正『日本財閥史』教育社（新書）、一九七八年
17 山本茂美『ああ野麦峠』角川書店（文庫）、一九七七年

第12章

1 ピーノ・アルラッキ／大辻康子訳『さらばコーザ・ノストラ』学習研究社、一九九五年
2 ティエリ・クルタン／上瀬倫子訳『世界のマフィア』緑風出版、二〇〇六年
3 エリック・シュローサー／宇丹貴代実訳『巨大化するアメリカの地下経済』草思社、二〇〇四年

4　マーチン・ショート／小関哲哉訳『アメリカ犯罪株式会社』時事通信社、一九八六年
5　竹山博英『シチリア　神々とマフィアの島』朝日新聞社、一九八五年
6　竹山博英『マフィア　シチリアの名誉ある社会』朝日新聞社、一九八八年
7　竹山博英『マフィア　その神話と現実』講談社（現代新書）、一九九一年
8　常盤新平『マフィア経由アメリカ行』冬樹社、一九八〇年
9　シルヴィオ・ピエルサンティ／朝田今日子訳『イタリア・マフィア』筑摩書房（新書）、二〇〇七年
10　藤澤房俊『シチリア・マフィアの世界』中央公論社（新書）、一九八八年
11　森田鉄郎編『イタリア史』山川出版社、第一二～一三章、一九七六年
12　柳沢　修『イタリアとイタリア人』日本放送出版協会、一九七七年
13　ノーマン・ルイス／大庭忠男訳『マフィアの誕生』早川書房、一九七二年

第13章

1　青野由利『遺伝子問題とはなにか』新曜社、二〇〇〇年
2　今田高俊『モダンの脱構築』中央公論社（新書）、一九八七年
3　餌取章男、菅沼定憲『ナノテクノロジーの世紀』筑摩書房（新書）、二〇〇二年
4　大泊　巌編著『トコトンやさしい　ナノテクノロジーの本』日刊工業新聞社、二〇〇二年
5　堺屋太一『知価革命』ＰＨＰ研究所、一九八五年
6　坂村　健『ユビキタス・コンピュータ革命』角川書店、二〇〇二年
7　白澤卓二『老化時計』中央公論新社（新書）、二〇〇二年
8　杉山隆二『1/1000ミリの産業革命・マイクロマシン』ＫＤＤクリエイティブ、一九九三年
9　田原総一朗、月尾嘉男『ＩＴ革命のカラクリ』アスキー、二〇〇〇年
10　辻野貴志『バイオテクノロジーを追う』日経ＢＰ社、二〇〇三年
11　槌屋治紀『燃料電池』筑摩書房（新書）、二〇〇三年
12　東京経済大学国際経済グループ『私たちの国際経済』有斐閣、二〇〇三年
13　中村雄二郎『21世紀問題群』岩波書店、一九九五年
14　中山　茂、吉岡　斉編著『科学革命の現在史』学陽書房、二〇〇二年
15　西垣　通『ＩＴ革命』岩波書店（新書）、二〇〇一年

16 日本経済新聞社編『人間はこんなことまでできるようになった　技術創世記』日本経済新聞社（ビジネス人文庫）、二〇〇二年
17 森　健『人体改造の世紀』講談社（ブルーバックス）、二〇〇一年
18 森谷正規『IT革命の虚妄』文藝春秋（新書）、二〇〇一年
19 柳川弘志『遺伝子情報は人類に何を問うか』ウェッジ、一九九九年
20 吉川元忠『情報エコノミー』文藝春秋（新書）、二〇〇一年
21 渡辺　格『人間の終焉』朝日出版社、一九七六年

第14章

1 池上　彰『わからなくなった世界情勢の読み方』講談社、二〇〇一年
2 伊藤洋一『ITとカースト』日本経済新聞出版社、二〇〇七年
3 エコノミスト編集部『世界恐慌を生き抜く経済学』毎日新聞社、二〇〇八年
4 大野健一『途上国のグローバリゼーション』東洋経済新報社、二〇〇〇年
5 金子　勝、アンドリュー・デウィット『世界金融危機』岩波書店（ブックレット）、二〇〇八年
6 門倉貴史『世界一身近な世界経済入門』幻冬舎（新書）、二〇〇七年
7 興梠一郎『現代中国』岩波書店（新書）、二〇〇二年
8 佐伯啓思『新「帝国」アメリカを解剖する』筑摩書房（新書）、二〇〇三年
9 榊原英資『インドIT革命の驚異』文藝春秋（新書）、二〇〇一年
10 塩原俊彦『ロシアの軍需産業』岩波書店（新書）、二〇〇三年
11 西川　潤『世界経済入門』第三版、岩波書店（新書）、二〇〇四年
12 日経ビジネス編『決定版　気がつけば中国が「世界の工場」』日経BP社、二〇〇二年
13 日本経済新聞社編『人口が変える世界』日本経済新聞社、二〇〇六年
14 日本経済新聞社編『中国　世界の「工場」から「市場」へ』日本経済新聞社（ビジネス人文庫）、二〇〇二年
15 春山昇華『サブプライム問題とは何か』宝島社（新書）、二〇〇七年
16 福島清彦『ヨーロッパ型資本主義』講談社（現代新書）、二〇〇二年
17 セルゲイ・ブラギンスキー、ヴィタリー・シュヴィドコー『ソ連経済の歴史的転換はなるか』講談社（現代新書）、一九九一年
18 ジル・A・フレイザー／森岡孝二監訳『窒息するオフィス』岩波書店、二〇〇三年
19 松岡　完、広瀬佳一、竹中佳彦編著『冷戦史』同文舘出版、二〇〇三年

20　神谷秀樹『強欲資本主義　ウォール街の自爆』文藝春秋（新書）、二〇〇八年
21　室井義雄『南北・南南問題』山川出版社、一九九七年
22　森谷正規『中国経済　真の実力』文藝春秋（新書）、二〇〇三年
23　森谷正規『文明の技術史観』中央公論社（新書）、一九九八年
24　矢部　武『アメリカ病』新潮社（新書）、二〇〇三年

第15章

1　ジ・アース・ワークスグループ編、竹内　均監修、土屋京子訳『地球を救うかんたんな50の方法』講談社、一九九〇年
2　フランツ・アルト／村上　敦訳『エコロジーだけが経済を救う』洋泉社、二〇〇三年
3　石　弘之『地球環境報告』岩波書店（新書）、一九八八年
4　市川定夫『環境学のすすめ』（全二巻）藤原書店、一九九四年
5　伊藤泰郎『オゾンの不思議』講談社（ブルーバックス）、一九九九年
6　小田　亮『ヒトは環境を壊す動物である』筑摩書房（新書）、二〇〇四年
7　レイチェル・カーソン／青樹簗一訳『沈黙の春』新潮社（文庫）、一九七四年
8　加藤尚武編著『図解　スーパーゼミナール環境学』東洋経済新報社、二〇〇一年
9　環境庁編『環境にやさしい暮らしの工夫』大蔵省印刷局、一九八九年
10　気候ネットワーク編『よくわかる地球温暖化問題』改訂版、中央法規出版、二〇〇二年
11　倉阪秀史『環境を守るほど経済は発展する』朝日新聞社、二〇〇二年
12　グループなごん『日本の子どもたちが地球を救う50の方法』ブロンズ新社、一九九一年
13　シーア・コルボーン、ダイアン・ダマノスキ、ジョン・ピーターソン・マイヤーズ／長尾　力訳『奪われし未来』翔泳社、一九九七年
14　フリードリヒ・シュミット=ブレーク／佐々木　建訳『ファクター10　エコ効率革命を実現する』シュプリンガー・フェアラーク東京、一九九七年
15　高木善之『新地球村宣言』ビジネス社、二〇〇一年
16　武田邦彦『エコロジー幻想』青春出版社、二〇〇一年
17　リビノ・デシモン、フランク・ポポフ、WBCSD／山本良一監訳『エコ・エフィシェンシーへの挑戦』日科技連出版社、一九九八年

18 富永 健、唐沢正義、鈴木克徳、石川延男、森田昌敏『フロン』日刊工業新聞社、一九八九年
19 西川洋三『環境ホルモン』日本評論社、二〇〇三年
20 西澤潤一、上野勛黄『人類は80年で滅亡する』東洋経済新報社、二〇〇〇年
21 日引 聡、有村俊秀『入門 環境経済学』中央公論新社（新書）、二〇〇二年
22 福士正博『市民と新しい経済学』日本経済評論社、二〇〇一年
23 レスター・R・ブラウン編著／松下和夫監訳『ワールドウォッチ地球白書 '88-'89』ダイヤモンド社、一九八九年
24 レスター・ブラウン編著／エコ・フォーラム21世紀日本語版監修『ワールドウォッチ研究所 地球白書 2001-02』家の光協会、二〇〇一年
25 毎日新聞社編『地球の未来へ 125の提案』毎日新聞社、一九九八年
26 松井孝典、安田喜憲『地球文明の寿命』PHP研究所、二〇〇一年
27 三橋規宏『地球の限界とつきあう法』日本経済新聞社（ビジネス人文庫）、二〇〇〇年
28 ドネラ・H・メドウズ、デニス・L・メドウズ、ジャーガン・ラーンダズ、ウィリアム・W・ベアランズ三世／大来佐武郎監訳『成長の限界』ダイヤモンド社、一九七二年
29 養老孟司『いちばん大事なこと 養老教授の環境論』集英社（新書）、二〇〇三年
30 横山裕道『いま地球に何が起こっているか』ぴいぷる社、二〇〇〇年
31 脇本忠明『「私が変わります」が地球を守る』三宝出版、二〇〇二年

第16章

1 石田春夫『自己不安の構造』講談社（現代新書）、一九八一年
2 岩井 寛『人はなぜ悩むのか』講談社（現代新書）、一九八三年
3 島崎敏樹『孤独の世界』中央公論社（新書）、一九七〇年
4 田辺 保『パスカルと現代』紀伊国屋書店（新書）、一九六七年
5 中島義道『孤独について』文藝春秋（新書）、一九九八年
6 エーリッヒ・フロム／日高六郎訳『自由からの逃走』東京創元新社、一九五一年
7 山崎正和『柔らかい個人主義の誕生』中央公論社、一九八四年
8 デヴィッド・リースマン／加藤秀俊訳『孤独な群衆』みすず書房、一九六五年

第17章

1　池谷裕二『進化しすぎた脳』朝日出版社、二〇〇四年
2　ＮＨＫ取材班『生命　40億年はるかな旅』第一巻・第五巻、日本放送出版協会、一九九四～九五年
3　ＮＨＫ「地球大進化」プロジェクト編『ＮＨＫスペシャル地球大進化』第五～六巻、日本放送出版協会、二〇〇四年
4　大島　清『人は脳なり』致知出版社、二〇〇一年
5　川島隆太『自分の脳を自分で育てる』くもん出版、二〇〇一年
6　桜井邦朋『寿命の法則』祥伝社（ノン・ブック）、一九九三年
7　佐倉　統、木野鳥乎『わたしたちはどこから来てどこへ行くのか？』ブロンズ新社、二〇〇〇年
8　ジョルジュ・ジャン／矢島文夫監修『文字の歴史』創元社、一九九〇年
9　カルロ・チポラ／佐田玄治訳『読み書きの社会史』御茶の水書房、一九八三年
10　豊川裕之、岩村吉晃、兵井伸行『人体68の謎』築地書館、一九九〇年
11　野田春彦『生命の起源』改訂版、日本放送出版協会、一九八四年
12　半田節子『人体の不思議』実業之日本社、一九九九年
13　リチャード・フォーティ／渡辺政隆訳『生命40億年全史』草思社、二〇〇三年
14　松井孝典『宇宙人としての生き方』岩波書店（新書）、二〇〇三年
15　村上和雄『生命のバカ力』講談社（プラスアルファ新書）、二〇〇三年
16　村上和雄、阿部博幸『生きている。それだけで素晴らしい』ＰＨＰ研究所、二〇〇四年
17　諸富祥彦『生きがい発見の心理学』講談社、二〇〇四年

おわりに

「われわれはどこから来たのか、われわれは何者か、われわれはどこに行くのか」。

それは、フランスの有名な画家ポール・ゴーギャン（一八四八～一九〇三年）がのこした大作（一八九七年）のタイトルである。と同時に、この世に生を受けたわれわれにとって、最も本質的な問いかけである。学問の原点ともいうべき命題であるようにも思われる。というのは、およそ学問というものは、われわれの生命の意味を理解し、そして、有意義に生きていくためには、どのようにすればよいのか、われわれが過去から受け継いできたものから、なにを、どのようにして次の世代に引き継いでいけばよいのかということを考えるためにあると考えられるからである。

宇宙・地球・生命・人類・環境といったことに関する科学的な解明が未だ不十分であったゴーギャンの時代には、そのような課題にアプローチすることは、おそらく困難をきわめたことだろう。しかし、それらの要素に関して多くの事実が明らかにされた二〇世紀を経験したわれわれにとっては、数多くの「仮説」をつなぎあわせていく努力・創造力と、学問の専門化がつくりだした数々の「壁」や「常識」にとらわれない心構えさえあれば、そのことは必ずしも不可能なことではないだろう。ごく普通の人間でも、なんらかの「仮説」と「大まかな流れ」を提示することができる時代になったというべきかもしれない。

わたしがゴーギャンの提起したそうした設問に対して、「自分なりの回答」を提示したいと思い始めてから、すでに二〇年以上の歳月が流れている。それは、いわばわたし自身の長年の「夢」であり続けた。そのような夢を思い描くようになった理由は、二つある。

一つ目は、いま、この場所に存在するわたし自身を知るためである。したがって、この本は、いわば「こころのタイムマシン」に乗って、自分自身のルーツを探るための「旅」でもあった。ただ、各分野の専門家の方々からは、この本の展開そのものが随分乱暴な試みだとお叱りを受けるかもしれない。本書の叙述のほとんどは、イタリア近現代経済史を専攻してきた私にとっては、いわば「専門外」のことに属している。対象となっている時代・問題は、実に多岐にわたっているので、個々の問題・テーマについての吟味もけっして十分ではないところがある。にもかかわらず、あえて刊行に踏み切ったのは、自分に与えられた「力」を発揮できる間、つまり自分の生きている間にわたしなりの「夢」を是非とも実現させたいという強い誘惑があったためである。

二つ目は、教育界の現状や昨今の学生たちの実情をふまえてのことである。教育界が直面している大きな問題として、しばしば話題になっているのは、「学力低下」や「学習意欲の低下」といった現実である。

それでは、いったい若者たちの「学習意欲の低下」の原因とは、なんであろうか。わたしなりに整理してみると、①単に日本だけの問題ではなく、先進国に共通して見出されるそうした現象の背景には、総じて飢えることがなくなり、生きていくうえでの目標や夢や希望が設定しにくくなっている事情があること、②大学の大衆化が進展する一方で、学問の細分化が進んでいるために、大学教員が考える授業の理想像・目標が一般学生たちの関心や考え方から大きく離脱していること、③受験界がうみだした基準が一人歩きし、多くの学生・若者たちの間では、自分の能力を「受験界の評価」のみで計ってしまう傾向が強く、本来われわれがもっている「豊かな能力や可能性」を投げ捨ててしまったり、将来をあきらめてしまったりする人さえ見受けられることなどをあげることができる。

対応策として重要だと考えられる点はいくつかあるが、大学教育にたずさわる者として大切だと思われるのは、学生たちの目の高さに合わせた授業内容と伝達方法の工夫であり、若い人たちが「豊かな可能性」を発見できるような工夫ではないだろうか。また、それぞれの専門分野を学ぶことの楽しさを次の世代の一翼となる学生たちにもアクセスしやすい形で、伝えていく努力ではなかろうか。

この本は、そうした問題意識を念頭において書かれている。狭い私見の域をでるものではないが、「意欲の低下」の傾向に対して、多くの「大人たち」は、ただ「ガンバレ!」と励ましの言葉を贈ることしかやってこなかったのではなかろうか。もしくは、「人間の能力って、受験界の評価なんかだけでは計れませんよ」と言いつつも、「それに替わるものはこれですよ」といった明確な答えを提示してこなかったのではなかろうか。本書を通して、そうした学生・若者たちに対して、われわれのひとり一人が唯一無二の存在であって、豊かな能力と可能性をもっていることや、それは進化・歴史という、人類が歩んできた長い長いプロセスの遺産にほかならないことを伝えたいと思ったのはそのためである。

最後になったが、本書の草稿を読み、貴重なアドヴァイスを下さった小島健さん(東京経済大学教授)、斎藤絅子さん(明治大学教授)、名古屋大学出版会の橘宗吾さんと安田有希さん、よりわかりやすい表現をするのに誠心誠意のサポートをしてもらった妻の房子には、感謝の意を表したい。

二〇〇九年一月二七日

堺 憲一

索 引

ア 行

カ 行

サ　行

タ　行

ナ　行

ハ　行

マ　行

ヤ　行

ラ・ワ行

《著者略歴》

堺《さかい》　憲一《けんいち》

1948年生

1976年　名古屋大学大学院経済学研究科博士課程単位取得退学

現　在　東京経済大学名誉教授・前学長，経済学博士（名古屋大学）

著　書　『近代イタリア農業の史的展開』（名古屋大学出版会，1988年）

『日本経済のドラマ　経済小説で読み解く1945-2000』（東洋経済新報社，2001年）

『戦後日本経済』夏占友／曹紅月訳（中国，対外経済貿易大学出版社，2004年）

『この経済小説がおもしろい！』（ダイヤモンド社，2010年）

『だんぜんおもしろいクルマの歴史』（NTT出版，2013年）

新版　あなたが歴史と出会うとき

2009年3月10日　初版第1刷発行
2021年7月10日　初版第4刷発行

定価はカバーに
表示しています

著　者　堺　憲一

発行者　西澤泰彦

発行所　一般財団法人 名古屋大学出版会

〒464-0814　名古屋市千種区不老町1名古屋大学構内
電話(052)781-5027/FAX(052)781-0697

Printed in Japan

印刷・製本 ㈱太洋社

ISBN978-4-8158-0610-1

乱丁・落丁はお取替えいたします。